Vorwort

Grundzüge der Konzeption

1. Ausgehend von den im Erstleseunterricht grund-
gelegten Fähigkeiten und Fertigkeiten, muß der
weiterführende Leseunterricht diese in seinen Zielen
kontinuierlich fortführen und erweitern.
Das besondere Bemühen gilt dabei sowohl einem
behutsamen Übergang als auch einer überlegten
Systematik in der weiteren Lernzielsetzung. Stets muß
dabei das individuelle Leistungsvermögen der Kinder
berücksichtigt und ernstgenommen werden.

Diese Anliegen unterstützen:
- ein klares Schriftbild mit altersangemessener
  Schriftgröße und variablen Zeilenabständen
- eine lockere, übersichtliche Textanordnung auf den
  Seiten
  Ein Text pro Seite (vor allem im 2. Schuljahr) sowie
  der Textbeginn auf immer einer neuen Seite
  stützen die Konzentration und machen für das
  Kind das Lesevorhaben überschaubar.
- Texte, meist im Flattersatz gesetzt, vermeiden
  erschwerendes Lesen über die Zeilen oder Silben-
  trennungen.
- Zeilenzähler als Symbole oder Ziffern erleichtern
  das überschauende Lesen sowie das Auffinden
  und Vorlesen von Textstellen.
- Die graphische Zuordnung der Texte zu den inhaltlichen Schwerpunkten durch die Kapitelleisten wird
  im Inhaltsverzeichnis wiederholt und stützt die
  Orientierung.
- Einzelne Texte, meist in Form von Sprachspielen,
  wiederholen und üben Lernziele des Schriftsprach-
  erwerbs, wie z.B.
  aufbauendes und überschauendes Lesen,
  Lesen unterschiedlicher Schriften,
  Segmentieren von Wörtern und Sätzen,
  Speichern von Signalgruppen, Wortgleichheiten
  und Grundwörtern,
  Lesehilfen durch Wiederholungen in Wort, Satz
  und Text,
  Pointen durch minimale Veränderungen, wie durch
  Austauschen von Buchstaben und Wörtern.
  Texte dieser Art finden sich in jedem Kapitel und
  bieten somit das ganze Lesejahr über und bei den
  unterschiedlichen inhaltlichen Themenschwerpunkten Gelegenheiten, differenzierend und lust-
  betont zu üben. Übungen zum elementaren Lese-
  lehrgang stellen so keinen isolierten Vorspann dar,
  sondern sind in den Gesamtplan integriert.
- Texte mit gestaffeltem Schwierigkeitsniveau zu den
  jeweiligen Themenstichpunkten innerhalb der
  Kapitel stellen ein Angebot für leistungs- oder

interessenbezogenes Lesen dar. Auf inhaltliche
Attraktivität auch für die schwachen Leser wurde
besonders geachtet, ein Diskriminieren durch
reduzierte Inhalte soll vermieden werden.

2. Von zentraler Bedeutung als Aufgabe des weiterführenden Leseunterrichts ist es, die Lesefreude und
-bereitschaft der Schüler zu fördern und zu steigern.
Lesen lernt das Kind nur durch Lesen. Alle schuli-
schen Bemühungen müssen deshalb ihre Fortsetzung
im eigenständigen Lesen, im Zugriff auf Kinder- und
Jugendliteratur finden. Dies kann nur gelingen, wenn
die Kinder in der Schule erleben, daß Lesen Spaß
bereitet, interessant ist, daß es Informationen, Impulse
und Ideen bietet, die für die eigene Person, für das
eigene Leben wichtig sind. Alle Lernziele zur Steigerung der Lesefähigkeit und -fertigkeit müssen deshalb in den Rahmen einer Erziehung und Motivation
zum Lesen eingebettet sein. Die Bemühungen sollen
dem Erwerb einer Lesehaltung und dem Schaffen von
Lesegewohnheiten und Leselieben dienen.

Diese Aufgaben unterstützen:
- Textinhalte, die faszinieren, die, da sie aus dem
  Lebens- und Erfahrungsbereich der Kinder stammen, ein Identifizieren ermöglichen
- Texte, die die kindliche Freude an Spaß und Spiel
  aufgreifen
- offene Texte, die zu kreativer und handelnder Auseinandersetzung verlocken
- ein vielfältiges Angebot an Textsorten innerhalb der
  Kapitel, die das ganze Spektrum literarischer Kommunikation erleben lassen
- ein spezielles Kapitel zu Beginn des Buches, das
  Anlaß bietet, über das Lesen an sich nachzudenken und darüber zu sprechen
- Auszüge aus Kinder- und Jugendbüchern, sowie
  Hinweise auf Autoren und weiterführende Literatur
- didaktisch-methodische Anregungen im
  Lehrerkommentar für einen kindgemäßen und
  durch den Textinhalt motivierenden Leseunterricht, in dem sich die Schüler handelnd und kreativ
  mit den Texten auseinandersetzen dürfen
- Karteikarten (Bestell-Nr. 88154) für eigenständiges
  Lesen, auch im Rahmen von Freiarbeit

Textauswahl und Anordnung

1. Die Textauswahl orientiert sich am Erfahrungsbereich und am Leseinteresse der Schüler, wobei auch
Aspekte des Kindseins in der heutigen und zukünfti-
gen Welt thematisiert sind.
Neben lustigen, spielerischen, interessanten und
spannenden Leseinhalten begegnen die Kinder auch
Fragen und Problemen aus ihrer Realität, die betroffen
machen, zum Nachdenken und Handeln auffordern
und über das Bewußtwerden sensibilisieren.

Schönfärbereien und moralisierende Inhalte wurden ebenso vermieden wie konfliktträchtige Verunsicherungen. Altersgemäße Passung, literarische Qualität und die Möglichkeiten, sich aktiv und kreativ damit auseinanderzusetzen, bestimmten die Auswahl der Texte. Im Sinne eines motivierenden Leseunterrichts sollen die Kinder erleben, daß Lesen schön und interessant ist, daß es neue Welten erschließt und das eigene Leben bereichert.

Jedes thematische Kapitel enthält auch unterschiedliche Textsorten (s. Übersicht vor den Kapiteln im Lehrerkommentar), um den vielen inhaltlichen Aspekten gerecht zu werden. In einer kommunikativen Auseinandersetzung gelangen die Schüler zu spezifischen Lesehaltungen und lernen im inhaltlichen Gesamtzusammenhang operationale Verfahren und variierte Methoden anzuwenden.

Jeder Band des Lesebuchs enthält:

Erzählungen

Auszüge aus Kinder- und Jugendbüchern

als Originalbeitrag eine Kurzbiographie eines Kinderbuchautors

    im 2. Schuljahr: Renate Welsh
    im 3. Schuljahr: KNISTER
    im 4. Schuljahr: Gudrun Mebs

Märchen, Sagen, Fabeln, Schwänke, Gedichte, Lieder

Dramatische Texte und Dialogstücke

Sprachspiele, Witze, Rätsel

Sachtexte

Anleitungen

Interviews

Texte aus Zeitungen und Kinderzeitschriften

Texte von Kindern

Bildergeschichten

Historische Texte

2. In allen drei Lesebuchbänden erfolgt die Textanordnung in thematischen Kapiteln, die der Altersstufe entsprechend leicht variiieren.

Kapitel des 2. Schuljahres:

Lesen, lesen, lesen

Ich und die anderen

    Kind sein

    Familie

    Freunde

    Wohnen und Nachbarn

    Schule

Jahreszeiten und Feste

    Zeit vergeht

    Herbst

    Winter

    Frühling

    Sommer

Andere Länder, andere Menschen

Natur

    Tiere

    Pflanzen

Gesund sein, krank sein

Spielen

Renate Welsh schreibt Bücher

Die Texte sind nicht lose aneinandergereiht, sondern untereinander verfugt, sie sind in der Abfolge aufeinander abgestimmt. In ihrer Vielfalt und Vielschichtigkeit zeichnen sie ein Bild des Kapitelthemas. Ihre Reihung und Gegenüberstellung zeigen Ähnlichkeiten oder Kontraste. In der Anordnung erleichtern sie auch die Einsicht in ihren Gebrauchszusammenhang. Vergleichendes und kritisches Lesen finden Anregungen, und es bieten sich in der Klasse natürliche Situationen, um über das Gelesene zu sprechen und zu diskutieren.

Oft bietet sich durch die Sequentierung auch die Möglichkeit, je nach Interesse oder Leistungsvermögen zu einem Thema unterschiedliche Texte zu bearbeiten, um sie einander dann vorzulesen, ihre Inhalte zu vergleichen und ihren Gehalt zu werten. Sinnvolle Differenzierung erfordert unterschiedliche Aufgabenstellungen, bei denen die Klasse aber nicht auseinanderdriften darf.

Jedes Kapitel erhält sichtbar sein geistiges Band durch die graphische Gestaltung der oberen Bildleiste. Ohne aufdringlich zu wirken, besteht ein loser Zusammenhang sowohl mit der Thematik des Kapitels, als auch mit einem Aspekt des einzelnen Textes auf der entsprechenden Seite, den es neben der Textrezeption zu entdecken lohnt.

Illustration

Die Illustration des Lesebuchs bietet, neben den bereits genannten Kapitelleisten, eine Fülle bildlicher Elemente und Möglichkeiten wie:

Originalgraphiken aus Kinder- und Jugendbüchern

Fotos

Bildergeschichten und Comics

Bild- und Textkombinationen

historische Bilder

Karikaturen

und vor allem Bilder, die für dieses Lesebuch von mehreren Graphikern gestaltet wurden.

Bei aller Verschiedenheit, die dem unterschiedlichen Geschmack des einzelnen Rechnung trägt, bleibt in Gestaltung und Farbgebung eine Einheit gewahrt.

Die Funktion der Illustrationen ist vielschichtig:

Sie wecken das Interesse, motivieren zum Lesen, verdeutlichen Sachverhalte, betonen Aspekte des Textes und stellen dem Inhalt eine eigene Aussage gegenüber. Die Pointe eines Textes sollte jedoch nie durch ein Bild vorweggenommen werden. Neugierde und Spannung sind wichtige Hilfen, das Wagnis des Lesens ausdauernd auf sich zu nehmen.

Im Unterricht verstehen sich die Illustrationen auch als Impulse, über ihre Zuordnung zum Textinhalt miteinander ins Gespräch zu kommen und eigene Vorstellungen damit vergleichend zu verknüpfen.

Das Lesebuch mit Kinderbuchcharakter soll die Schüler dort abholen, wo sie stehen, sie zum Lesen verführen und ihnen helfen, selbständig am literarischen Leben teilzunehmen, denn überall ist Lesezeit.

1. Kapitel   Lesen, lesen, lesen

Lesebuch
Seite 3 – 7

Das erste Kapitel des Lesebuchs dient einer Besinnung über das Lesen an sich. Es eignet sich sowohl als Einstieg in das Buch im Sinne seines Titels "Überall ist Lesezeit" als auch als Einführung in den weiterführenden Leseunterricht in der 2. Jahrgangsstufe. Die ersten Texte thematisieren Lesenkönnen, Lesenwollen und Lesegewohnheiten. Sie regen dazu an, sich eigener Erfahrungen bewußt zu werden, sie zu versprachlichen und über das Lesen nachzudenken:

S. 3   Das Lesen (James Krüss)   Gedicht
S. 4   Das Gute an Büchern ist...   Appell in Bild und Text
S. 5   Wo liest du am liebsten?   Umfrage und Scherzreime

Inhaltlich und durch den geringen Schwierigkeitsgrad der Texte können Lesefähigkeiten und Leseerfahrungen des 1. Schuljahres aufgegriffen werden. In unmittelbarem Zusammenhang mit dem Erstleseunterricht stehen auch die folgenden Texte des Kapitels:

Umschlag-Innenseite
    Geturntes Alphabet   Fotos
S. 6   A, B, C, D (James Krüss)   Gedicht
S. 7   Wo sich die Menschen
    doch überall verstecken
    (Hans Manz)   Sprachspiel

Die Angebote dienen einer Wiederholung, sie stellen die einzelnen Buchstaben, ihre Reihung im Alphabet und Segmentierungstechniken in den Mittelpunkt.

Das Anfangskapitel eignet sich auch dazu, neben allen Zielen, die eine Steigerung von Lesefähigkeit und -fertigkeit anstreben, eine Erziehung zum Lesen anzubahnen. Die Schüler sollen sich selbst als Lesende wahrnehmen lernen, Lesegewohnheiten entwickeln und vor allem, wann immer möglich, einen Bezug zwischen dem Lesen in der Schule und dem Schmökern in der Freizeit erleben.

Die obere Randleiste der Buchseiten ist geistiges Band der Kapitel und steht in inhaltlichem Zusammenhang mit den Texten und ihrer Abfolge. Das graphisch variierte Reisen und Fliegen mit Büchern soll den Kindern veranschaulichen, daß Lesen beflügelt, über Raum und Zeit hinausführt und die Welt der Phantasie öffnet.

Lesebuch   Kinder turnen das Alphabet
Umschlag-
Innenseite

Übungsmöglichkeiten:
- Buchstaben lesen
- Buchstaben nachturnen
- Wörter nennen, Paare turnen den Anfangs-, Endbuchstaben, ...
- Paare turnen Buchstaben, Namen mit diesem Anfangsbuchstaben suchen
- Buchstaben aus der Seite heraustippen und dazu Reime finden
- Einfache Wörter oder Wortanfänge turnen
- Buchstaben auswählen und mit dem ABC-Gedicht S. 6 in Beziehung setzen
- Buchstabenbilder analog selbst zeichnen

Lesebuch   Das Lesen
Seite 3   von James Krüss

HINWEISE ZUM TEXT

In dem Gedicht spricht der Autor die Kinder an und preist das Lesen als vergnüglich, vorausgesetzt, daß man es kann. Es bietet sich an, zu Beginn des Leseunterrichts im neuen Schuljahr über das Lesen selbst zu sprechen, Erinnerungen an den Erstleseunterricht wachzurufen, Strategien, Vorlieben und Schwierigkeiten zu benennen sowie Ziele und Hoffnungen für das Pensum des 2. Schuljahres abzustecken.
Innerhalb des kindlichen Verständnishorizontes formuliert Krüss auch, daß der Zugriff auf ein Buch jedem weitgehend freisteht, der Inhalt über Raum, Zeit und Situation hinausführt und letztlich Lesen eine Lebenshilfe bietet.
Mit den beiden nachfolgenden Texten S. 4 und 5 eignet sich das Gedicht zudem, in die Vielfalt des Lesebuches einzuführen, erstmals darin zu blättern und eine Brücke zum Schmökern in der Klassenbücherei oder zur Nutzung der Schul- bzw. Ortsbibliothek herzustellen.
Die Illustration des Textes veranschaulicht ein vertieftes Schmökern, während die Kapitelleiste Lesen als Reise in die Phantasie anbietet.
James Krüss, als vielgelesener und bekannter Autor, der auch in diesem Buch mit mehreren Texten vertreten ist (vgl. S. 6 und 72), kann den Kindern gut als schreibende Person vorgestellt werden, die hier die Leser anspricht.

LERNZIELE

- Die Kinder sollen den Text erlesen, verstehen und erkennen, daß sie jemand anspricht.
- Sie sollen sich über das Lesen, Lesenlernen, Lesenkönnen und Lesenwollen Gedanken machen, diese versprachlichen und mit den Gedichtaussagen in Verbindung setzen.
- Sie sollen das lesende Kind im Bild mit dem Textinhalt und mit eigenen Erfahrungen und Vorlieben in Beziehung setzen.
- Der Gedichtinhalt soll den Schülern Anlaß sein, im neuen Buch zu blättern. Sie sollen die Funktion der Kapitelleiste als Zusammenfassung einer Textsequenz verstehen.
- Die phantasievolle Reise auf den Büchern soll veranschaulichen, daß Leseinhalte "im Kopf" etwas bewirken.

– Am Inhalt des Gedichtes sollen die Kinder erkennen, daß für einen verständlichen Satz zwei Gedichtzeilen nötig sind.
Die Endreime dienen als Hilfen für das Auswendiglernen.
– Die Schüler sollen den Namen 'James Krüss' als Autor von Büchern, Gedichten und Liedern kennenlernen. Sie sollen Bücher und Texte von ihm bewußt wahrnehmen und ggf. zusammenstellen.

VORSCHLÄGE ZUR UNTERRICHTSGESTALTUNG

Arbeitsmaterial: Gedichttext auf OHP-Folie,
Lesestreifen aus Pappe

Hinführung:
Improvisierter Dialog: Einem Schulanfänger erklären, was Lesenlernen bedeutet, warum Lesenkönnen wichtig ist, was leicht ist, was Schwierigkeiten bereitet.
Zielangabe: Tafelanschrift Lesen als Hinweis auf den Text im Lesebuch
Vermutungen zum Inhalt, Suchen des Textes im Buch

Textbegegnung:
– Bildbetrachtung, freie Aussprache
– Stilles Erlesen des Gedichts bzw. Partnerlesen, um Leistungsprobleme auszugleichen
Arbeitsaufgabe für schnelle Leser: *"Überlege, ob das Bild wirklich zu diesem Gedicht paßt!"*
– Freie Aussprache in Verbindung mit der Arbeitsaufgabe

Inhaltliche Textarbeit:
Bezug zum hinführenden Dialog/Impuls: *"Stimmt alles, was in dem Gedicht steht?"* Vergleich mit den eigenen Aussagen
– Lautes Vorlesen des Gedichts, Benennen der Aussagen, die stimmen
– Vorlesen von Aussagen, die einzelnen Schülern besonders wichtig sind
– Gedicht auf OHP-Folie: mit Lesestreifen so abdecken, daß immer nur Zeile für Zeile gelesen werden kann
Unterrichtsgespräch/Ergebnis: Um die Richtigkeit der Aussagen des Gedichts zu beurteilen, muß ich immer bis zum Punkt lesen; d.h. der Streifen muß immer (Ausnahme 1. Zeile) um zwei Zeilen verschoben werden.
Wiederholtes Lesen, wobei der Lesestreifen jeweils um zwei Zeilen, von Punkt zu Punkt, verschoben wird
– Unterrichtsgespräch: Einbringen eigener Erfahrungen in Zusammenhang mit der Frage: *"Stimmen die Aussagen über das Lesen?"*
· *Macht das Lesen Vergnügen? Wann?*
· *Kann man überall lesen? Wer liest wo?* Bezug zum Bild
· *Ist man mit einem Buch nie allein?* Ergebnis: Man kann mit einem Buch an Menschen... denken, lesen ist so ähnlich wie träumen, man hat durch die Phantasie "Bilder im Kopf"
· *Hilft ein Buch durch die Welt?* Ergebnis: Bücher des praktischen Lebens helfen konkret, z.B. Kochbücher, Reiseführer, Bastelbücher... Aber

Bücher helfen auch bei Langeweile, beim Traurigsein
– Hinweis auf die Zeichnungen in der Kapitelleiste: Reise mit einem Buch in eine weite Welt, in Träume, in frühere Zeiten...

Sprachliche Textarbeit:
– Vorlesen des Gedichts, wobei die Zuhörer die Augen schließen. Nach zwei Zeilen immer kurze Pause und an die bereits genannten eigenen Erfahrungen denken
– Impuls: Vortragen *"Das Lesen, Kinder, macht Vergnügen!"* Wer spricht denn da zu uns?
Lehrerinformation über den Autor James Krüss

James Krüss wurde 1926 auf der Insel Helgoland geboren. In einem Interview mit einer Schulklasse erklärte er: "Wahrscheinlich hatten meine Vorfahren krause Haare, daher der Name Krüss." Eigentlich wollte er Lehrer werden, entdeckte aber bald, daß er viel lieber Geschichten für Kinder schrieb.
Mit 19 Jahren schrieb er sein erstes Buch, es war für Erwachsene gedacht. Heute hat James Krüss viele hundert Gedichte und an die 200 Bücher für Kinder und Erwachsene geschrieben, sowie zahlreiche deutsche und internationale Literaturpreise erhalten. Er lebt in Gran Canaria, spricht fließend Spanisch, dichtet aber fast nur in deutscher Sprache. "Für manche Gedichte brauche ich zwei Stunden, manchmal auch sechs Wochen", erzählt er. James Krüss hat keine Kinder, aber 17 Patenkinder in aller Welt.
– Unterrichtsgespräch: *Warum schrieb James Krüss wohl dieses Gedicht?* Ergebnis: Er will zum Lesen verlocken.
– Entsprechendes Vorlesen des Textes 'mit der Stimme des Autors'
– Wiederholtes Vorlesen mit wechselnden Intentionen, z.B.: Ein Lehrer spricht die Kinder an, ein Fernsehmoderator, der Club der Leseratten (Chor lesen), jemand befiehlt das Lesen, jemand flüstert den Rat usw.

Kreative Textarbeit:
Gestaltungsaufgabe: Zeichne dich mit einem Buch, das du gerne magst!
Zeichne dich so, wie und wo du am liebsten liest!
(Diese Zeichnungen dienen der Weiterarbeit mit den beiden Texten S. 3 und S. 5)

Das Gute an Büchern ist ...

HINWEISE ZU TEXT UND BILDERN

Überschrift, ergänzende Sätze und Illustration stellen in ihrer Funktion eine appellative Einheit dar. Mit der Überlegung "Wo könnte der Text stehen?" und "Wer soll ihn lesen?" läßt sich dies kindgemäß als Werbung für das Lesen von Büchern verständlich machen. Die besondere textliche und graphische Gestaltung wird für die Kinder altersgerecht begründet, wenn sie die Textsituation nachspielen, das heißt, wenn sie in Gruppen, aus einiger Entfernung, im Vorbeigehen, den Appell immer noch aufnehmen können. Ausgewählt sparsame Sprache, leicht zu lesende Gleichförmigkeit (im Gegensatz zum Gedicht "Das Lesen" S. 3) und plakative Übertreibung mit dem Bemühen, witzig zu wirken, charakterisieren dieses Plakat.

Für das Kind bietet dieser Text die Möglichkeit, eigene Erfahrungen den Bildchen strukturiert zuzuordnen, wobei auf die vordergründige Illustration der Aussage "... daß man etwas mit ihnen errreichen kann" eingegangen werden muß.

Exemplarisch kann die Aussage "... daß sie vorgelesen werden können" aufgegriffen werden, um zu Schuljahresbeginn Lektüre zum Vorlesen auszuwählen. Gut läßt sich durch die Kategorisierung auch eine Verbindung zum Lesen von Büchern in Freizeit und in Phasen der Freiarbeit herstellen, indem zukünftige Leseerfahrungen einzelnen Klassifikationen (evtl. auf einem Klassenplakat) zugeordnet werden.

In der Sequenz eignet sich diese Buchseite gut im Anschluß an den Text "Das Lesen" S. 3, die Kapitelleiste symbolisiert die Zusammengehörigkeit. Die Aussagen des Gedichts können mit denen des Plakats inhaltlich verglichen werden, wobei sich über die Zielgruppe, für die Gedicht und Plakat gedacht sein können, auch jeweils die Textgestalt begründen läßt.

LERNZIELE

- Die Schüler sollen den Inhalt von Überschriften, Nebensätzen und Bildchen verstehen und sie als Einheit erfassen.
- Sie sollen sprachlich den Zusammenhang von Überschrift und den Ergänzungen auf den Bildchen erkennen.
- Sie sollen den einzelnen Aussagen ihre eigenen Erfahrungen zuordnen und die Doppeldeutigkeit von "... daß man etwas mit ihnen erreichen kann" verstehen.
- Sie sollen überlegen, für wen Text und Bild gedacht sind, was sie bewirken sollen und wo Bild und Text z.B. als Plakat hängen sollten.
- Auf Grund eigener Erfahrungen sollen weitere Aussagen zu Büchern gefunden (evtl. in Weiterführung der Gedichtbehandlung "Das Lesen" s. S. 3) und gestaltet werden.
- Zukünftige Leseerfahrungen können das Schuljahr über mit einzelnen Aussagen rückschauend verbunden werden.

- Die Schüler sollen Text und Bild mit dem Gedicht S. 3 vergleichen, Unterschiede benennen und als geistiges Band auch die Kapitelleiste betrachten.

VORSCHLÄGE ZUR UNTERRICHTSGESTALTUNG

Arbeitsmaterial: Kopie der Bildchen ohne Text

Hinführung:
Kreisspiel, ein Kind wirft einem anderen den Ball zu, wobei angefangene Sätze mit "daß ..." ergänzt werden müssen:
· *Das Gute an der 2. Klasse ist, ...*
· *Das Gute an Büchern ist, ...*
Zielangabe: Text im Buch suchen

Textbegegnung:
- Stilles Erlesen/Arbeitsaufgabe für schnelle Leser: *"Such dir ein Bild, das dir besonders gut gefällt, heraus!"*
- Partnerlesen, wobei wie beim einführenden Spiel immer wieder die Überschrift wiederholt und ergänzt wird
- Lautes Lesen in der vorgegebenen Reihenfolge, von links nach rechts, von oben nach unten, nach persönlicher Auswahl

Inhaltliches Erfassen:
- Benennen des Lieblingsbildes (s. Arbeitsaufgabe oben) mit Begründung, Einbringen eigener Erfahrungen zu jeder Aussage und jeder Illustration
- Vordergründige Illustration von "etwas erreichen können" klären, Bedeutung und Beispiele im Zusammenhang mit Lesen finden.
  Evtl. Querverbindung zum Gedicht "Das Lesen": "Ein Buch, das uns gefällt, hilft weiter durch die Welt."
- Weitere Argumente für Bücher finden und als vollständigen Satz aufschreiben: Überschrift, Nebensatz mit "daß" anfügen.

Verstehen der Textsorte:
- Impuls: *"Wer sollte eigentlich diese Buchseite lesen?"*
  Unterrichtsgespräch/Ergebnis u.a.: Diese Bildchen werben für das Lesen, könnten in der Leseecke, an Büchereien angeschlagen werden.
- Impuls: *"Wir könnten aus diesen Bildchen ein Plakat machen."*
  Überprüfen, aus welcher Entfernung man die Buchseite noch "lesen" kann. Evtl. Vergleich dazu: Lesen des Gedichts S. 3 aus zunehmender Entfernung.
  Lesespiele: Lesen der Buchseite im Vorbeigehen, feststellen, wie viele Kinder gleichzeitig in der Entfernung aus einer aufgestellten Buchseite Informationen entnehmen können. Den Text kann man sich leicht merken.
  Unterrichtsgespräch: *"Ist das bei einem Plakat wichtig?"*
- Impuls: *"Könnte dieses Plakat auch Schulanfängern etwas mitteilen?"* (vgl. Hinführung zum Gedicht S. 3) Ergebnis: Die Bildchen kann man auch ohne Text verstehen, sie sind sehr deutlich gezeichnet, z.B. lachen und weinen.

Kreative Weiterarbeit:
- Wichtige Bildchen (ohne Text) auswählen, auf DIN A4 Seiten kleben und Überschriften suchen.
  Kinder können im Laufe des Schuljahres besonders geeignete Buchtitel dazuschreiben.

Bücher zum Vorlesen:

_____

_____

_____

_____

Lustige Bücher:

_____

_____

_____

_____

Traurige Bücher:

_____

_____

_____

_____

_____

Bücher zum Nachdenken:

_____

_____

_____

_____

_____

- Selbst ein Bild zeichnen und einen entsprechenden Satz dazuschreiben, weitere Bilder und Texte in einer Collage zusammenstellen
- Bücher zum Vorlesen suchen, evtl. Ausstellung arrangieren, Auswahl treffen, Vorlesezeiten festlegen
- Gedicht "Das Lesen" vortragen, mit dem Plakat in Beziehung setzen (Hinweis auf Kapitelleiste)

Lesebuch Seite 5	Wo liest du am liebsten?

HINWEISE ZUM TEXT

Scherzreime und Antworten von Kindern befassen sich mit dem bevorzugten Ort zum Lesen. Gerade zu Beginn des weiterführenden Lesens ist es wichtig, Lesegewohnheiten anzubahnen. Dabei spielt der Platz zum entspannten Lesen eine bedeutende Rolle.
In den Scherzreimen schmökern Ratte, Perserkater, Wurm und Auerhahn an lustigen Orten, deren Wahl auch durch den sprachlichen Endreim bestimmt ist.

Lesen wird darin bezeichnet als "größtes Glück" (Rudi Ratte) und "schmökern" (Auerhahn), der Wurm liest und träumt. Die Begriffe Leseratte (jemand, der gern und viel liest) und Bücherwurm (scherzhafte Bezeichnung eines viellesenden Gelehrten in Anlehnung an eine in Büchern lebende Larve, etwa seit dem 17. Jahrhundert gebräuchlich) lassen sich in diesem Zusammenhang einführen.
Die Bilder ergänzen die jeweiligen Zweizeiler. Sie beziehen sich auf einen Textausschnitt. Der bevorzugte Ort des Lesens läßt sich jedoch nur aus dem Text erschließen. Die Darstellung des schmökernden Wurmes knüpft an die Entstehung des Begriffes Bücherwurm an, er frißt sich durch die Seite.
Mit den Bildchen in der Kapitelleiste läßt sich die spielerische Intention der Reime fortsetzen.
Im Spiel mit der Stimme lassen sich die Zweizeiler dem Ort des Schmökerns entsprechend vortragen: rhythmisch schaukelnd, behaglich, piepsig, schaurig usw.
Im Gegensatz zu den Scherzreimen sind die Aussagen der Kinder zu der Frage: "Wo liest du am liebsten?" ernstzunehmen. Sie sind realistisch und regen dazu an, eigene Erfahrungen einzubringen und damit zu vergleichen. Auch die Idee, selbst eine Umfrage zu starten, läßt sich ableiten.
Werden die Texte auf den Seiten 3, 4 und 5 in einer Sequenz behandelt, ist es empfehlenswert, diese Textseite als zwei unterrichtliche Einheiten zu planen. D.h., die reale Umfrage zu "Wo liest du am liebsten" an den Text "Das Lesen" anzuknüpfen und im Sinne einer Erziehung zu Lesegewohnheiten auszuweiten.

LERNZIELE

- Die Schüler sollen eigene Erfahrungen über bevorzugte Leseplätze einbringen und mit den gedruckten vergleichen.
- Sie sollen für die Antworten Begründungen erlesen oder überlegen.
- Sie sollen innerhalb der Klasse Umfragen über Lieblingsplätze zum Lesen durchführen und übersichtlich ordnen.
- In den Scherzreimen sollen sie inhaltlich erfassen, wer wo liest und Aussagen über das Lesen dem Text entnehmen.
- Sie sollen Bild- und Textinhalte vergleichen.
- Gleiche Wortenden sollen als Reime deutlich werden und als Textproduktionshilfen übernommen werden.
- Die Begriffe Leseratte und Bücherwurm sollen aktiviert werden.
- Die Schüler sollen beide Textteile miteinander vergleichen, Ernst- und Spielsituation unterscheiden und ihre jeweilig andere Funktion verstehen.

VORSCHLÄGE ZUR UNTERRICHTSGESTALTUNG

Arbeitsmaterial:
- Selbst gemalte Bilder "Wo ich am liebsten lese" (vgl. "Kreative Weiterführung" zum Text "Das Lesen" Lehrerkommentar S. 5)
- Material für Wortkarten

Einstieg:

Alternativen:
- Präsentation der selbst gemalten Bilder (s.o.) an der Wandtafel
- Unterrichtsgespräch über Lieblingsplätze zum Lesen, wobei jedes Kind seinen Ort groß auf eine Karte schreibt, Wörter an der Tafel sammeln

A. Erarbeitung und Lesen der realen Umfrage
(Lesebuch S.5 unten)

Hinführung:
Unterrichtsgespräch und Arbeit an der Wandtafel: Auswerten der Ergebnisse (in Bild oder Wort), Schüler begründen ihre Wahl, ordnen die Orte

Textbegegnung:
Stilles Erlesen und freie Aussprache
Arbeitsaufgabe: Die Namen der Kinder im Lesebuch in die Klassenübersicht einordnen, dabei die gedruckten Antworten mehrmals laut vorlesen

Textarbeit:
- Unterrichtsgespräch/Ergebnis: Ein Ort zum Lesen muß gemütlich und störungsfrei sein.
- Begründungen in den Buchantworten suchen und vorlesen

Weiterführende Textarbeit:
- Kreisgespräch: *Wie kann man einen Ort gemütlich und störungsfrei gestalten?* Planungen für einen Platz daheim und/oder für die Leseecke in der Klasse; bei letzterem Regeln vereinbaren und diese schriftlich oder bildlich fixieren.
- Planen einer weiteren Umfrage innerhalb der Klasse zum Thema: *"Wann liest du am liebsten?"* (Herbst- und Winterzeit eignet sich dazu am besten)
Gruppenarbeit: Gruppensprecher befragt Mitschüler und berichtet dann zusammenfassend vor der Klasse

Ausklang:
Ratschläge oder Vorsätze formulieren

B. Vorschläge zu den Scherzreimen
(Lesebuch S. 5 oben)

Textbegegnung:
Lautes Erlesen der Zweizeiler/Freie Aussprache

Inhaltliche Textarbeit:
- Impuls: *"Seltsame Leser finden wir in dem Text."* Wandtafel: Anschreiben der Tiernamen Unterrichtsgespräch: Hinweis auf die Tierdarstellungen/Ergebnis: Von jedem Tier sehen wir nur einen Teil.
Begriffserklärung: Perserkatze, Auerhahn
- Schriftliche Aufgabe: *Schreibe den Ort auf, an dem die Tiere lesen.* Ergänzen der Tafelanschrift
- Unterrichtsgespräch/Impuls: *"Das sind aber seltsame Leser!"*/Ergebnis: Es sind keine echten Leser, es ist ein Scherzgedicht.
- Hinweis auf die Kapitelleiste, Wiederfinden der Tiere Ratte, Katze, Wurm. Dazu die entsprechenden Zweizeiler vortragen

Sprachliche Textarbeit:
- Impuls: Lehrer liest Zweizeiler vor, Endreime werden dabei überbetont
Unterrichtsgespräch/Ergebnis: Die Zeilenenden reimen sich.
Wandtafel: Gleiche Wortteile farbig nachfahren
- Leseübung: Reime mit variiertem Stimmeinsatz mehrmals vorlesen, dem Ort des Lesens entsprechend Reime stimmlich gestalten, z.B.: mit rhythmischer Schaukelbewegung, schnurrend, piepsig hoch, geisterhaft schaurig ...
Singen der Zeilen, evtl. Begleiten mit Musikinstrumenten
- Impuls: *"Zwei Tiere haben mit dem echten Lesen doch ein bißchen zu tun."*
Unterrichtsgespräch/Ergebnis: Leseratte, Bücherwurm/Begriffsklärung/Tafelanschrift
- Eigene Reime suchen (evtl. zur Melodie "Die Vogelhochzeit"), dazu nennt der Lehrer Tiere und in der Klasse werden vorbereitend assoziativ Reime aufgezählt, z.B.:
Hund – mit vollem Mund, Schaf – im Schlaf, Fisch – am Mittagstisch, Floh – plagt sich so ...
- Kinder schreiben Reime auf und lesen sie vor.

Tafelbild:

Lesebuch	A, B, C, D
Seite 6	(James Krüss)

HINWEISE ZUM TEXT

In dem ABC-Gedicht ist das Alphabet portionsweise in Reime eingebaut. Rhythmisierung, Endreime und Wiederholungen helfen, daß die Kinder es sich spielerisch einprägen. Darin liegt auch die Stärke dieses Gedichtes. Sprachlich sind die sieben Strophen analog gebaut, was auch das Kind im kritischen und kreativen Lesen nachvollziehen kann: Buchstaben stehen mit einer reimbedingten Frage aus der Erziehungspraxis in Verbindung. Darauf folgt eine ebenfalls durch den Reim bestimmte, inhaltlich zufällige, meist banale Antwort, die durch die fast wörtliche

Wiederholung der beiden ersten Gedichtzeilen formal bestätigt wird. Auch wenn der Lebensbezug nicht vertiefend behandelt werden muß, sollten zum inhaltlichen Verständnis folgende Begriffe und Redewendungen geklärt werden: schadenfroh, dumm wie Bohnenstroh, jemandem eine Nase drehen, belesen sein, grob wie ein Stein sein, Sofa.

Das Gedicht eignet sich gut zum wiederholten, variierten Lesen, zum Gestalten durch Rhythmus und bietet Impulse zum Um- und Weiterdichten.

Informationen zu James Krüss finden sich im Lehrerkommentar S. 5, weitere Texte dieses Autors im Lesebuch S. 3 und 72.

Spielerische Übungen mit dem geturnten Alphabet (s. Umschlag-Innenseite) lassen sich gut mit diesem Gedicht verknüpfen.

In der Querverbindung zu den sprachbetrachtenden Lernzielen der Lautlehre kann der Text als Einstieg (Endreime ergeben sich nur, wenn die Laute als Buchstaben gesprochen werden) aber auch als Abschluß auf der Basis des Sprachwissens geplant werden.

LERNZIELE

- Die Schüler sollen erkennen, daß das Alphabet das Gedicht bestimmt.
- Sie sollen die Laute als Buchstaben aussprechen lernen.
- In kleinen Portionen, unterstützt durch Reime, Rhythmus und Wiederholungen sollen sie sich die Reihenfolge der Buchstaben einprägen.
- Die Schüler sollen Endreime bewußt hören, sprachlich darstellen und als Merkhilfen entdecken.
- Sie sollen den Begriff "Strophen" eines Gedichts kennenlernen.
- Im Dialoglesen von Frage und Antwort sollen die Kinder den gleichförmigen Aufbau der sieben Strophen erkennen.
- Sie sollen die im Text vorgegebenen Fragen entnehmen und eigene Antworten suchen.
- Sie sollen mit dem Autor James Krüss als Verfasser vieler Kindergedichte bekannt werden.
- In der kreativen Auseinandersetzung sollen sie eigene ABC-Reime finden, weitere Lieder, Gedichte und Spiele mit dem Alphabet sammeln.

VORSCHLÄGE ZUR UNTERRICHTSGESTALTUNG

Arbeitsmaterial: 7 Tonpapierstreifen (s. Tafelbild) ca. 10 cm x 25 cm

Hinführung:
Lesebuch S. 5: Betrachten der Kapitelleiste
Freie Aussprache über Buchstaben, Laute und ihre Ordnung
Zielangabe: Die bestimmte Reihenfolge der Buchstaben nennt man Alphabet (ABC). Mit dem Gedicht von James Krüss gelingt das Merken leicht.

Textbegegnung:
- Gedicht einmal gemeinsam laut lesen, da die Buchstabennamen und nicht die Laute gelesen werden müssen

- Wiederholtes Lesen und dabei ausprobieren und gegenüberstellen:
  a, b, c, d,   was tut nicht weh?
  a, be, ce, de, was tut nicht weh?
  Freie Aussprache, Einbringen von Sprachwissen
- Impuls: *"Das Gedicht ist leicht zu lesen, da sich manches wiederholt."*
  Lesen der einzelnen Strophen, dabei die jeweils beiden letzten Zeilen im Chor wiederholen, das Wörtchen "das" betonen.

Arbeit am Textinhalt:
- Impuls: *"Die Buchstaben gehören in eine bestimmte Reihe."*
  Papierstreifen (evtl. als Wagen eines Buchstabenzuges): Für jede Strophe die Buchstaben auf einen Streifen schreiben
- Gruppenarbeit: Die Buchstaben so ergänzen, wie man sie spricht,

z.B. A Be Ce De

  Wandtafel: Ordnen in der richtigen Reihenfolge
- Lesen des Gedichtes, dabei für jeden Buchstabenblock das Reimwort suchen, an der Tafel darunterschreiben, Reimbuchstaben farbig markieren s. Tafelbild)
- Schriftliche Einzelarbeit (mengenmäßige Differenzierung!):
  Aus jeder Strophe die Frage notieren:
  was tut nicht weh?/was sagte Papa?/was ist bequem?/was solltest du?/was gibt uns Ruh?/was nützt uns nix?/wer liebt das Bett?
  Fragen an der Tafel notieren, bei jeder Frage die dazugehörige Strophe vorlesen
- Inhaltliche Aussage der Antworten besprechen und dabei ungeläufige Begriffe und Redewendungen klären:
  schadenfroh, dumm wie Bohnenstroh, jemandem eine Nase drehen, belesen sein, grob wie ein Stein sein, Sofa
- Bewegungsspiel: Sieben Kinder nehmen die Buchstabenkarten von der Tafel, bewegen sich damit zu leiser Musik im Zimmer. Wenn die Musik aufhört, müssen sie sich schnell in der richtigen Reihenfolge des Alphabets nebeneinander aufstellen.

Kritische und kreative Textarbeit:
- Wechselweises Chorlesen z.B.: Frage an der Tafel lesen/aus dem Buch die richtigen Buchstaben mit der Frage vorlesen/dazu die Antwort vorlesen; die ABC-Teile können dabei auch geklatscht werden. Unterrichtsgespräch: Überprüfen der Stimmigkeit der Antworten
- Partnerarbeit: Auf die Fragen eigene Antworten suchen
  Gedichtstrophen mit eigenen Antworten vorlesen, Klasse liest den Refrain
- Hinweis auf den Autor James Krüss (s. Lehrerkommentar S. 5)
  Weitere Gedichte des Autors: S. 3 und 72

Tafelbild:

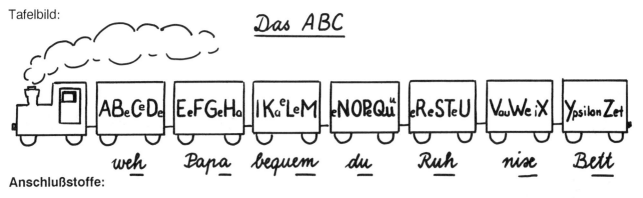

Anschlußstoffe:

1. ABC-Lied:

aus: Sprache lebt. Sprachbuch für die Grundschule. 2. Jahrgangsstufe, Oldenbourg Verlag, München 1982

2. Weitere ABC-Verse:

a b c d e	alle lutschen Schnee,
f g h i j	dann schlecken sie Kompott,
k l m n o p	der Bauch tut ihnen weh,
q r s t u	sie legen sich zur Ruh,
v w x y z	sie schnarchen um die Wett.

aus: Anton Krilla, abcd... Buchstabengeschichten, Rowohlt
   Taschenbuchverlag, Reinbek 1972

A B C D E	Herr Eisbär tanzt im Schnee.
F G H und I	Er tanzte wie noch nie.
J und K und L	Er tanzte furchtbar schnell.
M und N und O	Da fiel er auf den Po.
P und Q und R	Im Wasser liegt der Herr!
S T U und V	Es lachte seine Frau:
W X Y und Z	"Das war mal richtig nett!"

aus: Wolfgang Menzel, Leseübungen für die Grundschule
Westermann Schulbuchverlag, Braunschweig 1990

Lesebuch Seite 7	**Wo sich die Menschen doch überall verstecken**
	von Hans Manz

HINWEISE ZUM TEXT

In dem Text spielt Hans Manz mit der Sprache. In einer bewußten Irreführung durch die Überschrift und die Textillustration wird der Leser angeleitet, Menschen zu suchen. Er findet sie als Wort in einem zusammengesetzten Nomen. Die Kinder, die mit-rätseln und mitspielen, lernen, in ihrer Alltagssprache Hintersinniges und in der Abweichung vom gewohn-ten Leseduktus Spaß und Doppelsinn zu entdecken. In vielen Beispielen zeigt der Autor immer wieder, wie man Sprache deuten, mit Texten handelnd umgehen und zwischen den Zeilen lesen kann.

Die gesuchten Menschen entstehen aus Wortsegmenten, die sich innerhalb zusammengesetzter Wörter ergeben und kombinieren lassen. Die Ent-schlüsselung dieser Sprachspielerei: Ende des ersten Wortes auf "-men" und Beginn des zweiten Wortes mit "sch-" bietet Hilfen zum selbständigen Erfinden. Durch das Herauslösen des Wortes "mensch" erge-ben sich Buchstabenkombinationen, die genaues und sukzessives Lesen erfordern, da diese neuen "Wör-ter" unbekannt sind und ungewohnte Strukturen darstellen.

Vollzieht sich der Einstieg in die Textbegegnung über ein Sprachspiel wie "Anna versteckt sich", wird die Inhaltserwartung der Kinder bereits in Richtung Sprachrätsel gesteuert, so daß es ihnen leichter fällt, Sprachliches als Pointe zu erfassen.

HINWEISE ZUM AUTOR

Hans Manz wurde 1931 bei Zürich geboren; er war 35 Jahre lang Primarstufenlehrer in der Schweiz. Seit 1987 ist er freier Schriftsteller und Journalist. Neben Gedichten, Kabarettexten und Übersetzungen ver-öffentlichte er zahlreiche Kinderreime, Geschichten und vor allem Sprachspielereien. Das Lesebuch ent-hält noch zwei weitere Texte (S. 32 und 105) von ihm.

In dem Nachwort zum Buch "Kopfstehen macht stark oder Die Kunst, zwischen den Zeilen zu lesen" schreibt Hans Manz:

"Seit vielen Jahren beobachte ich, wie Kinder mit Sprache umgehen. Dabei ist mir vor allem aufgefallen, daß Kinder ein viel ungebrocheneres Verhältnis zum reinen, zweckentbundenen Sprachspiel haben als wir. Die Kinder fragen ja auch nicht nach dem Nutzen ihrer Spiele in Haus, Hof, Wiese, Wald. Wichtig ist ihnen die Bewegungsfreiheit des Jonglierens, Vertauschens, Veränderns. Ein einfaches Beispiel: Aus Hasen werden durch bloße Lautveränderung Hosen. Ob das einen Sinn hat, interessiert die Kinder nicht. Sie lachen und probieren auf der Stelle weitere Umformungen aus. Und *das* hat einen Sinn! Selbst mit sogenannten schwierigen, doppelsinnigen Texten verhält es sich gar nicht soviel anders. Die Kinder stutzen zuerst, aus dem Stutzen erwächst das Raten, das Suchen nach dem Hintersinn. Es erinnert an das Suchen beim Versteckspiel. Wenn das nicht so wäre, hätte es ja auch nie die Lust an Rätseln gegeben, die so alt ist wie die Literatur selbst. Ich habe von Kindern schon selbstgebastelte Texte bekommen, die so gut waren wie meine eigenen. Ich schäme mich deswegen nicht – im Gegenteil."

LERNZIELE

– Die Schüler sollen anhand der Überschrift Vermutungen zum Textinhalt entwickeln.
– Im Erlesen sollen sie entdecken, daß die Überschrift und das Bild ihre Sinnantizipation in die Irre leiten und sie überraschenderweise ein Sprachrätsel erwartet.
– Sie sollen "mensch" in den Wörtern entdecken und die zusammengesetzten Nomen in unterschiedlicher, sinnvoller und sinnloser Segmentierung lesen.
– Sie sollen den Wortsinn verstehen und erklärenden Zeichnungen zuordnen.
– Nach Herauslösen des Wortes "mensch" sollen die Kinder am Lautieren unsinniger Wörter mit ungewohnter Klanggestalt Spaß empfinden.
– Im konkreten Handeln sollen sie die Sprachspielereien nachvollziehen und eigene Kombinationen finden.
– Sie sollen erkennen, daß in der Illustration das Sprachspiel aufgegriffen wird und die Kapitelleiste auf die Wortbausteine hinweist.

VORSCHLÄGE ZUR UNTERRICHTSGESTALTUNG

Arbeitsmaterial: Tafelanschrift:
Tafelskizzen oder Zeichnungen auf der Folie zu den Wortinhalten, Papierstreifen, Schere

Hinführung:

Tafelanschrift: N N N A N N A N N N N
Vorlesen des Gedichts:

ANNA versteckt sich

ANNA hat sich heute nacht
ein Versteckspiel ausgedacht.
Das wird lustig, denkt sie, denn
hinter einem Zaun aus N
kann ich gut verschwinden,
keiner wird mich finden.

Doch sie hat sich kaum versteckt,
da hat Karl sie schon entdeckt,
weil man ihre beiden A
durch den N-Zaun deutlich sah.

Hans Georg Lenzen

aus: Hans Georg Lenzen, Hasen hoppeln über Roggenstoppeln, C. Bertelsmann Verlag, München

Wandtafel: ANNA im Zaun farbig hervorheben
Zielangabe: Ankündigen des Lesetextes mit dem Titel: "Wo sich die Menschen überall verstecken!"
Vermutungen zum Inhalt

Textbegegnung:
– Lesebuch S.7: Alle Schüler lesen die Überschrift gemeinsam laut.
  Bildbetrachtung: Wo versteckt sich der Mensch?
  Stilles Erlesen der 10 Wörter, wobei die drei unteren Zeilen mit Papierstreifen abgedeckt werden.
  Arbeitsaufgabe für flinke Leser: *Kannst du die Überschrift beantworten?*
– Freie Aussprache
– Lautes Vorlesen der Wörter

Textarbeit:
– Impuls: *"Nicht nur im Bild versteckt sich der Mensch im Damenschuh!"*
  Unterrichtsgespräch/Wandtafel: DaMENSCHuh
  Ergebnis: Das Wort Mensch versteckt sich im Wort Damenschuh.
  Lesen: Da-Mensch-uh und Damen-Schuh
– Partnerarbeit: Zwei weitere Wörter auswählen und analog zu DaMENSCHuh aufschreiben
– Wandtafel: Alle Wörter sammeln, "Mensch" optisch hervorheben
  Variiertes Lesen in "normaler Sprache" und in "Versteckspracke" (s.o.)
– Impuls: Hinweis auf Illustration: *"Könnte man zu den anderen Wörtern auch Bilder malen?"*

Unterrichtsgespräch: Klären der Wortinhalte/Wörter zu Tafelskizzen zuordnen (s. Tafelbild)
- Zeichnen eines Bildes zu einem ausgewählten Wort, Bild an der Wandtafel zuordnen.

Spracharbeit:
- Wandtafel: Zwei Kinder decken ein zusammengesetztes Wort von beiden Seiten mit Papierstreifen ab, so daß "Mensch" übrig bleibt

$$\boxed{\rightarrow}\ \boxed{\text{amenschu}}\ \boxed{\leftarrow}$$

- Wandtafel: $\boxed{\text{Alle Menschen verschwinden.}}$
  Ablöschen der "Mensch"-Segmente/Lesen der Wortreste
- Lesebuch: Erlesen der unteren drei Zeilen in variierter Stimmgebung
- Partnerarbeit: Wortstreifen mit "mensch" vorbereiten, Wörter auf Papierstreifen schreiben, an der richtigen Stelle auseinanderschneiden und das Segment "mensch" einfügen.
- Unterrichtsgespräch: *"Woher kommt denn der Wortteil mensch?"*
  Ergebnis: Er setzt sich aus dem Ende des ersten Wortes und dem Anfang des zweiten Wortes, nämlich "sch", zusammen.

Wandtafel: Die beiden Namenwörter (ohne grammatische Begrifflichkeit!) kennzeichnen und lesen:
z.B.   DaMENSCHuh

Damenschuh

Kreative Weiterarbeit:
- Erste Wörter beibehalten und Zusammensetzungen mit "sch..." suchen. Evtl. Wörterbuch oder Grundwortschatz "sch..." verwenden:
  z.B. Damen– (–schneiderin, –schlitten, –schmuck, –schal, –schi, –schminke)
  Blumen– (–schutz, –schere, –schmuck, –schaukel)
  Riemen– (–schuster, –schubfach, –schmuck)
  Firmen– (–schicksal, –schrift, –schwimmbad, –schulden, –schlüssel)
  Daumen– (–schutz, –schalter)
  Schelmen–(–schar, –schauspieler, –schlacht, –schlaraffenland)
  Rahmen– (–schraube, –schwindel, –schmuck, –schutz)
  Pflaumen– (–schädling, –schwemme, –schale)
- Einen eigenen Text analog zum Lesebuch gestalten

Tafelbild:

Wo sich die Menschen doch überall verstecken!

Da MENSCH uh
Damenschuh

BLuMENSCHale
Blumenschale

Ar MENSCHule
Armenschule

Rie MENSCHnalle
Riemenschnalle

Fir MENSCHild
Firmenschild

Sa MENSCHachtel
Samenschachtel

Dau MENSCHraube
Daumenschraube

Schel MEN SCHicksal
Schelmenschicksal

Rah MENSCH aden
Rahmenschaden

PflauMENSCHüssel
Pflaumenschüssel

Anschlußstoff:

Wo manche Worte wohnen

Das Wort „aus" wohnt in einem richtigen Haus,
doch zugleich in der Jause, in der Maus und in der Laus.
Das Wort „und" wohnt im Hund, im Grund
und im Schlüsselbund,
in der Stunde, in der Runde und im Namen Rosamunde.
Das Wort „ein" wohnt im Schwein und im Mondenschein,
in Steinen, in Beinen und Hundeleinen.
Das Wort „um" wohnt in der Blume und in der Krume
und meine Freundin Anne wohnt in der Wasserkanne,
in Tannen, Pfannen und Badewannen.
Und wo wohnt das Wort „ach"?
Im Bach.
Im Krach.
Im Lachen
und in vielen
anderen Sachen.

aus: Hans Domenego u.a., Das Sprachbastelbuch, Verlag Jugend und Volk, München und Wien 1975

2. Kapitel Ich und die anderen

Lesebuch Kind sein
Seite 8 – 17

Texte, die sich mit der kindlichen Identität befassen, leiten das große Kapitel "Ich und die anderen" ein. Sie thematisieren kindliche Freuden und Nöte, sollen Mut machen zu Ichfindung und Selbstbehauptung. Da sich das Kind in die angesprochenen Problemkreise selbst einbringen soll, ist es methodisch von großer Bedeutung, daß die Inhalte lebendig bleiben und nicht zerredet werden. Neben den für das inhaltliche Verständnis notwendigen Hilfen soll das Kind vor allem variable Anlässe finden, sich zu identifizieren, eigene Erfahrungen einzubringen und zu überprüfen, über sich selbst nachzudenken und nicht zuletzt daraus Lebenshilfe zu erfahren.
Querverbindungen und Textvergleiche bieten sich z.B. zu folgenden Schwerpunkten an:
Angst haben, Angst bestehen:
Was uns die Angst nimmt, S. 16
Mut, S. 14
Sabine, S. 15
Die Geschichte vom Vater, der die Wand hoch ging, S. 18
Gefühle ausdrücken, Gefühle wahrnehmen:
Meine zweimal geplatzte Haut, S. 17
Sabine, S. 15
Was ich alles mit dem Gesicht machen kann, S. 10
Unterschiedliche Sichtweisen:
Nina, das kleingroße Mädchen, S. 12
Anja, S. 13

Im Hinblick auf das lesetechnische Anforderungsniveau sind die meisten Texte als leicht einzustufen. Sie zeichnen sich aus durch einfache Sätze, Wiederholungen und klare Gliederung.

Etwas Schwierigkeiten bereiten doppeldeutige und/oder bildhafte Redewendungen. Im Sinne der sprachlichen Förderung sollten ungeläufige Begriffe und Ausdrücke exemplarisch mit Inhalt gefüllt und durch Sprachhandeln in Bedeutung und Grenzen ausprobiert werden. Verbale Erklärungen reichen nicht immer aus, den Wortschatz aktiv verfügbar zu machen.

> ### Lesebuch   Das ist ein Theater
> ### Seite 8

HINWEISE ZUM TEXT

Die hier geschilderte Situation ist sicherlich allen Kindern bekannt, und auch die Reaktion des Kindes ist wohl zutreffend.
Ein Kind will und muß angenommen und gemocht werden, weil es so ist, wie es ist, und nicht, weil es anderen ähnelt. Nur so kann es lernen, sich selbst zu mögen und sich zu akzeptieren in seinem Aussehen, seinen Fähigkeiten und seinen Schwächen. Wenn Erwachsene solche Vergleiche bringen, kann das Kind den Eindruck haben, als eigene Person nicht ernst genommen zu werden, sondern nur als Vergleichsobjekt zu dienen, in dem die Wesenszüge bzw. das Aussehen anderer wiedererkannt werden.

LERNZIELE

– Die Schüler sollen den Text sinngestaltend – auch mit verteilten Rollen – vortragen und dabei die Klanggestalt des Gedichts erfahren.
– Sie sollen entsprechende eigene Erlebnisse und ihre Gefühle dabei verbalisieren.

VORSCHLÄGE ZUR UNTERRICHTSGESTALTUNG

Arbeitsmaterial: Text an der Wandtafel

Hinführung:
Lehrererzählung: Erinnerung an die eigene Kindheit (Verbalisierung eigener Erfahrungen und Empfindungen in entsprechenden Situationen), oder: Darstellung einer Situation, in der ein Kind mit Erwachsenen verglichen wird und es darauf verwundert reagiert.

Textbegegnung:
– Textantizipation: Die Kinder erzählen in Anknüpfung an die Hinführung (s.o.) eigene Erlebnisse und schildern ihre Empfindungen. Wenn vorher die Lehrerin bzw. der Lehrer offen berichtet hat, werden die Kinder eher bereit sein, von Emotionen zu berichten.
– Stilles Erlesen ("Wir lesen nur mit den Augen") im Buch
  Freie Aussprache

Textarbeit:
– Unterrichtsgespräch/Impuls: *"Kannst du die Überschrift erklären?"*

Ergebnis: Theater wörtlich genommen: verschiedene Personen sprechen
Wiedergabe des Textinhalts aus veränderter Perspektive
- Präsentation des Tafeltextes: Lautes Lesen, Vergleich mit dem Buchtext
- Szenisches Gestalten des Textes: Jeden Vergleich als eigene Rolle lesen und stimmlich gestalten
- Wandtafel: Jeden Vergleich mit einer anderen Farbe unterstreichen, Rollenlesen

Vertiefende Textrezeption:
- Unterrichtsgespräch: Doppeldeutigkeit der Überschrift als Ausdruck des Ungehaltenseins/Impuls: *"Eigentlich könnte das Kind die Überschrift auch selbst sprechen."*
- Einbringen eigener Erfahrung, mögliche Impulse: *"Ich habe schon gemerkt, ihr versteht, warum sich das Kind ärgert."*
"Überlegt, warum die Erwachsenen so gerne diese Vergleiche machen."
"Manchmal habe ich auch schon erlebt, daß Kinder gerne so aussehen wollten wie andere."
- Unterrichtsgespräch/Impuls: Hinweis auf die Illustration. *"Was das Kind sagt oder denkt, kann man auch deutlich im Bild sehen."*
Ergebnis: Mißmutiger Gesichtsausdruck, farbige Abgrenzung (ein sich Abheben) von seiner Familie
- Impuls (Evtl. Hinweis auf die Kapitelleiste): *"Ein Gegenstand zeigt dem Kind, 'ich sehe aus wie ich!'"* (Spiegel)

Ausklang: Personifizieren: Der Spiegel (verschiedene Leute) sagen dem Kind, was an ihm das ganz Besondere ist.

Anschlußstoff:

Ich und du, Lesebuch S. 9

Lesebuch Seite 9	**Ich und du**

HINWEISE ZUM TEXT

Die einfache Textaussage wird durch eine ebenfalls von Kindern gestaltete Bildaussage ergänzt. Die Kombination von Text und Bild begegnet den Kindern im täglichen Leben ständig. Die hier präsentierte besondere Form bezieht im hohen Maße die Eigenproduktion durch die Kinder mit ein.

LERNZIELE

- Die Kinder sollen die Informationen aus den Schülerarbeiten entnehmen und dabei erkennen, wie sich Text und Bild zu einer Aussage ergänzen.
- Sie sollen dazu angeregt werden, eigene Texte und entsprechende Bilder zu produzieren.
- Durch das Gespräch über die eigenen Arbeiten sollen sie mehr voneinander erfahren.

VORSCHLÄGE ZUR TEXTARBEIT

Zunächst sollte jedes Kind für sich alleine die Seite betrachten und die Aussagen miteinander vergleichen.
Im anschließenden Gespräch – nach dem gemeinsamen Lesen des Textes – können die Kinder, ausgehend von den Hobbys der fremden Kinder, von eigenen Vorlieben und Neigungen berichten.
Als Abschluß bietet sich ein gemeinsames Vorhaben an, z.B.: "Unsere Klasse stellt sich vor".

ERGÄNZENDE HINWEISE

Der Aspekt "Ich stelle mich vor" kann erweitert werden zu: "So sehe ich mich selbst und so sehen mich andere." Diese Perspektive wird in den Texten "Anja" und "Das ist ein Theater" aufgegriffen.

Lesebuch Seite 10	**Was ich alles mit dem Gesicht machen kann** von Rosemarie Künzler-Behncke

HINWEISE ZUM TEXT

Der Text enthält eine Sammlung von mimischen Ausdrucksmöglichkeiten, die manchmal bewußt und intentional eingesetzt werden, häufig aber auch ungewollte und unbewußte Reaktionen auf ein Ereignis, eine Wahrnehmung, eine Mitteilung sind. In jedem Fall sind sie situationsabhängig.
Der Text bietet gute Möglichkeiten zur Wortschatzarbeit, da das Kind hier nicht wie bei der Textproduktion zu einer Situation den passenden Ausdruck finden muß, sondern umgekehrt einer Vielzahl von Aussagen die geeignete Situation zugeordnet werden kann.

LERNZIELE

- Den Kindern wird die Vielfalt von Möglichkeiten und Mitteln der nonverbalen Kommunikation bewußt. Sie lernen, diese zu verstehen und anzuwenden.
- Die Kinder werden dafür sensibilisiert, Empfindungen sprachlich differenziert und präzise auszudrücken.

VORSCHLÄGE ZUR UNTERRICHTSGESTALTUNG

Arbeitsmaterial: Tafelskizze, Spiegel

Hinführung:
Pantomimenspiel:
- Der/die Lehrer/in fängt an und spielt z.B.: Erschrecken, Freude, Ekel, ...
die Kinder raten und begründen ihre Vermutungen;
Alternative:
Visualisierung durch Symbolbilder:
- Als Tafelbild werden einfache Zeichnungen präsentiert, in denen Empfindungen ausgedrückt werden (siehe Lehrerkommentar S. 15)
Danach weiter wie beim Spiel

Textbegegnung:
- Textantizipation/Tafelanschrift:

  > Was ich alles mit dem Gesicht machen kann

  Sammlung von eigenen Ideen, jeweils möglichst mit Vorspielen und Zuordnen einer geeigneten Situation
- Individuelles leises Lesen im Buch
  Die besondere Art des Textes läßt es zu, daß er nicht vom Anfang bis zum Ende gelesen werden muß. Die schwächeren Leser können sich Sätze aussuchen, die ihnen leichter fallen
- Gemeinsames lautes Lesen
  Zunächst darf sich jeder aussuchen, welchen Satz er vorlesen will

Arbeit am Text:
- Lautes Lesen des ganzen Textes und dabei auf zeilenübergreifende Ausdrücke achten
- Arbeitsaufgabe (schriftlich): *"Schreibe fünf Dinge auf, die du mit dem Gesicht machen kannst."*
- Vorlesen der notierten Gesichtsbewegungen, die zuhörenden Mitschüler führen diese aus
- Tafelskizze: Symbole für ein trauriges und ein lachendes Gesicht (evtl. Bezug zur Hinführung)
  Partnerarbeit: Begriffe aus dem Text auswählen
- Einzelne Schüler lesen den ganzen Text laut vor, die Mitschüler verändern ihr Gesicht entsprechend und betrachten sich im Spiegel.
- Im Anschluß daran darf sich jeder aussuchen, was er vorspielen möchte; die anderen Kinder müssen den Satz erraten und vorlesen.
- Jeder denkt sich eine Situation aus und schildert sie; die anderen suchen dazu einen passenden Satz und stellen den Gesichtsausdruck dar.
- Partnerarbeit: *"Welche Ausdrücke passen zu den im Buch abgebildeten Gesichtern?"*
  Ergebnis:

Kind links:	Ich reiße die Augen auf.
	oder (nicht im Text):
	Ich lache.
	Ich reiße den Mund auf.
Kind rechts:	Ich schneide eine Fratze.
	Ich lecke mir die Lippen.
	Ich strecke die Zunge heraus.
Kind Mitte:	Ich blase die Backen auf.
	Ich spitze den Mund.
Bezug zur Kapitelleiste:	Ich mache eine lange Nase.
	Ich strecke die Zunge heraus.

Weiterführende Arbeit:
- Bei der Bearbeitung des Textes "Sabine" im Lesebuch S. 15 kann auf die hier gewonnenen Erfahrungen und Erkenntnisse Bezug genommen werden. Die Bedeutung des Verständnisses nonverbaler Kommunikation wird besonders deutlich, da verbale Mitteilungen von Sabine fehlen.
- Das Spiel "Fratzenmemory" (s. Lehrerkommentar S. 15) vertieft die Erfahrungen zur Interpretation von Mimik und Gestik.

Lesebuch	**Kinderkram**
Seite 11	von Hans Stempel · Martin Ripkens

HINWEISE ZUM TEXT

Der Text enthält in Reim und Rhythmus, die nur spielerisch erfahren werden sollen, Dinge, die sich in einer Hosentasche sammeln können. Als Pointe dient, daß bei allem mehr oder weniger zufälligen Kinderkram das von Erziehern als wichtig empfundene saubere Taschentuch fehlt.
Die Illustration gibt Impulse zum Bild- und Textvergleich. Sie veranschaulicht aber auch ungeläufige Begriffe wie Bahnsteigkarte, Kronenkorken, Zinnsoldat, Trillerpfeife, Zündholzdose. Neben der Begriffsklärung sollten für die Dinge auch regional gebräuchliche Ersatzwörter gefunden werden.
Den Endreim erfassen die Kinder beim Zuhören und beim Ergänzen der jeweils zweiten Zeile aus dem Gedächtnis intuitiv. Dabei läßt sich auch die Wahl der ungeläufigen Bezeichnung "Zündholzdose" begründen. Auch das Reimspiel "Taschentuch" und "genug" wird durch Ausprobieren und den Hinweis auf regional übliche Aussprache verständlich.
Die Wortaneinanderreihungen eignen sich gut, ihren Vortrag zu gestalten und durch Klatschen, Körper- bzw. Klanginstrumente zu rhythmisieren. Durch Wechsel der Instrumente erproben die Kinder, daß eine Zeile ein vier- und ein dreisilbiges Wort enthält: viermal und dreimal klatschen.
Nach diesem Bausteinprinzip können die Kinder vorgegebene Wörter tauschen oder neue Wörter kombinieren.
Selbstverständlich ist es nötig, über eigenen Kram in der Tasche, Sammelvorlieben oder Schatzkästchen zu sprechen.
In lesetechnischer Sicht bietet der Text lustbetonte Möglichkeiten, in inhaltsbezogener Weise das Lesen langer, schwieriger und z.T. auch ungeläufiger Wörter zu üben.

LERNZIELE

- Die Schüler sollen die langen Wörter flüssig lesen und ungeläufige Begriffe verstehen.
- Sie sollen mit den aufgezählten Zusammensetzungen spielerisch umgehen und sie neu kombinieren.
- Über Gestaltungselemente sollen sie Reimpaare und Rhythmus erfahren.
- Zu der Wertung "Kinderkram" sollen sie Stellung beziehen und über eigene Sammelvorlieben sprechen.
- Bild- und Textvergleich soll Anregung zu kritischem und wiederholtem Lesen geben.

VORSCHLÄGE ZUR UNTERRICHTSGESTALTUNG

Arbeitsmaterial: Kartonstreifen, dicke Stifte, Bewegungsmusik, Rhythmusinstrumente, evtl. Gegenstände für Kimspiele, Stofftaschentücher

Fratzen-Memory

(Karten auf Pappe kleben und ausschneiden)

Zwei Mitspieler gehen hinaus. An die anderen werden die Fratzenkarten verteilt. Immer zwei erhalten eine Karte. Sie probieren die auf ihrer Karte abgebildete Fratze so aus, daß sie bei beiden möglichst gleich aussieht. Nun setzen sich alle durcheinander in einen Kreis oder an die Klassentische.

Die beiden Hinausgeschickten werden hereingerufen. Der erste Fratzen-Memoryrater tippt einen Spieler an. Der zieht seine Fratze. Er tippt einen anderen an. Der zieht auch seine Fratze. Sind beide Fratzen gleich, kann der Memoryrater beide Fratzenspieler auf seine Seite stellen. Er darf weiter raten. Sind aber die gezeigten Fratzen ungleich, kommt der zweite Memoryrater dran. Gewonnen hat, wer die meisten Fratzenpaare aufgedeckt hat.

Viel Spaß beim Fratzenschneiden!

Aus: Praxis Grundschule 3/1987, Westermann Verlag

Hinführung:
Lehrererzählung über angesammelte Gegenstände in Rock-, Hosen- oder Handtasche/Kinder berichten über eigene Erfahrungen/Evtl. will ein Kind seine Tasche leeren
Zielangabe: Lesetext mit Überschrift "Kinderkram"

Textbegegnung:
Lautes Erlesen/Freie Aussprache

Klärung des Textinhalts:
- Bildbetrachtung: *"Welche Dinge sind abgebildet?"* aus dem Text ihre Bezeichnung suchen
- Begriffsklärung: Zinnsoldat, Kronenkorken, Bahnsteigkarte (früher notwendig, um den abgesperrten Bahnsteig zu betreten), Zündholzdose
  Im Text nicht enthalten: Glasmurmel (Glaskugel, Glasschusser)
- Lesen des Textes/Impuls: *"Welche Dinge fehlen in der Abbildung?"*
  Ergebnis: Kaubonbon, Sheriffstern, Kuchenkrümel, Pflaumenkern, Kupferdraht
  Wandtafel:
  5 Kinder erhalten Kreide und skizzieren diese Dinge an die Tafel. 5 weitere Kinder schreiben dazu die Begriffe vom Buch ab.
- Lesen des Textes, Kinder suchen zu jedem Begriff gebräuchliche Bezeichnungen, z.B. Kaubonbon-Kaugummi, Kuchenkrümel-Kuchenbrösel usw.
- Wiederholtes Lesen im Chor: Nichtleser zeigen bei jedem Begriff auf die Abbildung im Buch oder auf die Skizzen an der Tafel.
- Impuls: *"Nur das saubere Taschentuch findet nicht mehr Platz genug."*
  Unterrichtsgespräch/Impuls: *"Hat es wirklich keinen Platz mehr?"* (Evtl. demonstrieren, wie wenig Platz ein Taschentuch braucht) *"Wozu braucht man ein sauberes Taschentuch in der Hosentasche?"/ "Wer könnte die beiden letzten Gedichtzeilen sprechen?"*
  Ergebnis: Erzieher finden das saubere Taschentuch wichtig. Sie bezeichnen alle weiteren Hosentaschenschätze als "Kinderkram".
- Lehrererzählung über den Wandel vom Gebrauch eines gebügelten Stofftaschentuches zur Benutzung von Papiertaschentüchern, evtl. Demonstration von Stofftaschentüchern.

Sprachliche Textarbeit (Alternativen):
1. Begriffsarbeit:
   - Jedes Kind schreibt auf einen Kartonstreifen einen Begriff. Lesen des Textes, wobei jedes Kind seine Karte hochhält, wenn dieser vorgelesen wird.
   - Zu den fehlenden Begriffen Karten schreiben.
   - Die Kinder erfinden zu ihrem Gegenstand eine kleine Geschichte, wie er in Peters Hosentasche kam.
   - Unterrichtsgespräch: *"Was findet sich in deiner Tasche?"*
2. Erfahren der Endreime:
   - Impuls: *"Manchmal passen zwei 'Hosentaschendinge' besonders gut hintereinander."*

Kartonstreifen mit den Begriffen (Luftballon-Kaubonbon, Sheriffstern-Pflaumenkern ...) an der Tafel untereinander ordnen und Reimendungen farbig markieren.
Hinweise: Der Begriff Zündholzdose wurde wegen des Reims konstruiert, auf Taschentuch reimt sich "genug" bei entsprechender Aussprache.

3. Erfahren des Rhythmus:
   - Kinder lesen die einzelnen Begriffe und begleiten sie durch Klatschen oder mit Rhythmusinstrumenten,
     z.B. Körperinstrumente:
     Taschenmesser: Klatschen auf Schenkel links und rechts, kreuzweise auf Schulter links und rechts
     Luftballon: dreimal in die Hände klatschen
     z.B. Rhythmusinstrumente:
     Taschenmesser: Klangstäbe einzeln
     Luftballon: dreimal Akkorde
     Unterrichtsgespräch: *"Manche Wörter eignen sich für viermal, manche für dreimal 'Klatschen'".*
   - Lesen des Gedichtes mit Begleitung
   - Kinder bewegen sich mit ihren Kartonstreifen nach Musik frei im Raum, auf ein Zeichen hin finden sie sich zu Paaren zusammen, nach dem Muster: viermal Klatschen und dreimal Klatschen
   - Lesen und Begleiten der neuen Begriffspaare
4. Schreiben eines eigenen Gedichtes "Kinderkram" in Partnerarbeit:
   - Differenzierung*: Kinder stellen die Wörter des Textes nach dem "Spielmuster" um, ohne den Reim zu beachten.
   - Differenzierung**: Kinder erfinden neue Aufzählungen nach dem "Spielmuster", wobei Wörter an der Tafel vorgegeben werden, z.B.:

viermal klatschen:	dreimal klatschen:
Haustürschlüssel	Schlüsselbund
Bleistiftspitzer	Würfelstein
Kinokarte	Teddybär
Apfelbutzen	Käsebrot
Füllerkappe	Kartenspiel
Flaschenöffner	Spielfigur
usw.	usw.

Vertiefung:
- Bezug zur Überschrift/Unterrichtsgespräch: Kinderkram oder wichtige Dinge?
- Bezug zur Bildleiste/Unterrichtsgespräch über eigene Schatzkästchen
- Zeichnen von Dingen, die in einer eigenen Schatzkiste liegen oder liegen könnten.

Lesebuch Nina, das kleingroße Mädchen
Seite 12 von Marieluise Bernhard-von Luttitz

HINWEISE ZUM TEXT

Die Wünsche, je nach Situation groß bzw. klein sein zu dürfen, sind sicher jedem Kind dieser Altersstufe vertraut, zumal ja auch Erwachsene damit gerne nach

Bedarf argumentieren. Da Nina auf die unterschiedlichen Ansprüche in konkreter wörtlicher Rede reagiert, kann das lesende Kind die Wünsche und die damit verbundenen Intentionen leicht nachvollziehen und eigene Erfahrungen damit verknüpfen. Der in der Illustration dargestellte Meterstab erleichtert als Provokation die Einsicht, daß groß und klein in diesem Zusammenhang relative Größen sind.
Die häufige Verwendung der wörtlichen Rede in diesem Text kann zum Anlaß genommen werden, die Schüler in den Umgang mit Redezeichen einzuführen, den Text durch die Sprechakte zu strukturieren und ihre Gestaltung als Motivation für wiederholtes Rollenlesen zu nützen.

LERNZIELE

- Die Schüler sollen den Wunsch, ein "kleingroßes" Kind zu sein, durch die beschriebenen Situationen verstehen und mit Textzitaten erklären können.
- Sie sollen an den humorvoll beschriebenen Positionswechseln Spaß haben, aber auch den zweckgebundenen Hintergrund als Realität im Sprachgebrauch eines Kindes und eines Erwachsenen wahrnehmen.
- Sie sollen eigene Situationen finden, in denen die Begriffe "klein" bzw. "groß" je nach Intention relativiert werden.

- Die Kinder sollen die wörtliche Rede im Text entdecken, die Redezeichen verstehen lernen und die Sprechrollen im Vortrag gestalten.

VORSCHLÄGE ZUR UNTERRICHTSGESTALTUNG

Arbeitsmaterial: Dicke Stifte, Papier für Wandtafel, evtl. Text (oder –ausschnitt) für OHP

Hinführung:
Vermutungen zur Überschrift

Textbegegnung:
- Vorlesen des ersten Absatzes (bis: "Ich bin beides: ich bin kleingroß")
- Vermutungen der Schüler

Tafelanschrift: *Jch bin kleingroß.*

- Stilles Erlesen des ganzen Textes
  **Arbeitsaufgabe für schnelle Leser:
  "Nina spricht von sich selbst. Schreibe einen Satz ab, der dir gefällt!"
  Die Schüler können diesen Satz mit dicken Stiften auf ein größeres Blatt schreiben, das dann bei der weiteren Textarbeit in das Tafelbild eingeordnet wird.
  *Differenzierung für schwache Leser: Selbständiges Erlesen der letzten sieben Zeilen

HINWEISE ZUR AUTORIN

Kopiervorlage

Marieluise Bernhard-von Luttitz
ist im Jahre 1913 in Dresden geboren.
Sie lebt und arbeitet jedoch schon sehr lange in Bernau am Chiemsee.
Seit ungefähr 35 Jahren schreibt sie Bücher für Kinder, Jugendliche und auch für Erwachsene.

Sie erzählt ihre Geschichten frisch und lebendig, bringt ihre Leser aber auch zum Nachdenken. Sie zeigt immer wieder, dass sie Kinder sehr gut verstehen kann und sie ernst nimmt.
„Im Grunde sind mir Kinder nämlich sogar oft wichtiger als Erwachsene", sagt sie.
Ihre Bücher und Geschichten werden viel gelesen. Manche mussten deshalb auch oft nachgedruckt werden. Sie erhielt wichtige Ehrungen und Preise. Einige Geschichten wurden auch für das Fernsehen bearbeitet.
Am bekanntesten wurde Marieluise Bernhard-von Luttitz aber durch ihre *Bumfidel*-Geschichten. Bumfidel ist ein kleiner, eigensinniger Knirps mit dem Roll-Auge. Er foppt gerne Erwachsene und deckt immer wieder unbequeme Wahrheiten auf.

– Freie Aussprache
  Anheften der Nina-Figur an Wandtafel

Arbeit am Textinhalt:
1. Ninas wechselnde Positionen
   – Wiederholtes gemeinsames lautes Lesen, wobei
     die flinken Leser (s.o.) bei der entsprechenden
     Textstelle ihre aufgeschriebenen Redesätze an
     die Wandtafel hängen.
   – Bezug zur Überschrift an der Tafel, Klären des
     Begriffes "kleingroß"
     Textzitat: *"Klein war sie immer, wenn sie etwas
     sollte, worauf sie gar keine Lust hatte."* (6. Zeile)
   – Stummer Impuls: Trennen der Tafelfläche
     (s. Tafelbild)
     Zuordnen der bereits geschriebenen Sprech-
     sätze Ninas in die richtige Hälfte der Tafel.
     Sprechblasen lesen und dabei durch In- oder
     Auseinanderschieben die Nina-Figur groß bzw.
     klein werden lassen:

   – Aus dem Text die restlichen Sprechzitate suchen
     und analog in das Tafelbild einordnen.
     Zusammenfassung/Impuls: *"Wann Nina groß war,
     erklärt sie selbst nicht."*
     Unterrichtsgespräch/Ergebnis: Groß war sie immer,
     wenn sie etwas wollte, was sie nicht sollte, was
     Erwachsene nicht erlauben wollten ...
   – Einbringen eigener Erfahrungen
2. Wechselnde Positionen der Erwachsenen
   – Bezug zum Tafelbild/Impuls: *"In der Geschichte
     spricht nicht nur Nina."*
     Suchen der Textstellen/Ergebnis (8. Zeile): "Aber
     Nina! Wie sieht denn deine Spielecke wieder
     aus?"
     Spielen des Dialogs und dabei die Wörter "groß"
     und "klein" betonen.
   – Erfinden möglicher Sprechakte für die weiteren
     Situationen, Spielen der Szenen
     Zusammenfassung/Rollenspiel/Impuls: *Mutter ...
     sagt: "Eigentlich ist Nina für mich auch kleingroß."*
   – Einbringen eigener Erfahrungen
3. Leseübung in Zusammenhang mit dem Textinhalt
   – Wiederholtes Lesen des Textes, wobei die
     Szenen, in denen sich Nina "groß" bzw. "klein"
     fühlt, entsprechend gestaltet werden. Ein Schüler
     verändert parallel dazu die Figur an der Tafel.
   – Herausgreifen der Sprechanleitungen:
     Nina seufzte (12. Zeile)
     sie sagte empört (16. Zeile)
     sie quietschte (letzte Zeile)
     Verschiedene Schüler probieren diese Sprech-
     weisen mit den Zitaten aus.

– Evtl. Hinweis auf die Redezeichen:
  Auf einer Folie über der Buchseite oder am Text
  auf dem Tageslichtprojektor: Bei jedem Sprech-
  akt Anführungszeichen unten und oben orange
  umkreisen, die dazwischenliegende Sprechphase
  gelb unterlegen
– Lesen in verteilten Rollen

VertiefendeTextbetrachtung:
1. Wertung der wechselnden Positionen
   Unterrichtsgespräch/Impuls: *"Im Bild siehst du, daß
   man eigentlich ganz genau bestimmen könnte, wie
   groß Nina ist."*
   Ergebnis: Meterstab und Spiegel geben zwar Maß
   und Aussehen, groß und klein läßt sich aber damit
   nicht feststellen. Wichtig sind die Situation, die
   Wünsche, die Absichten ...
2. Übertragung auf die eigene Situation
   Malen einer Situation, mit Sprechblasen, in der das
   Kind groß bzw. klein sein will

Tafelbild:

Ausschneidefigur:

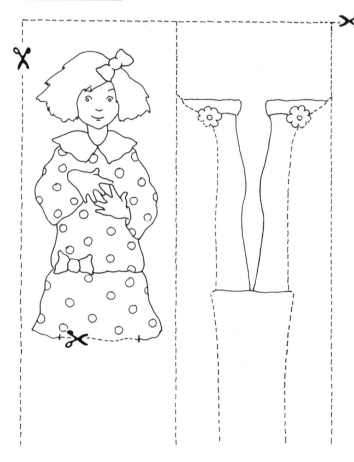

HINWEISE ZUM TEXT

Kinder sprechen über ihre Mitschülerin Anja in unterschiedlichen, meist allgemeinen, aber auch oberflächlichen Wertungen.

Die Äußerungen finden ihre Pointe in der abschließenden Frage der Autorin: "Wie ist Anja in Wirklichkeit?"

Kinder dieser Altersstufe sind von ähnlichen Situationen in zweifacher Weise betroffen: zum einen neigen sie dazu, Ablehnungen unreflektiert und in verletzender Weise auszusprechen oder Mitschüler spüren zu lassen, und zum anderen erfahren sie diese auch selbst aus oft recht vordergründigen Motiven.

Als neutrales Beispiel für diese Problematik eignet sich der Text gut, die Divergenz von Urteilen deutlich zu machen, den Aussagewert von Einschätzungen zu überprüfen und für Aktivität zu motivieren, einen Mitschüler kennenzulernen.

Nicht zuletzt sollen die Kinder auch ermutigt werden, über sich selbst nachzudenken und vielleicht den Mitschülern von sich Dinge zu erzählen, die bisher unbekannt blieben.

In Hinblick auf die Lesefertigkeit ist dieser Text als leicht einzustufen. Die wörtliche Rede als Sprechrollen verschiedener Kinder wird aus dem Kontext deutlich und kann gut nachgestaltet werden.

LERNZIELE

– Die Schüler sollen den Text mit den Sprechrollen lesen und die wörtlichen Reden aus dem Sinnzusammenhang finden und gestalten.
– Sie sollen die abschließende Frage als Intention der Autorin verstehen und als Impuls nehmen, sich über Mitschüler Gedanken zu machen.
– Sie sollen die einzelnen Aussagen der Kinder werten und entdecken, wie wenig Konkretes über Anja ausgesagt wird.
– Sie sollen für ähnliche Situationen sensibilisiert werden und evtl. Strategien lernen zu widersprechen und aktiv zu werden.

VORSCHLÄGE ZUR UNTERRICHTSGESTALTUNG

Hinführung:
Vermutungen zur Überschrift/Bildbetrachtung S. 13
Impuls: *"Anja ist aber bei den Kindern nicht dabei."*
Unterrichtsgespräch/Ergebnis: Wahrscheinlich sprechen die Kinder über Anja.

Textbegegnung:
– Lautes Erlesen/Freie Aussprache
– Wiederholtes Lesen, wobei ein Schüler den Text liest und die restlichen Schüler die wörtlichen Reden im Chor sprechen
– Wiederholtes Lesen mit verteilten Rollen/Impuls: *"Wie viele Personen brauchen wir?"*

Textarbeit:
– Ordnen der einzelnen Aussagen
Impuls/Tafelbild:

Kinder suchen aus dem Text die entsprechenden Zitate und ordnen sie der positiven oder der negativen Spalte zu
Unterrichtsgespräch/Ergebnis: Die Aussage "Anja hat vorne keine Zähne" hat mit Zuneigung oder Abneigung nichts zu tun.
– Lesen des Textes und dabei die Sprechakte freundlich bzw. unfreundlich gestalten.
– Entscheidungsfrage: *"Ist Anja nun lieb oder nicht lieb?"*
Unterrichtsgespräch/Ergebnis: Es läßt sich nicht beurteilen. Wir müssen wissen *"Wie ist Anja in Wirklichkeit?"* (Tafelanschrift)
Unterrichtsgespräch/Impuls: *"Wer spricht denn diese Frage?"*
Ergebnis: Nach dem Text ist es kein Kind. Vielleicht ist es eine Frage für den Leser, um zum Nachdenken zu führen.

Weiterführende Textarbeit:
– Rollenspiel und zeilenweises Vorlesen: Jedes Urteil der Kinder wird von einem "anderen, neutralen Mitschüler" als Gegenrede kommentiert.
– Wiederholung des Durchgangs, wobei nun ein Kind in der Rolle Anjas auf jede Aussage reagiert. Wertung der Szenen im Unterrichtsgespräch/Ergebnis: Man muß von einem Mitschüler mehr wissen, man muß sich auch manchmal die Mühe machen nachzufragen.

Vertiefung:
– Selbstbesinnung: *"Was kannst, tust oder erlebst du, was deine Mitschüler nicht wissen? Schreibe es auf oder zeichne dazu ein Bild!"*
– Hilfen zur Verhaltenssteuerung:
Unterrichtsgespräch/Ergebnis: Jeder Mensch hat gute und auch weniger sympathische Seiten. Für die Klassengemeinschaft ist es nicht gut, wenn ständig über andere geredet oder gegen jemanden gehetzt wird.
Falls nötig, Plakat im Klassenzimmer aufhängen, jedes Kind darf darauf eine Blume malen, wenn es auf andere zugegangen ... ist.

HINWEISE ZUM TEXT

Das Problem, Mut zu zeigen, Angst zu überwinden und eventuell auch in erwarteten Mutproben zu bestehen, ist den Kindern, vielleicht sogar in der im Text dargestellten Situation, aus eigenen Erfahrungen bekannt. Oft können daraus auch ernste Konflikte entstehen.

In der Geschichte handelt es sich nicht, wie anfangs zu vermuten, um couragiertes Springen aus großer Höhe, sondern um den Mut, Angst einzugestehen, sich gegen die Erwartungen anderer zu stellen und nein zu sagen. Daß für eine solche Entscheidung ebenfalls, vielleicht sogar mehr Mut nötig ist, wird vielleicht nicht allen Kindern bewußt sein, kann aber sicher nachvollziehend verstanden werden. Die Bemerkung einer Frau "Na, das muß man auch können." gibt dazu den nötigen Impuls. Gerade für die Entwicklung der eigenen Identität und auch als Hilfe, das Leben in der heutigen Zeit zu meistern, erhält diese Handlungsweise große Bedeutung.

Ohne daß es unmittelbar beschrieben wird, kann der Leser aus dem Kontext Michaels Position, sein Problem und eventuell auch Vorgeschichte und Abschluß des Handlungsausschnittes entnehmen. Das Anwachsen von Michaels Angst und die Dynamik des Bedrängens durch Zurufe werden durch Wortwiederholungen (weit weg, weit weg ..., tief, ganz tief ..., er schaut nach unten, schaut nach oben ...), durch eingeschobene Gedanken (Mensch, ist das hoch), durch Gefühlsbeschreibungen sowie durch sprachliche Bilder nachvollziehbar.

Die eingeschobenen wörtlichen Reden und auch anspruchsvolle Redewendungen (verschwommenes Stimmengewirr, Kuppel erdrückt ihn fast) gestalten den Text etwas schwierig. Sicher ist es deshalb von Vorteil, um das Verständnis zu unterstützen, um Stimmung und Spannung zur Wirkung zu bringen, einen Teil der Geschichte (evtl. bis Zeile 13 oder 18) vorzulesen.

LERNZIELE

- Die Schüler sollen aus dem Text die Situation und die Gefühle Michaels entnehmen, nachempfinden und sich damit identifizieren.
- Sie sollen die Pointe verstehen und mit der Überschrift in Beziehung setzen.
- Sie sollen ungeläufige Ausdrücke aus dem Kontext verstehen und im Unterrichtsgespräch mit Inhalt füllen.
- Sie sollen wörtliche Rede in verteilten Rollen lesen und die Stimmen variieren lernen.
- Sie sollen die Spannung im Text durch ein dem Inhalt angemessenes Lesetempo und richtig gesetzte Pausen im Vortrag zur Wirkung bringen.
- Sie sollen im Rollenspiel ein sich anschließendes Gespräch zwischen Michael und seinem Freund erfinden.

VORSCHLÄGE ZUR UNTERRICHTSGESTALTUNG

Hinführung:
Vermutungen zur Überschrift "Mut"
Unterrichtsgespräch über Mut haben, Situationen, wo Mut nötig ist, Mutproben

Textbegegnung:
- Vorlesen bis Zeile 13: "... Mensch, ist das hoch!"
- Stillarbeit: Auf einem Blatt aufschreiben, was

Michael tun soll/Besprechung der notierten Meinungen, evtl. im Mengenverhältnis in Stichpunkten an der Tafel festhalten
- Weiteres Vorlesen bis Zeile 18
  Rest still zu Ende lesen/Arbeitsaufgabe zum Ausgleich des Lesetempos:
  "Überlege (oder notiere), was du abschließend zu Michael sagen könntest!"
- Freie Aussprache in Bezug zu den gesammelten Meinungen an der Tafel

Arbeit am Textinhalt:
1. Situation der Handlung
   - Bildbetrachtung/Unterrichtsgespräch: *"Paßt die Abbildung genau zum Text?"*
   Ergebnis: Wiederholtes Lesen ist nötig
   - Impuls: *"Wir zeichnen den Ort, an dem die Geschichte spielt, an die Tafel."*
   Wiederholtes Lesen/Arbeitsaufgabe: *"Notiere, welche Dinge wir an die Tafel zeichnen müssen."*
   Ergebnis: Becken, Beckenrand, Kuppel des Hallenbades (Begriffserklärung), Sprungturm (Höhe von 5 m konkret veranschaulichen, z.B. 1. Stockwerk ...), Treppe, Startblock (Begriffserklärung), leuchtend blaues Wasser

2. Handlungsablauf
   - Symbol für Michael wählen, z.B. Magnetknopf oder Figürchen/Text laut lesen und parallel dazu "Michael" im Tafelbild "auftreten lassen"
   - Arbeitsaufgabe für stilles Lesen: *"Notiere dir Personen, die wir in das Bild einzeichnen müssen!"*
   Ergebnis: Bademeister (Ort unbestimmt), Pitti, Kinder in unbestimmter Zahl, die alle nach oben schauen, Frau am Rand
   - Lautes Lesen mit Rollenlesen/Kinderrollen im Chor/Brüllen gestalten

Arbeit am Textgehalt:
- Unterrichtsgespräch/Impuls: *"Wie mag sich Michael wohl fühlen? Wie können wir die Situation nachspielen?"*
  Kind stellt sich hoch (evtl. Staffelei), Text wird noch einmal szenisch gespielt, wobei die Textstelle zwischen Zeile 8 ("Dann hört Michael nichts mehr ...") bis Zeile 16 ("... Micha wird schwindelig") vorgelesen wird.
  Dabei unbekannte Begriffe mit Inhalt füllen (verschwommenes Stimmengewirr, Kuppel erdrückt ihn fast) und
  Wiederholungen stimmlich gestalten! (weit weg ..., tief ..., er schaut nach oben ...)
- Unterrichtsgespräch/Impulse: *"Warum schämt sich Micha nicht?"/"Muß er sich schämen?"/"Paßt die Überschrift?"/"Was meint die Frau mit ihrem Ausspruch?"*
- Bezug zur vorausgegangenen Überlegung: *"Was würdest du zu Michael sagen?"*

Vertiefung:
Rollenspiel/Vorbereitung im Partnergespräch: Michael und Pitti sprechen miteinander.

HINWEISE ZUM TEXT

Im vorliegenden Gedicht wird die Sprachlosigkeit eines Kindes thematisiert, wenn es um eigene seelische Schwierigkeiten geht.

Diese überaus wichtige Problematik wird dem Kind durch einprägsame, sprachlich stereotype Wiederholungen in den erfahrbaren Bereichen: Angst haben, traurig sein, böse sein verständlich. Mit der abschließenden Textaussage "Niemand kann Sabine helfen, weil Sabine nicht über Sabine spricht", wird die Notwendigkeit, sich zu artikulieren, noch einmal deutlich angesprochen.

Im Unterrichtsgespräch sammeln die Kinder am neutralen Beispiel Sabine mögliche, konkrete Ursachen für die genannten Gefühle. Sie können dabei auch eigene Erfahrungen einbinden und werden angeleitet, Begründungen auszusprechen.

Neben der Textarbeit sollte dieser Text Anlaß bieten, eigenes Verhalten zu reflektieren, Mut zum Sprechen und Begründen zu fassen und Formulierungen auszuprobieren. Einem bedrängten Kind können dabei indirekt auch Möglichkeiten gezeigt werden, sich zu öffnen. Da sich in einem solchen Fall nicht immer die engere Familie als Anlaufstelle anbietet, sollten als Partner auch andere mögliche Personen, nicht zuletzt auch die Lehrerin oder der Lehrer, deutlich werden. Im letzteren Falle muß auch ein Zeitraum für persönliche Kontaktaufnahme z.B. vor dem Unterricht signalisiert werden.

LERNZIELE

- Aus Bild und Überschrift sollen die Schüler ihre Texterwartungen formulieren.
- Sie sollen dem Gedicht Informationen über Sabines Verhalten entnehmen.
- Aus der gleichförmigen Aneinanderreihung der Textaussagen sollen die Schüler verstehen, Sabine spricht, spricht aber nicht über sich, über Dinge, die nur sie weiß.
- Aufgrund eigener Erfahrungen können die Kinder allgemeine bedrückende Stimmungen konkretisieren und operationalisieren.
- An den sprachlichen Wiederholungen spüren die Leser ihre appellative, eindringliche Botschaft.
- Die Schüler sollen Sabine zum Anlaß nehmen, über die Bedeutung des Miteinandersprechens nachzudenken, und lernen, daß Hilfe oft erst dann möglich ist, wenn der Betroffene seine Gefühle und Nöte artikuliert.

VORSCHLÄGE ZUR UNTERRICHTSGESTALTUNG

Hinführung:
- Vermutungen zur Überschrift
  Ergebnis z.B.: Wir erfahren etwas über Sabine, vielleicht, warum sie traurig schaut.

Textbegegnung:
- Gemeinsames lautes Erlesen
- Freie Aussprache in Bezug auf die Sinnantizipation

Arbeit am Textinhalt:
- Bildbetrachtung/Unterrichtsgespräch: *"Was haben wir nun über Sabine erfahren?"*
- Schrittweises lautes Lesen, parallel dazu Stichworte an der Tafel festhalten:

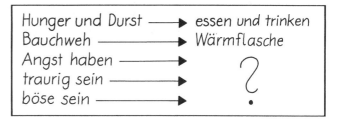

- Tafelbild/Unterrichtsgespräch: Werten der Hilfsmöglichkeiten
- Arbeitsaufträge für wiederholtes stilles Lesen (Für schwache Leser nur Aufgabe 1):
  1. *"Durch den Text könnte man einen Querstrich ziehen. Überlege dir wo!"* (Ergebnis: nach der 9. Zeile)
  2. *"Statt des Fragezeichens könnten wir drei Zeilen aus dem Text abschreiben. Notiere sie!"* (Ergebnis: die drei letzten Zeilen)
- Lautes Lesen des Textes, wobei die Sprechakte bzw. die Feststellungen "dann sagt sie nichts" im Chor gelesen werden

Arbeit am Textgehalt:
- Lautes Lesen des Textes, wobei die wörtliche Rede von einem Kind übernommen wird Unterrichtsgespräch/Ergebnis: Im zweiten Teil der Geschichte könnten wir für Sabine Aussagen finden.
- Partnerarbeit: Überlegen von konkreten Aussagen zu den Bereichen Angst haben, traurig sein, böse sein
  Wiederholtes Lesen des zweiten Textteiles, wobei "Sabine" über sich spricht.
- Unterrichtsgespräch/Bezug zum Fragezeichen des Tafelbildes: *"Wie kann man helfen?/Kann man wirklich überall helfen wie bei Hunger und Durst haben?/Mit wem sollte 'Sabine' sprechen?"*
  Ergebnis: Auch wenn man nicht direkt helfen kann, tut es gut, Trost zu erhalten.
- Anschlußtext: "Was uns die Angst nimmt", Lesebuch Seite 16

Vertiefung:
- Identifikation/Unterrichtsgespräch: *"Spreche ich über mich?/Wann?/Mit wem kann man sprechen?/ Mit wem muß man sprechen?/..."*
- Rollenspiel: *"Wie könnte man ein so wichtiges Gespräch beginnen?"*
- Evtl. (stilles) Lesen des Textes in Ich-Form mit den individuellen Einschüben

HINWEISE ZUM TEXT

Das Thema Angst muß unter wenigstens drei Aspekten gesehen werden: Das Akzeptieren von Angst, das Überwinden von Angst durch eigenes Handeln und der Abbau von Angst durch Zuwendung und Wärme in einer vertrauten Atmosphäre.
Das vorliegende Gedicht thematisiert vor allem den dritten Aspekt. Vertraute Menschen, vertraute Umgebung und vertraute Sachen vermitteln das Gefühl der Geborgenheit, das noch durch den im Gutenacht-Gebet erbetenen Schutz Gottes verstärkt wird.

LERNZIELE

– Die Kinder sollen die Atmosphäre des Schutzes und der Geborgenheit, die im Gedicht ausgedrückt wird, miterleben bzw. nachempfinden.
– Sie sollen von eigenen Erfahrungen berichten und dabei auch den Mut entwickeln, eigene Ängste zu thematisieren.

VORSCHLÄGE ZUR UNTERRICHTSGESTALTUNG

Hinführung (Alternativen):

– Textantizipation durch Bildeinsatz und/oder Unterrichtsgespräch:

Die Kinder berichten von eigenen Erfahrungen und Erlebnissen, in denen sie aufgrund einer fremden Umgebung Angst verspürten oder in denen ihnen das Gefühl von Schutz und Geborgenheit Angst genommen hat. Als Situationen bieten sich an: Schulanfang im 1. Schj., Wechsel in eine neue Klasse, Umzug, Verreisen, abends alleine usw.
– Anknüpfen an bekannten Text, z.B. "Mut" S. 14: Gespräch über erlebte Angst
– Konfrontation mit der Überschrift als Tafelanschrift; Sammeln von Schüleräußerungen und stichwortartiges Anschreiben
oder jeder Schüler schreibt (auch Partnerarbeit) auf ein Kärtchen ein Stichwort zur Hilfe gegen Angst, das an die Tafel geheftet wird.

Textbegegnung:

Der Text kann zunächst von den Kindern individuell erlesen werden, dann nochmaliges gemeinsames Lesen

Textarbeit:

– Vergleich von Textinhalt und Illustration: Unterrichtsgespräch: *"Was nimmt die Angst?"/ "Was könnte in dieser dargestellten/geschilderten Situation Angst machen?"*
– Wiederholtes, abschnittweises lautes Lesen des Gedichtes und Vergleich mit den Stichwörtern an der Tafel:
Gleiches kennzeichnen, Fehlendes ergänzen,

aus: Sprache lebt 3, S. 27, Oldenbourg Verlag, München 1982

Zusätzliches herausstellen (später damit evtl. das Gedicht erweitern)

- Aufzählungen zusammenfassen, z.B. durch Zusammenordnen der Kärtchen:
  1. Vertraute Personen
  2. Vertraute Umgebung und Dinge
  3. Helligkeit
  4. Ablenkung
  5. Gebet, Vertrauen auf Gott
- Stillarbeit: Zu der Gliederung aus dem Gedicht die konkreten Angaben suchen, z.B.
  1. Vater, Mutter, vertraute Gesichter, Bruder, Schwester, Neffen, Nichten
  2. Dorf, Stadt, Teddybären, Puppen, Kätzchen
  3. Lichter, Sonne, Sterne
  4. schönste Geschichten
  5. Gutenachtgebet (evtl. Begriffserklärung)
- Unterrichtsgespräch, Begründen, warum die aufgezählten Dinge helfen können, z.B.:
  1. Ich erwarte mir Hilfe, sie tun mir nichts Böses ...
  2. Ich kenne mich aus, Trost durch Streicheln und Kuscheln ...
  3. Ich sehe, was um mich herum ist ...
  4. Ich denke an etwas anderes ...
  5. Gott hilft, ich bin nicht allein ...

Vertiefung:
Eingehen auf persönliche Ängste (s. Hinführung)
Unterrichtsgespräch oder Partnergespräch: Was hilft mir in meiner konkreten Angst am besten?

Ausklang:
Sinn- und klangestaltendes Lesen

Ergänzungstext:

Was uns Angst macht
Max Bolliger

Wenn es auf dem Boden knistert und knarrt,
wenn etwas leise hinter der Holzbeige scharrt,
wenn der Himmel schwarz und dunkel ist,
wenn es donnert und blitzt,
wenn ein Stier uns entgegenrennt,
wenn es hagelt und brennt,
wenn der Sturm an den Läden rüttelt
und die Kronen der Bäume schüttelt.

Wenn wir durch einen Wald spazieren
und plötzlich die Richtung verlieren,
wenn hinter den Büschen Gespenster lauern
und hinter den Steinen Gestalten kauern,
wenn sich Riesen im Traum verstecken
und uns mitten in der Nacht wecken,
wenn uns die Mutter in den Keller schickt,
wenn vor uns ein Mäuslein erschrickt.

aus: Hinter den sieben Bergen, Drei mal dreizehn Kindergedichte, Echter Verlag, Würzburg 1995

HINWEISE ZUM TEXT
Durch die klare Gliederung, die einfach aufgebauten Sätze und die Wiederholungen gibt der Text auch schwächeren Lesern gute Möglichkeiten zum selbständigen Erlesen.
Auch inhaltlich ist er von den Kindern gut nachvollziehbar. Allerdings wird die Verbalisierungsbereitschaft, vor allem wenn es um eigene Erfahrungen und Gefühle geht, bei der ersten Strophe erheblich größer sein; denn vermutlich werden die Kinder über empfundenen Ärger wesentlich leichter sprechen als über erhaltene Zuwendung und erlebte Zuneigung.

LERNZIELE
- Die Kinder sollen die beiden Strophen im Hinblick auf ihre Gemeinsamkeiten und ihre Unterschiede miteinander vergleichen.
- Sie sollen die geschilderten Situationen nachempfinden und eigene Erfahrungen verbalisieren.

VORSCHLÄGE ZUR UNTERRICHTSGESTALTUNG
Hinführung:
Die Konfrontation mit der Überschrift wird zu völlig unterschiedlichen Vermutungen Anlaß geben. Das Ergebnis sollte dabei völlig offen bleiben.

Textpräsentation und Rezeption:
Die Struktur des Textes legt einen unmittelbaren Vergleich nahe. Als eine Möglichkeit dazu bietet es sich an, die beiden Strophen nebeneinander an die Tafel zu schreiben; dabei sollte jeweils die letzte Zeile abbrechen mit dem Wort "weil ...".
Alternatives Vorgehen:
Eine etwas aufwendigere, aber sicherlich sehr sinnvolle Form der Textpräsentation könnte durch schrittweises Darbieten der einzelnen Zeilen (entweder durch Satzstreifen oder durch Abdecken des restlichen Textes) geschehen. Hierbei werden die Gemeinsamkeiten und die Unterschiede besonders signifikant.
Unterrichtsgespräch:
- Der offene Schluß beider Strophen läßt Vermutungen zu. Dabei müssen von den Kindern nicht unbedingt die "richtigen Lösungen", also die Zeilen des Originaltextes genannt werden. Der Vergleich der eigenen Vorschläge mit der Textvorgabe wird dann zu einem produktiven Gespräch führen.
- Die Bildbetrachtung könnte auf Körpersprache aufmerksam werden lassen:
  pantomimisch nachspielen *("Wie fühle ich mich in dieser Haltung?")*,
  evtl. Vergleich mit dem Text S. 10: "Was ich alles mit dem Gesicht machen kann"
- Klärung der Redensarten:
  Ich platze vor Wut/Freude.
  Ich fühle mich wohl/krank in meiner Haut.

Eine Übertragung auf die eigene Erfahrungswelt sollte zumindest zum Abschluß des Gesprächs angestrebt werden.

2. Kapitel   Ich und die anderen

Lesebuch
Seite 18 – 33   **Familie**

Das Kapitel zum Themenkreis "Familie" enthält Texte von bekannten Kinder- und Jugenbuchautoren, die Erfahrungen aufgreifen und optimistische Impulse geben, Situationen aktiv zu gestalten oder zu verändern. In der Auswahl wurde auf die Betonung einer stets heilen Welt ebenso verzichtet wie auf die Präsentation von Konflikten, die das Kind nicht lösen kann.

Die Texte thematisieren aber auch Schwierigkeiten, die ein Kind dieses Alters häufig erlebt, jedoch in humorvoller Art, z.B.

Rollenkonflikt im Text S. 18: "Die Geschichte vom Vater, der die Wand hoch ging"
Überorganisation der Kinder S. 29: "Tik tak"

Als weitere inhaltliche Schwerpunkte enthält das Kapitel Texte zum
Erlebnis von Angst und Einsamkeit:
    S. 28: "Ich bin allein und die Uhr tickt"
    S. 30: "Angst und Mut"
Rollenverständnis:
    S. 18: "Die Geschichte vom Vater, der die Wand
        hoch ging"
    S. 24: "Jörg lernt kochen"
Erlebnis eines kleinen Unglücks:
    S. 32: "Pech"

Geschichten, Auszüge aus Kinderbüchern, Gedichte, Interviews und Sprachspiele bieten viele Impulse, sich das Lesen zur eigenen Sache zu machen, mit den Texten kreativ umzugehen und den Transfer für das eigene Leben zu finden.
Bis auf einen Text (S. 24: "Jörg lernt kochen") sind die Angebote kurz und relativ leicht zu erlesen. Klare Strukturen und Zeilenzähler helfen zusätzlich. Durch die o.g. Schwerpunkte bietet sich auch an, zu einem Thema unterschiedlich schwierige Texte anzubieten und sie im vergleichenden Lesen zusammenzustellen, z.B.
Texte zum Einschlafen: S. 33, 16, 22, 28
Texte zur Zeiteinteilung und zum Zeitempfinden:
S. 29, 30

Lesebuch	**Die Geschichte vom Vater,**
Seite 18	**der die Wand hoch ging**
	von Ursula Wölfel

HINWEISE ZUM TEXT

Der Reiz dieser Geschichte liegt vor allem im abrupten Wechsel vom Wirklichen in das Unwirkliche, der sich daraus ergibt, daß eine Redewendung (Bildrede) wörtlich genommen wird ("die Wände hoch gehen").

Die hier vorliegende Form eines phantastischen Realismus ist bei Kindern sehr beliebt.
Allerdings können bei einigen Kindern Schwierigkeiten beim Verständnis von Bildreden auftreten. Die Bedeutung des hier vorliegenden Beispiels wird durch den Kontext erklärt. Sollen im Anschluß an die Behandlung der Geschichte andere Beispiele besprochen werden, muß zum richtigen Verständnis ebenfalls wieder ein entsprechender Kontext bereitgestellt werden. (Den Buckel runter rutschen; in die Luft gehen; in den Boden versinken.)
Ein weiterer Reiz des Textes liegt im Moment der Schadenfreude. Der Vater, der die Angst des Sohnes nicht akzeptierte, scheitert selbst an seiner eigenen Angst und erfährt eine "gerechte Bestrafung". Die Kinder werden sich hier schnell in die Situation hineinversetzen und mit dem Jungen identifizieren können.

HINWEISE ZUR AUTORIN

Ursula Wölfel ist seit etwa 30 Jahren eine der erfolgreichsten Kinder- und Jugendbuchautorinnen im deutschsprachigen Bereich. Fast überall, wo es Bücher und Geschichten gibt, entdeckt man ihren Namen.
Sie wurde 1922 in Hamborn, einem Stadtteil von Duisburg, geboren und wuchs auch im Ruhrgebiet auf. Anfangs arbeitete sie als Lehrerin in der Sonderschule. Seit 1961 schreibt sie nur noch Bücher und lebt im Odenwald. Gleich mit ihrem ersten Werk 1959 hatte sie großen Erfolg. Seitdem bekam sie immer wieder Preise und Auszeichnungen.
In ihren Büchern, Geschichten und Gedichten schreibt sie immer wieder über Probleme der Kinder, der Erwachsenen und der Welt. Sie versteht es, ihre Leser zum Nachdenken zu bringen. Sie möchte aber auch Mut machen, Dinge, die bedrücken, zu verändern.
"Die Geschichte vom Vater, der die Wand hoch ging" stammt aus ihrem Buch "Neunundzwanzig verrückte Geschichten".
Im Lesebuch finden sich noch folgende Texte von Ursula Wölfel:
"Angst und Mut", S. 30
"Liebe Mutter", S. 98
"Ich habe Schnupfen", S. 159

Ursula Wölfels berühmtes, mit dem Deutschen Kinderbuchpreis ausgezeichnetes Buch "Feuerschuh und Windsandale" eignet sich sowohl als Klassenlektüre als auch zum Vorlesen: Es erzählt vom siebenjährigen Tim, dem Allerdicksten in der Klasse, der deswegen immer gehänselt wird. "Alle seine Sorgen vergißt und verlernt er jedoch, als er mit seinem Vater vier Wochen lang in den großen Ferien über Land ziehen darf. Die Wanderfahrt ist ein Geburtstagsgeschenk, das die liebevollen Eltern ihrem Tim mit einem Paar neuen roten Schuhen – den Feuerschuhen – und einem Rucksack auf den Gabentisch legen. Die Wandersandalen für den Vater stehen daneben. Was Tim zusammen mit seinem Vater unterwegs erlebt, ist spannend, aber auch so einfach erzählt, daß jedes Kind es verstehen und jeder Erwachsene, der es vorliest, seine helle Freude daran haben wird. Manches Kind wird Tim heimlich glühend beneiden um die wunderbare Welt der Wälder, Berge und Dörfer, durch die die Wanderschaft geht. Übersprudelnd von Erlebnissen und voll Heimweh kehren die beiden nach vier Wochen zur Mutter zurück." (nach Buchcover, Hoch Verlag, Stuttgart)

LERNZIELE

- Die Kinder sollen die Geschichte aus der Sicht des Sohnes und aus der Sicht des Vaters nachempfinden und verstehen können.
- Sie sollen den übertragenen Sinn der Bildrede verstehen.
- Andere Beispiele für Bildreden in einen Kontext stellen und eigene Geschichten dazu erfinden, vortragen und eventuell vorspielen.

VORSCHLÄGE ZUR UNTERRICHTSGESTALTUNG

Hinführung:

Die Bedeutung der Bildrede kann entweder in einer Vorlaufphase oder auch erst im Rahmen der Erarbeitung des gesamten Textes geklärt werden.
Bei der Entscheidung für die erste Möglichkeit empfiehlt sich ein Ausgehen von der Überschrift als Tafelanschrift. Die übertragene Bedeutung des Ausdrucks kann aufgrund des Vorwissens der Kinder im Gespräch erarbeitet werden. Wichtig bleibt auch hier, daß die Erklärungen immer mit konkreten Beispielen gekoppelt werden.

Textrezeption:

Zunächst kann der Text bis zum Ende des vorletzten Absatzes vorgelesen werden. Bis dahin wirkt er wie eine einfache Alltagsgeschichte. Die Kinder werden sich vermutlich mit dem Jungen solidarisieren und ihren Unmut über das Verhalten des Vaters verbalisieren. Das Gespräch hierzu sollte nicht zu weit ausgedehnt werden.
Nach diesem ersten Gespräch kann die ganze Geschichte selbständig im Buch erlesen werden. Hierbei ist besonders auf angemessene Lesezeit und individuelle Hilfestellung zu achten.
Eventuell können die schwächeren Leser auch gemeinsam mit dem Lehrer bzw. der Lehrerin den Text erlesen. Das Erfassen der doppelten Pointe wird

bei den Kindern Heiterkeit auslösen. Im abschließenden Gespräch sollten die beiden Aspekte aber getrennt behandelt werden.

Textproduktion:

Zu anderen Bildreden (s.o.) können von den Kindern in Gruppenarbeit Geschichten entwickelt, vorgetragen und evtl. vorgespielt werden.

Lesebuch Seite 19	Kinder erzählen von ihren Eltern

HINWEISE ZUM TEXT

Die beiden Kinderaussagen thematisieren unterschiedliche Empfindungen. Im ersten Beispiel freut sich ein Junge, weil sein Vater, wahrscheinlich dem Wunsch des Kindes entsprechend und seine eigene Auffassung zurückstellend, vermutlich für den Jungen überraschend, dessen Fahrrad rosa angestrichen hat. Das Besondere an dieser Handlung ist nicht der Arbeitsaufwand, sondern die Bereitschaft, etwas, das den eigenen Vorstellungen widerspricht, dennoch zu realisieren, nur weil es sich ein anderer wünscht.
Im zweiten Beispiel wird das nicht nur von Kindern immer wieder erlebte Problem dargestellt, jemandem seine Zuneigung nicht mitteilen zu können, obwohl man es gerne will. Diese Sprachlosigkeit wird besonders belastend, wenn man noch dazu den betreffenden Menschen verärgert. Der optimistisch-tröstende Schlußsatz darf hier nicht so verstanden werden, daß man nichts zur Überwindung der Mitteilungsbarrieren zu unternehmen braucht.

LERNZIELE

- Die Kinder sollen sich mit dem Mädchen und mit dem Jungen in den beiden Beispielen identifizieren können und deren Freude bzw. Kummer nachempfinden und verstehen können.
- Sie sollen ermutigt werden, die eigene Sprachlosigkeit bezogen auf die Mitteilung von Zuneigung zu überwinden, und dazu Hilfe erfahren.
- Handlungen, wie im ersten Beispiel beschrieben, sollen als Möglichkeit erkannt werden, dem anderen seine Zuneigung zu zeigen.

VORSCHLÄGE ZUR TEXTARBEIT

Eine besondere Einführungsphase ist nicht erforderlich. Die o.a. Lernziele können im Unterrichtsgespräch jeweils nach dem Lesen eines der Texte erarbeitet werden. Dabei ist darauf zu achten, daß das mehr emotionale Nachempfinden nicht kognitiv zerredet wird.

ERGÄNZENDE HINWEISE

Das Problem der Sprachlosigkeit wird auch unter anderem Aspekt im Text "Sabine" (Lesebuch S. 15) thematisiert.

<table>
<tr><td>Lesebuch
Seite 20</td><td>Von der Fliege, die den
Großvater und die
Großmutter geärgert hat
von Heinrich Hannover</td></tr>
</table>

HINWEISE ZUM TEXT

Heinrich Hannovers Fliegengeschichte eignet sich
ausgezeichnet für das erste Lesealter. Der Inhalt
bietet sich geradezu an, das Kreisen der Fliege
stimmlich zu gestalten, die Handlung abschnittweise
nachzuspielen und Fortsetzungen zu erfinden. Dadurch gewinnen die Kinder sowohl unmittelbare Hilfen
zum sinnerfassenden Lesen als auch durch den
Impuls "usw., usw." Anregung, den Schritt von der
Textrezeption in die Textproduktion, mündlich oder
schriftlich, zu vollziehen.
Vielleicht bietet sich bei dem Unterrichtsgespräch
auch die Gelegenheit, den Kindern auch Fliegen, die
wir oft lästig empfinden, als Lebewesen bewußt zu
machen, die nicht gequält werden dürfen. Als Querverbindung eignet sich der Text S. 134.

Sprachliche Wiederholungen durch Textbausteine
erleichtern das Erlesen, wobei durch kleine Variationen (linkes/rechtes Ohr, brr.../sss...) auch genaues
Lesen gefordert ist. Der heute etwas ungebräuchliche
Begriff Sofa läßt sich aus dem Kontext erschließen
und ist zudem in der Kapitelleiste dargestellt.

HINWEISE ZUM AUTOR

Heinrich Hannover ist 1925 in Anklam in Pommern
geboren. Er ist Rechtsanwalt in Bremen und war ein
bekannter Strafverteidiger in politischen Prozessen
der siebziger Jahre. Als Vater von sechs Kindern kam
er zum Geschichten- und Bücherschreiben. Viele
Erzählungen von Hannover, u.a. "Die Birnendiebe
vom Bodensee" (1970) und "Wadewitz und Wade-
wutzel" (1981), sind sehr bekannt geworden. Das
Lesebuch enthält als weiteren Text von ihm:
"Der tolpatschige Osterhase", S. 93

LERNZIELE

- Die Kinder sollen den Text erlesen und die
  Handlung im Spiel nachgestalten.
- Sie sollen ihre Stimme ausprobieren, das Summen
  und Brummen der Fliege darstellen und den Text
  im Vortrag lebendig werden lassen.
- Sie sollen die Bezeichnungen "usw., usw." verstehen lernen und als Impuls aufgreifen, Fortsetzungen zu erfinden.
- Im Bild- und Textvergleich sollen sie überschauendes Lesen üben.

VORSCHLÄGE ZUR UNTERRICHTSGESTALTUNG

Hinführung:
Akustisches Rätsel durch den Lehrer oder vom
Tonband: Summen einer Fliege
Freie Aussprache/Vermutungen zum Textinhalt

Textbegegnung (alternativ):
- Stilles Erlesen
  Aufgabe für flinke Leser: *"Zeichne dir auf ein
  kleines Stückchen Papier eine Fliege."*
- Lautes Erlesen

Textarbeit:
1. Inhaltliches Erfassen durch Gestaltung des
   Vorlesens:
   - Nachgestalten der Fliegengeräusche:
     Ausprobieren der Stimme: "Sss...", "Brr..."
     Variieren: laut, leise, mit Pausen, an- und
     abschwellend
   - Klären der Bezeichnung "usw., usw."

   Wandtafel: | <u>und so weiter</u> |

   - Stimmliches Gestalten von "hasch, hasch" und
     "husch, husch"/begleitende Gesten beim Vor-
     lesen
2. Erfassen des Textinhalts durch Text und Bild-
   vergleich:
   - Abschnittweises Lesen und dazu immer die
     passende Illustration suchen
   - Bilder zeigen, dazu die Textstellen suchen und
     (im Chor) vorlesen, z.B.
     Bild an Kapitelleiste – 1. Abschnitt
     linkes Ohr – 2. Abschnitt
     Fliege allein – 3., 5. und letzter Abschnitt, usw.
3. Nachspielen der Geschichte (alternativ):
   - Mit der gezeichneten Fliege in Partnerarbeit ihren
     Weg nachspielen
   - Szenisches Spiel: Großvater, Großmutter und
     Fliege
     Evtl. auch die Klasse in Dreiergruppen aufteilen,
     ein Kind liest den Zwischentext, alle spielen und
     sprechen die Ergänzungen.
     Hinweis: Für Kinder ist es oft ein Problem, ein-
     ander sanft zu berühren, deshalb das Kitzeln der
     Fliege vorher ausprobieren!
4. Fortsetzungen erfinden:
   - Ein Kind liest den Text vor. Vor "usw., usw."
     ergänzen die Kinder frei
   - Statt der Fliege eine Mücke fliegen lassen (hohes
     Summen)
   - Einen anderen Schluß finden, z.B.: Versuche, die
     Fliege zu fangen.

Vertiefung:
Unterrichtsgespräch:
- Wann stört die Fliege?
- Auch wenn die Fliege lästig ist, ist sie ein Lebe-
  wesen, das seinen Platz in der Natur hat und nicht
  gequält werden darf.

Anschlußstoffe:
"WENN HINTER FLIEGEN", S. 133
"Esmeraldas erster Auftritt", S. 134

HINWEISE ZUM TEXT

Typische Merkmale dieses Gedichts sind die Komik des Inhalts und die dazu passende Klanggestalt. Schwierigkeiten beim Textverständnis sind nicht zu erwarten, und nach einer Zeit des Einlesens bzw. des Einhörens werden die meisten Kinder zumindest Abschnitte klanggestaltend vorlesen können.

LERNZIELE

- Die Kinder sollen den Zusammenhang von Inhalt und Klanggestalt des Textes erfahren.
- Sie sollen das Gedicht klanggestaltend vorlesen.

VORSCHLÄGE ZUR UNTERRICHTSGESTALTUNG

Präsentation/Rezeption:
- Lehrervortrag oder – bei entsprechendem Lernstand der Kinder – Erlesen des Textes in Partnerarbeit mit gegenseitigem Vortragen
- Freie Äußerungen zum Text
- Kinder lesen frei gewählte Abschnitte vor.
- Die Wiederholungen "strickt ..." evtl. mit Klanginstrumenten betonen
- Unterrichtsgespräch: *"Warum strickt die Tante?"/ "Wie sind die Produkte?"*
  Ergebnis: Das Gedicht soll necken ..., es übertreibt.

Kreative Textarbeit:
- Text durch Austauschen von Bausteinen verändern, z.B.

Kopiervorlage

Meine Tante

Meine Tante ist verrückt!
Strickt,
strickt,
strickt!
Gestern strickt' sie ihrem Dackel
eine . . . . . . jacke.
Heute strickt sie ihrem Spitz
eine . . . .
Morgen hext sie eins, zwei, drei
. . . . . für den Papagei.
Meine Tante ist verrückt!
Strickt,
strickt,
strickt!

- Sprachgewandte Kinder erfinden eigene Strickvariationen.
  Als Hilfe können an der Tafel Impulse angeboten werden, z.B.
  ... Uli   / ... Katzen   / ... Fips   / ... Annerose
  P... / ... für die Ta... / ... Schl... / ... Badeh...

HINWEISE ZUM TEXT

Die hier ausgewählte Episode aus Astrid Lindgrens "Die Kinder von Bullerbü" ist auch ohne den Kontext verständlich, wobei der Zusammenhang zwischen Textinhalt und Überschrift gefunden werden muß. Wahrscheinlich sind die Bullerbü-Geschichten einigen Kindern vom Fernsehen oder von Tonkassetten her bekannt.
Der gewählte Textauszug eignet sich inhaltlich gut für die Kinder dieser Altersstufe, da er Möglichkeiten zur Identifikation und zur Aktualisierung eigener Erfahrungen und Gefühle gibt.
Von der Struktur her bietet er sich durch seine klare Gliederung in drei überschaubare und als inhaltliche Einheit zu erfassende Abschnitte an, die ein schrittweises Erlesen des Textes ermöglichen.
Schwerpunkt der Erarbeitung muß die Freude am Inhalt und die damit verbundene Neugier auf weitere Geschichten sein. Die Ich-Form der Erzählung erleichtert dabei die Identifikation und das Miterleben.
Auf die Autorin Astrid Lindgren sollte auf jeden Fall eingegangen werden. Als weitere Texte enthält das Lesebuch von ihr
"April, April", S. 96
"Lotta beim Zahnarzt", S. 160
Astrid Lindgren erzählt von ihrer Kindheit:

Zweierlei hatten wir, das unsere Kindheit zu dem gemacht hat, was sie gewesen ist – Geborgenheit und Freiheit. Wir fühlten uns geborgen bei diesen Eltern, die einander so zugetan waren und stets Zeit für uns hatten, wenn wir sie brauchten, uns im übrigen aber frei und unbeschwert auf dem wunderbaren Spielplatz, den wir in dem Näs unserer Kindheit besaßen, herumtollen ließen. Gewiß wurden wir in Zucht und Gottesfurcht erzogen, so wie es dazumal Sitte war, aber in unseren Spielen waren wir herrlich frei und nie überwacht. Und wir spielten und spielten und spielten, so daß es das reine Wunder ist, daß wir uns nicht totgespielt haben. Wir kletterten wie die Affen auf Bäume und Dächer, wir sprangen von Bretterstapeln und Heuhaufen, daß unsere Eingeweide nur so wimmerten, wir krochen quer durch riesige Sägemehlhaufen, lebensgefährliche, unterirdische Gänge entlang, und wir schwammen im Fluß, lange bevor wir überhaupt schwimmen konnten. Keinen Augenblick dachten wir an das Gebot unserer Mutter «aber nicht weiter raus als bis zum Nabel!» Überlebt aber haben wir alle vier.

Unsere Kindheit war ungewöhnlich frei von Rügen und Schelte. Daß unsere Mutter nicht mit uns zankte, mag daran gelegen haben, daß man ihr meistens gleich gehorchte, wenn sie etwas anordnete. Sie war es, die uns erzog, und ich kann mich nicht entsinnen, daß Samuel August sich da je eingemischt hätte. Hannas Art der Kindererziehung war, so finde ich, recht großzügig. Daß man zu gehorchen hatte, war selbstverständlich, aber sie stellte nie unnötige und unerfüllbare Forderungen. So verlangte sie beispielsweise nicht, daß man unbedingt pünktlich zu den Mahlzeiten erschien – kam man zu spät, mußte man sich selber etwas aus der Speisekammer holen. Ohne Vorhaltungen. Ich kann mich auch nicht erinnern, daß sie uns je Vorwürfe gemacht hätte, wenn wir mit zerrissenen oder beschmutzten Kleidern nach Hause kamen. Wahrscheinlich hielt sie solche Pannen, die im Eifer des Spiels passieren konnten, für das gute Recht eines Kindes. Sie zeterte nicht über Mißgeschicke, für die man nichts konnte. Wie zum Beispiel damals, als unsere jüngste Schwester auf den Küchentisch krabbelte und dabei die große Schüssel voll Blutgrütze umkippte. Kein Wort verlor Hanna darüber, sie wusch ihr blutverschmiertes Töchterchen, zog ihm saubere Sachen an und gab uns zum Mittagessen statt Blutgrütze etwas anderes.

Diese Freiheit zu haben hieß aber keineswegs, ständig frei zu haben. Daß wir zur Arbeit angehalten wurden, war die natürlichste Sache von der Welt. Schon mit sechs Jahren mußten wir beim Rübenverziehen und Rupfen der Brennnesseln für die Hühner helfen. Mit dem Heranwachsen wurden wir auch, sofern es nötig war, bei der Erntearbeit eingespannt. Sofern es nötig war!

Astrid Lindgren erzählt von ihrem ersten Buch „Pippi Langstrumpf":

Doch dann kam dieser Schnee, der die Straßen glitschig wie Schmierseife machte. Ich fiel hin, verstauchte mir den Fuß, mußte liegen und hatte nichts zu tun. Was tut man da? Schreibt vielleicht ein Buch? Ich schrieb Pippi Langstrumpf. Wie die Pippifigur ursprünglich entstanden ist, habe ich so oft erzählt, weil ich so oft danach gefragt worden bin. Es hier noch einmal zu tun, kommt mir zwar dumm vor, aber trotzdem. 1941 lag meine Tochter Karin krank im Bett, und eines Abends sagte sie: «Erzähl mir was von Pippi Langstrumpf.» Es war ein Name, der ihr gerade in diesem Augenblick durch ihren fieberheißen Kopf geschossen war. Ich tat ihr den Gefallen und dachte mir eine närrische Range aus, die zu dem Namen passen konnte, und mußte bald entdecken, daß uns eine Pippi ins Haus geschneit war, die wir nicht wieder loswerden konnten. 1944 wurde sie gedruckt, einerseits abgelehnt, andererseits preisgekrönt, jedenfalls lag sie plötzlich in den Buchhandlungen.

aus: Astrid Lindgren, Das entschwundene Land, Oetinger Verlag, Hamburg 1977

LERNZIELE

– Die Kinder sollen den Text inhaltlich erfassen und zum Weiterlesen motiviert werden.
– Sie sollen von eigenen Angst- und/oder Streicherlebnissen berichten und selbst Spukgeschichten erfinden.

– Im szenischen Spiel sollen sie in die lebendige Erzählung die angedeuteten wörtlichen Reden einfügen.
– Die Illustrationen der Buchseite sollen die Kinder mit Textzitaten in Beziehung setzen und dabei reale und gedankliche Ebene unterscheiden.

VORSCHLÄGE ZUR UNTERRICHTSGESTALTUNG

Arbeitsmaterial: Evtl. Schnur, um die Handlung nachzuspielen

Hinführung:
– Hinweis auf die Autorin Astrid Lindgren und ihre Kindheit mit den Geschwistern auf dem elterlichen Bauernhof in Schweden.
– Vermutungen zur Überschrift/Einbringen eigener Erfahrungen zum Thema Spukgeschichten, Angst und dergl.

Textpräsentation:
– Stilles Erlesen, wobei die langsameren Leser auch nur einen Abschnitt lesen, z.B. Zeile 1 mit 6, oder 7 mit 12
Arbeitsaufgabe für schnelle Leser: "Zu dem Bild S. 22 oben passen drei Zeilen genau. Schreibe sie auf!"
Ergebnis: Zeilen 14 mit 16
– Freie Aussprache

Textarbeit:
1. Überprüfen des inhaltlichen Verständnisses:
   – Impuls: Erklären der beiden Illustrationen
   Gemeinsames lautes Lesen, Benennen der zu den Bildern passenden Textstellen
   Ergebnis: Bild oben: Zeile 14 mit 16, Bild unten: Zeile 17 mit 20
2. Abschnittweises Nachspielen der Geschichte:
   – Zeile 1 mit 9: Erzählen einer Spukgeschichte
   Unterrichtsgespräch zur Klärung der Textstellen: es war *nett*, wenn *schreckliche* Geschichten erzählt wurden
   Lisa *muß* den Kopf unter die Decke stecken
   – Zeile 9 mit 12: Lisas Angst
   Dunkelheit und räumliche Distanz zum Bruder
   – Zeile 13 bis Ende: Der Streich der Brüder
   Lisas Reaktionen: Schrecken, Wut, Erleichterung
3. Unterrichtsgespräch/Impuls: "Paßt die Überschrift zur Geschichte?"
   Herstellen eines Zusammenhangs, z.B.: Lisa erzählt ihr Erlebnis jemandem. Suchen anderer Überschriften

Textproduktion:
Ausgestalten der Geschichte mit Sprechphasen im Rahmen des Vorhabens: Wir spielen die Geschichte noch einmal.
– Kinder wählen einen der o.g. Abschnitte/Wiederholtes Lesen in Partnerarbeit
– die auszuschmückenden Textstellen suchen und Gespräche erfinden!
Zeile 7 und 8:   Erfinden einer greulichen Spukgeschichte
Zeile 10:   Selbstgespräche, um die Angst auszudrücken

Zeile 14:	Gedanken formulieren: Ein Gespenst ist da
Zeile 16:	Schrei ausprobieren
Zeile 21:	Wut im Gespräch mit den Brüdern formulieren

Kennenlernen der Autorin Astrid Lindgren:
(Diese Einheit zeitlich abgrenzen)
1. Kennenlernen der Autorin (siehe Kopiervorlage)
2. Ausstellung von Büchern oder aus Buchprospekten Buchtitel ausschneiden und eine Collage anfertigen
3. "Die Kinder von Bullerbü" eignet sich als Klassenvorlesebuch.

Kopiervorlage

Astrid Lindgren
ist wohl die bekannteste Kinderbuchautorin der Welt. Die Schwedin hat über siebzig Kinder- und Jugendbücher geschrieben, die in etwa sechzig Sprachen übersetzt wurden.
Auf der ganzen Welt können Kinder ihre Geschichten lesen. Auch für das Fernsehen und für Hörspiele wurden ihre Bücher bearbeitet.
Vielleicht kennst du einige Titel!

Astrid Lindgren wurde 1907 in Schweden geboren. Sie erlebte in ihrer Kindheit eine schöne Zeit mit viel Spiel und Freiheit auf dem Bauernhof ihrer Eltern.
Viele Erlebnisse und Erfahrungen aus dieser Zeit kann man aus ihren Büchern herauslesen.
Mit dem Schreiben begann Astrid Lindgren als junge Mutter zur Unterhaltung für ihre beiden Kinder.
Sie erzählt:
„Zuerst habe ich gedacht, ich kann kein Buch schreiben. Dann habe ich aber 1944 als Geburtstagsgeschenk für meine Tochter doch eine Geschichte geschrieben. Und zwar von Pippi Langstrumpf. Das war der Anfang. Ich schickte mein Manuskript an einen Verlag. Die haben es mir aber wieder zurückgegeben und wollten es nicht drucken. Dann schickte ich das Manuskript noch einmal bei einem Wettbewerb ein. Und ich bekam einen Preis. Und damit hat alles angefangen."
Weiter sagt sie:
„Ich schreibe nur für Kinder. Aber ich weiß auch, dass Erwachsene gerne meine Bücher lesen. Für Kinder zu schreiben ist viel schwieriger. Man braucht viel Fantasie, um ein Kinderbuch zu schreiben.
Ich schreibe auch zu meinem eigenen Vergnügen und denke immer daran: Kinder wollen Frieden, sie wollen nicht Gewalt in der Welt haben. Und das will ich auch nicht.
Ich hoffe, dass die Kinder selbstständig werden und verstehen: Gewalt ist nicht das, was wir haben möchten."

nach: Lieber lesen, 5. Almanach der Kinder- und Jugendliteratur, Neugebauer Press, Salzburg/München 1988, und nach: Sybil Gräfin Schönfeldt, Astrid Lindgren, Rowohlt Verlag, Reinbek 1987

Im Lesebuch findest du drei Texte aus Büchern von Astrid Lindgren:
S. 22 „Lisa erzählt eine Spukgeschichte" aus „Die Kinder von Bullerbü"
S. 96 „April, April" aus „Mehr von uns Kindern aus Bullerbü"
S. 160 „Lotta beim Zahnarzt" aus „Die Kinder aus der Krachmacherstraße"

Anschlußstoff:

Nachtgespenster — Ein Gespensterspiel

T u. M: R. Schuhmann

Gib acht, gib acht! Gleich ist es Mit-ter-nacht. Da
kom-men die Ge-spen-ster, schnell, schnell, schließt al-le
Fen-ster! Gib acht, gib acht, gleich ist es Mit-ter-nacht!

Turmuhren schlagen

Gespenster tauchen auf

p — *f*

Geisterstunde, Geisterstunde, Geisterstunde, Geisterstunde, Gei-ster-stun-de!

Hu hu hu! Wir sind die Nacht-ge-spen-ster.

Hu hu hu! Wir fin-den kei-ne Ruh, kei-ne Ruh.

Spielt „Geisterstunde".

1. Wir flü-stern und wir wi-spern,
2. wir schar-ren und wir krat-zen,
3. wir ki-chern und wir la-chen,
4. wir jam-mern und wir kla-gen,
5. wir po-chen an die Tü-ren,
6. wir fe-gen durch die Lüf-te,
7. wir pfei-fen wie der Wind,

Stellt die Laute
und Geräusche der
Nachtgespenster dar.

(ab hier immer rascher)

und wenn die Glok-ke eins schlägt, ver-schwin-den wir, ver-

(immer rascher)

schwin-den wir, ver-schwin-den wir ge-schwind.

Gespenster verschwinden

HOHO hohoho HUUU Huiiiii hui hihihi
HOHOHO

Stabspielbegleitung:

XYL

Vorspiel (Gib acht...)

MET

(Hu hu hu!..) (Hu hu hu!...) (Ruh...)

Vorspiel

XYL

(Wir flüstern...)

MET

aus: K. Patho/R. Schuhmann, Musik 1/2, Wolf Verlag, Regensburg 1993

Lesebuch	**So eine Familie**
Seite 23	von Elke Kahlert

HINWEISE ZUM TEXT

Die einzelnen Aussagen dieses Textes sind nicht für eine tiefergehende Besprechung gedacht, auch wenn z.T. Situationen genannt werden, die den Kindern sicherlich nicht unbekannt sind.
Der Schwerpunkt der Behandlung liegt eindeutig in der Komik der einzelnen Aussagen, im Reiz, den Text jeweils ergänzen zu können, und in der sich aus dem Reim ergebenden Klanggestalt.

LERNZIELE

- Die Kinder sollen die einzelnen Verse selbständig erlesen, ergänzen und vorlesen und evtl. auch neue Zweizeiler erstellen.

VORSCHLÄGE ZUR UNTERRICHTSGESTALTUNG

Hinführung:
Ein Beispiel aus dem Buch oder ein neues wird als Tafelanschrift vorgestellt und besprochen.

Textrezeption:
- Die Kinder erhalten genügend Zeit, den Text selbständig zu erlesen und zu ergänzen. Dabei genügt es, wenn die leseschwächeren ein oder zwei Beispiele bearbeitet haben.
- Vortrag der Beispiele nach eigener Wahl.

Textproduktion:
- Erfinden neuer Verse (evtl. mit Vorgabe der Reimwörter)
  Zu den neuen Versen werden Bilder gezeichnet.

Kopiervorlage

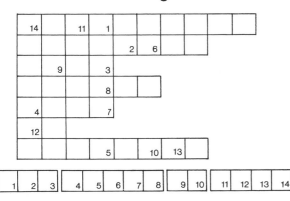

1. Trage die fehlenden Reimwörter als Großbuchstaben von oben nach unten in die Kästchen ein:

2. Trage die Lösungsbuchstaben in der richtigen Reihenfolge ein und beantworte die Frage.

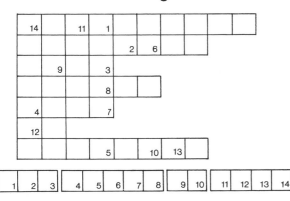

(Lösung: WER FEHLT IM HAUS?)

Lesebuch	**Jörg lernt kochen**
Seite 24	von Irina Korschunow

HINWEISE ZUM TEXT

In dieser Geschichte werden in einfacher Sprache und in einer sehr selbstverständlichen, undramatischen und gerade dadurch kindgemäßen Weise vier wichtige Themenbereiche aufgegriffen:
- Kinder mit alleinerziehendem Elternteil
- Geschlechterrollen und rollen(un)spezifisches Verhalten
- Übernahme von Aufgaben und Verantwortung
- Zusammenhang von "Jemandem etwas (nicht) zutrauen" und "Selbstvertrauen und Eigeninitiative des anderen".

Bei der Erarbeitung des Textes wird darauf zu achten sein, daß die ersten beiden Aspekte nicht überbetont werden, damit die im Text ausgedrückte Selbstverständlichkeit der Situation nachvollziehbar und erlebbar bleibt. Dann wird es auch möglich sein, von Kindern der Klasse berichten zu lassen, wie sie in ihren persönlichen Familiensituationen den Alltag organisieren.

HINWEISE ZUR AUTORIN (siehe Kopiervorlage)

Weitere Texte von ihr: "Meine Lehrerin mag mich nicht", S. 50, "Wovon träumen Giraffen?", S. 118

LERNZIELE

- Die Kinder sollen den Inhalt der Geschichte erfassen und dabei insbesondere erkennen,
- warum Jörg nicht kochen wollte (1. Textabschnitt)
- wie es kam, daß er es doch lernte und auch Spaß daran hatte (2. und 3. Textabschntt)
- warum manche Kinder das komisch fanden (4. Textabschnitt)
- wie Jörg sich weiter verhielt (5., 6. und erster Absatz des 1. Textabschnitts).

VORSCHLÄGE ZUR UNTERRICHTSGESTALTUNG

Textarbeit:
Eine besondere Hinführung zum Text ist hier nicht notwendig. Denkbar ist eine Konfrontation mit der Überschrift und anschließenden Spontanäußerungen. Für die eigentliche Erarbeitung des Textes werden dadurch aber kaum vorbereitende Hilfen gegeben werden können, und eine Thematisierung der eigenen Erfahrungen ist bei diesem Text nur im Anschluß an das Gelesene sinnvoll.

Irina Korschunow wurde 1925 in Stendal in der Altmark geboren und ist dort aufgewachsen. Heute lebt sie als freie Schriftstellerin in der Nähe von München.

Sie erzählt von sich selbst:

„Oft werde ich gefragt, warum ich für Kinder schreibe. Lehrer fragen mich auch oft, ob ich mit meinen Geschichten Kinder erziehen will. Immer schüttle ich den Kopf.

Ich schreibe nicht um jemanden zu belehren. Ich will meine Geschichten erzählen, so gut wie ich es eben kann. Allerdings zeige ich in meinen Geschichten immer, wie wichtig Mitleid ist, dass auch Schwächere Rechte haben und dass es keine Gewalt geben darf. Ich schreibe das deshalb, weil ich mir eben das Zusammenleben von Menschen so denke, in der Familie, im Staat und auf der ganzen Welt. Diese Wünsche schleichen sich natürlich in meine Geschichten ein. So zum Beispiel, wenn ich von Wawuschels mit den grünen Haaren erzähle oder von einem kleinen Fuchs, der eine neue Mutter findet, oder von dem kleinen, dicken Hanno, der sich als Hilfe einen Drachen malt. Ich habe den schrecklichen Krieg erlebt und die schlimme Zeit danach und daran muss ich immer noch denken. Jeder Mensch kann nur so schreiben, wie er selbst denkt und fühlt.

Es war ein Zufall, dass ich angefangen habe für Kinder zu schreiben. Damals vor etwa 25 Jahren arbeitete ich für Zeitungen und Rundfunk. Bis eines Tages ein Kollege erschien und mir ein neues Bilderbuch auf den Tisch legte. Es sah schön aus mit seinem festen Deckel und dem Glanzpapier. Ganz anders als die Raschelblätter, an denen ich arbeitete. So was müsstest du machen! dachte ich.

Noch in der folgenden Nacht fiel mir die erste Kindergeschichte ein: *Der bunte Hund, das schwarze Schaf und der Angsthase,* etwas über Außenseiter. Außenseiter ist mein Dauerthema.

Ich schrieb die Geschichte auf und schickte die Kopien an acht Verlage. Ich bekam sieben Absagen. Ein Verlag nahm mein Manuskript an. Er lobte mich mit vielen freundlichen Worten, bezahlte mir aber fast kein Honorar. Aber das machte mir nichts aus! Ich war so glücklich, ich hätte auch noch gerne selbst etwas bezahlt – allerdings nur dieses eine Mal."

nach: Mechthild Borries (Hrsg.), Irina Korschunow, Pädagogische Verbindungsarbeit, Werkheft Literatur, München 1988.

1. Suche Bücher und Geschichten von Irina Korschunow. Vielleicht magst du die genannten Bücher lesen.

2. Wenn du diese Bücher nicht kennst, kannst du dir zu den Titeln auch selbst Geschichten ausdenken!

Textrezeption:
Der Text sollte gemeinsam in Abschnitten gelesen werden.
1. Abschnitt bis Ende des zweiten Absatzes
2. Abschnitt bis "Papa wird staunen"
3. Abschnitt bis "gestunken"
4. Abschnitt bis "von wegen Mädchen"
5. Abschnitt bis "nichts verraten"
6. Abschnitt bis Schluß
Die Ziele der jeweiligen Besprechung und die sich daraus ergebenden Fragestellungen sind in den o.a. Lernzielen enthalten.
Die Fragestellung: *Wie habt ihr zuhause den Tagesablauf organisiert?* erlaubt eine wertfreie Besprechung der sicherlich in jeder Klasse vorhandenen sehr unterschiedlichen Gegebenheiten und Möglichkeiten.

Anschlußstoff:

Das Bohnen-Rondo   M. u. T.: W. Keller

aus: W. Keller, Ludi musici, Fidula-Verlag, Boppard/Rhein und Salzburg 1970

Lesebuch	**Sofie vergißt**
Seite 27	**eigentlich nichts**
	von Peter Härtling

HINWEISE ZUM TEXT

Die inhaltliche Aussage des Textes hat für Mütter und Väter ebenso große Relevanz wie für die Kinder selbst. Die Erziehung zur Selbständigkeit ist in diesem Alter sicher oft ein Problem für beide Seiten. Die Pointe wird auch nicht von allen Kindern ohne weiteres erfaßt werden können. Vermutlich werden gerade die besonders Behüteten Sofies Aussage zunächst nur als frech empfinden.
Nach dem Nachvollziehen des einfachen Handlungsablaufs bietet die Reflexion der provokativen Überschrift Anlaß, über das Verhalten des Kindes und der Mutter kritisch zu sprechen und eigene Erfahrungen einzubringen. Es ist wichtig, den Kindern Strategien zu vermitteln, wie sie sich Dinge besser merken können und wie bzw. wann sie deren Bereitstellung selbstverantwortlich überprüfen können.
Im Rahmen der inhaltlichen Besprechung bietet sich auch Gelegenheit, über das vielerorts übliche Bringen und Abholen mit Privatautos zu sprechen. Gerade zu

und Abholen mit Privatautos zu sprechen. Gerade zu Zeiten, wo die Schulanfahrtsstelle am gefährlichsten ist, blockieren viele Privatautos die Straße und schaffen zusätzliche Gefahrenquellen. Über die Kinder sollten auch die Eltern erzogen werden, nur an sicheren Stellen das Aus- bzw. Einsteigen zu ermöglichen.

Sprache und Aufbau des Textes sind einfach und klar strukturiert. Darin sind alle Sofie-Geschichten miteinander vergleichbar. Deshalb wird hierzu auf die Ausführungen im Kommentar zu "Sofie hat einen Vogel" verwiesen (vgl. S. 115).
Als weitere Geschichten von Sofie enthält das Lesebuch:
"Sofie ist ängstlich", S. 54
"Sofie hat einen neuen Pullover", S. 55
"Sofie hat einen Vogel", S. 127
Die Texte stammen aus dem Buch von Peter Härtling: "Sofie macht Geschichten". Es enthält einfühlsame, liebevolle Beobachtungen, Geschichten in nüchterner, realistischer Art von den kleinen "Wichtigkeiten" im Leben eines siebenjährigen Mädchens.

HINWEISE ZUM AUTOR

Peter Härtling wurde 1933 in Chemnitz geboren, wuchs in Sachsen, Mähren, Österreich und Württemberg auf.
Nach dem Besuch des Gymnasiums wurde er zunächst Journalist, später Herausgeber einer Zeitschrift und dann Mitarbeiter eines großen Verlages.
1970 schrieb Peter Härtling, der auch viele Bücher für Erwachsene veröffentlicht, sein erstes Kinderbuch. Er ist verheiratet, hat vier Kinder und lebt heute in Walldorf/Hessen.

aus: Der gelbe Junge, Lesemaus-Geschichten, Oldenbourg Verlag, München 1991

LERNZIELE

- Die Kinder sollen erfahren, daß die Ursachen für Sofies Vergeßlichkeit bei ihr selbst und bei der Mutter liegen.
- Sie sollen erkennen, daß zunächst jeder selbst für sich und sein Tun verantwortlich ist.
- Sie sollen den Text in Dialogform lesen und die Geschichte vorspielen.
- Sie sollen den Text gemeinsam mit den Eltern lesen und besprechen.

Sofie vergisst eigentlich nichts

1. Weißt du, was Mutter und Sofie sprechen? Lies im Buch nach.

2. Passt die Überschrift? Du kannst dir auch eine andere ausdenken.

3. Kannst du von dir eine Vergessens-Geschichte erzählen?

4. Im Lesebuch findest du noch zwei Geschichten von Sofie. Suche sie.

VORSCHLÄGE ZUR UNTERRICHTSGESTALTUNG

Hinführung (Alternativen):
– Verweis auf das Buch von P. Härtling bzw. auf
  Sofie-Geschichten
– Unterrichtsgespräch über das Vergessen
– Vorlesen der ersten vier Zeilen der Geschichte
  (ohne Überschrift)/die Kinder berichten von
  eigenen Erfahrungen

Textbegegnung:
– Gemeinsames lautes Lesen/Freie Aussprache
– Wiederholtes lautes Lesen und dabei die Sprech-
  szenen gestalten

Inhaltliche Textarbeit:
– Freie Aussprache zu den Reaktionen von Sofie und
  Mutter/Einbringen eigener Erfahrungen
– Nachspielen der Dialoge
– Stillarbeit:
  a) *"Schreibe nacheinander auf, was Mutter und
     Sofie miteinander sprechen. Verwende für jede
     Person eine andere Farbe."*
     Ergänzung für flinke Schüler:
     *"Suche in der Geschichte Hinweise, wie gespro-
     chen wird. (Suche in den Zeilen 5, 6, 13.)"*
  b) Für langsame Leser und/oder Schreiber:
     *"Schreibe auf, was Mutter und Sofie auf dem
     Bild miteinander sprechen könnten."*
     Ergebnis: Wörtliche Rede der letzten fünf Zeilen
– Vorlesen des Dialogs in verteilten Rollen
  Nachgestalten der Redeanweisungen: Backen
  aufblasen und sagen (Zeile 5)/brüllen (Zeile 6)/
  staunen (Zeile 13)

Besprechung der Textaussage:
– Werten des letzten Satzes: ("Vielleicht hast du
  recht", sagt Mutter)
  Evtl. abstimmen: *Hat Sofie wirklich recht?*
  Sammeln und Begründen der Meinungen im
  Unterrichtsgespräch/Mögliches Ergebnis:
  Sofie hat nicht recht, sie ist für sich selbst verant-
  wortlich, kann Mutter nicht die Schuld zuschieben.
  Sofie hat recht, die Mutter sollte sich nicht ein-
  mischen. Sofie denkt sonst: Mutter richtet mir alles
  zurecht.
– Werten der Überschrift:
  Impuls: *"Eigentlich könnte diesen Satz Sofie spre-
  chen."*
  Suchen der Textstelle, die dieser Aussage inhaltlich
  entspricht. Ergebnis: Zeile 15, 16

Leseübung in Verbindung mit kreativer Weiterarbeit:
Wiederholtes Lesen des Textes und dabei verändern:
– andere Gegenstände werden vergessen
– andere Personen fahren Sofie zur Schule
– die Mutter ... reagiert anders
– Sofie benützt den Schulbus, sie geht zu Fuß

Sprachproduktion:
Eine eigene Vergessensgeschichte schreiben
(s. Kopiervorlage)

Vertiefende Gesichtspunkte:
– Was kann ich tun, um mir Wichtiges ganz allein zu
  merken?

– Wie kann ich meinen Eltern sagen, daß ich jetzt
  manches bereits ohne ihre Hilfe kann?
– Suchen weiterer Sofie-Geschichten (S. 54, 55, 127)

Hausaufgabe:
Lest die Geschichte gemeinsam mit den Eltern und
sprecht darüber!

Lesebuch	**Ich bin allein**
Seite 28	**und die Uhr tickt**
	von Wolf Harranth

HINWEISE ZUM TEXT

Dieses Gedicht verknüpft in den ersten drei Strophen
in besonderer Weise Klang und Inhalt. Die Wiedergabe eines Geräusches durch Laute wird unmittelbar
gekoppelt mit dem zentralen Gedanken eines angst-
vollen Kindes.
Der Übergang vom Ausdruck durch den Klang zur
inhaltlichen Aussage durch das Wort geschieht in der
ersten Zeile des vierten Verses. Die Angst löst sich,
die Geräusche der Umwelt (hier die Uhr) werden nicht
mehr als bedrohlich wahrgenommen bzw. gar nicht
mehr bewußt registriert.
Zunächst herrscht noch ein gewisses Maß an Unsicherheit; der erste Satz bleibt, noch ohne Prädikat,
unvollständig. (Der Schlüssel im Schloß.) Die dann
folgende Erleichterung zeigt sich im Ausdruck (Gott
sei Dank ...) und in der Vollständigkeit des Satzes. Der
letzte Satz signalisiert schließlich von der Aussage
und vom Klang her die endgültige Beruhigung.

Bei der sich daran anknüpfenden Besprechung ist
darauf zu achten, daß formale Aspekte weitgehend
unberücksichtigt bleiben müssen. Die einzelnen
Stufen der Angstentwicklung bzw. des Abbaus (s.o.)
müssen hauptsächlich emotional erfahren und nicht
kognitiv erarbeitet werden. Voraussetzung dafür ist,
daß sich die Kinder mit dem ängstlichen Kind identifizieren und die Situation innerlich nacherleben.
Erfahrungen mit der Zeit sowie Verständnishilfen für
ihre Meßbarkeit gehören zu den zentralen Sachthe-
men des 2. Schuljahres. In beiden Texten wird die Zeit
im Erleben des Kindes auf emotionaler Ebene angesprochen.

Als Textvergleich bietet sich, im Anschluß an die
Erarbeitung beider Texte, "Tik tak" S. 29 an.

LERNZIELE

– Die Kinder sollen den Zusammenhang von Klanggestaltung und Inhalt erleben.
– Sie sollen den Text klanggestaltend lesen.
– Das Spiel mit Wortbausteinen sollen sie verstehen
  und die Variationen genau lesen.
– Sie sollen durch Wechsel des Lesetempos (unterschiedliche Uhren) und durch Einsetzen anderer
  zweisilbiger Namen mit dem Gedicht kreativ umgehen.

VORSCHLÄGE ZUR UNTERRICHTSGESTALTUNG

Arbeitsmaterial: Uhrgeräusche, z.B. durch echte Uhr, Tonband oder Metronom/Klanginstrumente

Hinführung:
Einführung in die Stimmung: Stille, konzentriert dem Ticken lauschen
Freie Aussprache über Empfindungen und Assoziationen

Textbegegnung:
– Der Lehrer liest die ersten drei Strophen vor, damit der Rhythmus der Uhr zur Wirkung gelangt und die Kinder intuitiv das angstvolle Warten spüren./Freie Aussprache
– Wiederholtes Lesen von Anfang an (ohne Überschrift), wobei die ersten drei Strophen wieder vorgelesen werden. Die Kinder sprechen dabei leise mit.
– Stilles Erlesen der drei letzten Zeilenpaare
– Freie Aussprache in Ergänzung zur Hinführung

Textarbeit:
– Erklären der Überschrift
  Wiederholtes Lesen, wobei Alleinsein, Ticken in der Stille und Angst zum Ausdruck kommen sollen
– Herausstellen der Lautmalerei
  bei der Lösung: ''Klick-klack'' sowie
  der Erwartung: ''Der Schlüssel im Schloß.''
  ebenso Erleichterung und Freude am Schluß.

Kreative Weiterarbeit (Alternative):
– Klanggestaltendes Vorlesen für verschiedene Uhren (Standuhr/Wecker/Kuckucksuhr)
– Vorlesen mit Begleitung durch Klangstäbe und rhythmische Eigenbewegungen
– Ersatz für die erwarteten Personen (zweisilbige Namen), Spiel mit den Wortbausteinen
– Ausprobieren, welche Geräusche man in der Stille wahrnimmt (auch als Hausaufgabe)

Anschlußstoffe:
Spiel zum Hören:
Die Uhrenfahndung
Bei diesem Spiel muß es mäuschenstill zugehen. Ein Freiwilliger läßt sich die Augen verbinden. Er kniet sich hin und muß versuchen, eine 2 bis 3 m von ihm entfernt auf dem Boden liegende Uhr zu finden. Die Hände dürfen dabei nicht benützt werden. Gewitzte ''Uhrenfahnder'' horchen mit einem Ohr am Fußboden, um die einzuschlagende Richtung festzustellen.

nach: Gööck, Das große Buch der Spiele, Mosaik Verlag 1988

Uhrenkanon: Karl Karow

Quelle unbekannt

> Lesebuch **Tik tak**
> S. 29   von Irmela Wendt

HINWEISE ZUM TEXT

Die beiden Namen im Text bilden einerseits eine besondere Leseschwierigkeit, andererseits werden die Kinder aber auch besonderen Spaß daran haben, sie zu entziffern und laut zu sprechen. Sie regen zum genauen Lesen an. Die Aussage der ersten Frau wird bei den Kindern eher Befremden oder Ablehnung bewirken, der Satz der zweiten Frau löst dann die Geschichte in Heiterkeit auf.

ERGÄNZENDE HINWEISE

– Zum Sachunterricht und evtl. auch zum Mathematikunterricht können gute Verknüpfungen hergestellt werden.
– Zur Organisation des Tagesablaufs wird auch in der Geschichte ''Jörg lernt kochen'' einiges gesagt.

LERNZIELE

– Die Kinder sollen den Text selbständig erlesen und vorlesen.
– Sie sollen über den eigenen Tagesablauf berichten und dabei mit Zeitangaben umgehen.

VORSCHLÄGE ZUR UNTERRICHTSGESTALTUNG

Arbeitsmaterial: Modelluhren mit drehbaren Zeigern, evtl. selbstgebastelte Uhren

Hinführung:
Vermutungen zum Textinhalt durch Betrachten des Bildes
Impuls: *''Das Bild auf der Kapitelleiste verrät noch mehr!''*/Freie Aussprache

Textbegegnung:
Stilles Erlesen
Arbeitsaufgabe für flinke Leser: *''Zwei Namen mußt du ganz genau lesen. Schreibe sie auf!''*

Textarbeit:
1. Gegenüberstellung der Namen

  –Tafelanschrift: Ureburegurli Lustibustigiero

  Zuordnen: Mutter   Nachbarin

  –Genaues und immer schnelleres Lesen der Namen als Zungenbrecher
  –Wiederholtes Lesen des Textes
   Hinweis: *''Frau Ureburegurli spricht sicher anders als Frau Lustibustigiero.''*
  –Betrachten der Namen an der Tafel, Feststellen der Wortassoziationen mit ''Uhr'' bzw. ''lustig''
2. Tageslauf nachvollziehen:
  –Lesen des Textes mit dem Partner und dabei die Zeiger der Uhren mitstellen
  –Unterrichtsgespräch in Bezug zum Sachunterricht:
   Feste Zeitpunkte und Zeiträume unterscheiden/ Textstellen suchen und vorlesen

– Ratespiel (auch in Partner– oder Gruppenarbeit):
Auf einer Uhr eine Uhrzeit zeigen, aus dem Text
herauslesen, was die Ureburegurli–Kinder tun.
– Stillarbeit oder Hausaufgabe:
Kopiervorlage* enthält einfache Aufgaben/
Lösungswort: FREIZEIT
Kopiervorlage** für bessere Leser
Lösung: 1: Sie arbeiten an Schularbeiten.
       Sie lernen mit Großmutter.
       Sie spielen oder sie schlafen.
      2: eine halbe Stunde (von 12^{30} bis 1^{00})
3. Werten der Aussagen:
– Impuls: *"Stimmt das, was Frau Lustibustigiero
sagt?"*
– Interpretation der Illustration

Kreative Weiterarbeit:
1. Umdrehen der Geschichte:
Frau Lustibustigiero erzählt den Tagesablauf ihrer
Kinder. Frau Ureburegurli kommentiert.
2. Neue Namen erfinden für einen besonders
fleißigen, faulen, starken, großen etc. Menschen.
3. Textproduktion:
(mündlich)
– Die Kinder erzählen über den eigenen Tagesablauf (in der Schule und zuhause) und überlegen, welche Bedeutung dabei die Uhr hat.
(schriftlich)
– An einem Beispiel an der Tafel wird aufgezeigt,
wie der Ablauf tabellarisch notiert werden kann.
– Die Kinder schreiben ihren Tagesablauf selbst
in entsprechender Form auf.

Anschlußstoff zum Vorlesen und Spielen:

Die Uhr von Bimbelbom
Sehr weit von hier liegt das Dorf Bimbelbom.
Am Marktplatz steht dort eine uralte Kirche mit einem
sehr hohen Turm. Und in diesem hohen Turm befindet
sich eine Uhr. Oh, eine sehr schöne Uhr.
Ihr Klang war rein und dunkel. Und sie hatte zwei
Zeiger, die Tag und Nacht treu um das Zifferblatt
herumliefen. Aber das schönste an der Uhr von
Bimbelbom waren weder ihr Ton noch ihre Zeiger, das
schönste war, daß sie sehr genau ging. Natürlich
besaß in ganz Bimbelbom niemand eine Uhr. Was
hätte man auch damit anfangen sollen, wo doch im
Kirchturm eine Uhr war, die so genau ging? Das
ganze Leben in Bimbelbom wurde von dieser Uhr
bestimmt: Um sechs Uhr aufstehen, um sieben Uhr
frühstücken, um acht Uhr gingen die Männer zur
Arbeit. Um halb neun schrieb der Lehrer die Aufgaben
an die Tafel. Um neun Uhr gingen die Kinder zur
Schule. Und um zehn Uhr gingen die Hausfrauen
einkaufen. Und so ging es den ganzen Tag fort. Um
sieben Uhr mußten die Kinder ins Bett. Um acht Uhr
machten die Erwachsenen noch einen kleinen
Abendspaziergang. Und um neun Uhr krochen sie alle
unter die Decken und schliefen ein. Dann war im
ganzen Dorf keiner mehr wach außer der alten Uhr.
Aber eines Nachts geschah etwas Seltsames.

Genau um zwölf begann die Uhr plötzlich doppelt so
schnell als sonst zu laufen! Als es ein Uhr war, stand
der kleine Zeiger schon auf zwei, und die Uhr schlug
auch zweimal. Als es zwei Uhr war, stand der Zeiger
schon auf vier, und die Uhr schlug viermal, und als es
drei Uhr war, schlug die Uhr sechs. Die Sonne war
natürlich noch längst nicht aufgegangen. Aber die
Hausfrauen von Bimbelbom sprangen aus dem Bett
und weckten ihre Männer und Kinder.
"Sechs Uhr, aufstehen!" riefen sie.
"Aber es ist doch noch so dunkel!" klagten die
Kinder.
"Das macht nichts", sagten die Mütter.
"Schaut nur auf die Uhr, dann seht ihr selbst, wie spät
es ist. Also vorwärts, aus dem Bett mit euch ...!"
Die Mütter gingen jetzt in die Küche, um das Früh-
stück zurechtzumachen. Aber es war erschreckend,
wie heute die Zeit verging! Sie mußten sich furchtbar
beeilen, damit das Frühstück Punkt sieben auf dem
Tisch stand!
Und die Uhr lief und lief!
"Kommt schnell frühstücken!" riefen die Frauen ihren
Männern zu. "Es ist schon nach sieben, die Zeit
vergeht heute rasend schnell! Ihr kommt sonst noch
zu spät zur Arbeit!"
Die Männer schlangen eilig das Frühstück hinunter.
"Mein Gott, wie die Zeit vergeht!" dachten auch sie.
Aber als die Uhr acht schlug, waren sie gerade fertig.
Und die Kinder? Als sie in die Schule kamen, war es
noch stockdunkel. Der Lehrer mußte Licht machen.
Und das Schreiben und Rechnen mußte heute rasend
schnell gehen, denn die erste Stunde war im Augen-
blick vorbei. Die Kinder mußten ihre Gedichte doppelt
so schnell aufsagen, der Lehrer jagte wie ein Wilder
auf seinem Motorrad durch das Dorf. Und alle Einwohner von Bimbelbom magerten ab ...
Viele Jahre später verirrte sich ein Wanderer in den
Bergen und kam dabei zufällig nach Bimbelbom.
Dieser Mann trug eine Armbanduhr.
"Was hetzt ihr euch denn nur alle so ab?" fragte er
die Einwohner von Bimbelbom verwundert. "Ihr rennt
ja umher, als ob ihr einen Bienenschwarm in den
Hosen hättet. Und ihr schlingt euer Essen so hastig
hinunter und redet wie ein Wasserfall."
Er ließ sich vom Küster den Schlüssel zum Turm
aushändigen und stieg die Treppen zur Uhr hinauf.
"Natürlich, hab ich mir doch gleich gedacht", mur-
melte er. "Die Kirchturmeulen sind wieder einmal
daran schuld! Die müssen aber auch immer die
Turmuhren durcheinanderbringen!"
Was war geschehen? Im Uhrwerk hatten Eulen ihr
Nest gebaut und dabei einen Hebel beiseite gescho-
ben. Dadurch kam es, daß die Uhr jetzt doppelt so
schnell ging wie früher!
Der Wanderer überlegte nicht lang, sondern entfernte
sorgfältig das Nest. Und dann ... ja, dann lief die Uhr
plötzlich wieder ganz normal. Und von jetzt ab lebten
die Bewohner von Bimbelbom ruhig und gemütlich
nach ihrer alten Turmuhr.

aus: Cornelius Wilkeshuis, in: Die goldene Schatztruhe, Carl
    Ueberreuter Verlag, Wien o.J.

Stimmt das so?

Tageslauf für die Kinder von Ureburegurli

E		Die Kinder haben gegessen.
T		Die Kinder gehen ins Bett.
R		Die Schule beginnt.
E		Es gibt Abendbrot.
F		Die Kinder stehen auf.
I		Die Hausaufgaben sind fertig.
I		Die Kinder lernen mit Oma.
Z		Die Kinder spielen.

1. Lies im Buch nach und ordne den Tagesablauf. Schneide an den Strichen durch und klebe richtig aneinander.

2. Wie heißt das Lösungswort von oben nach unten? ☐☐☐☐☐☐

1. Was tun die Kinder von Frau Ureburegurli zu diesen Zeiten?
   Schreibe vom Buch ab.

2. Jetzt musst du genau lesen und nachdenken:
   Wie lange haben die Kinder Zeit für das Mittagessen?

von 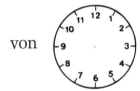 bis

Lesebuch	**Angst und Mut**
Seite 30	von Ursula Wölfel

HINWEISE ZUM TEXT

Der Text besteht aus einfachen Sätzen, die häufig nicht über die Zeile hinausgehen. Von der Lesetechnik her sind deshalb, trotz des relativ großen Textumfanges, keine erheblichen Schwierigkeiten zu erwarten. Die geschilderte Situation dürfte ebenfalls allen Kindern bekannt sein. Allerdings wird sie für jedes Kind unterschiedlich mit Angst beladen sein, so daß auch das Hineinversetzen in die beiden Personen unterschiedlich leicht bzw. schwer fällt.
Ein Merkmal der Geschichte ist die Durchbrechung gängiger Rollenklischees (z.B.: Junge schützt Mädchen; Jungen haben keine Angst usw.). Zwei Jungen haben Angst, wobei der ältere seine Angst zunächst verheimlicht, um den jüngeren nicht noch mehr zu verängstigen. Statt dessen gibt er ihm fast zärtliche Zuwendung. Als alles vorbei ist, gesteht er seine Angst ein und erreicht dadurch, daß das Selbstwertgefühl des jüngeren nicht beschädigt wird.

Informationen zu **Ursula Wölfel:** s. Lehrerkommentar S. 24.

LERNZIELE

– Die Kinder sollen die geschilderte Situation erfassen, sich in sie hineinversetzen und die Gefühle der Jungen nachempfinden.
– Sie sollen den Text selbständig lesen und frei gewählte Ausschnitte vorlesen.

VORSCHLÄGE ZUR UNTERRICHTSGESTALTUNG

<u>Textarbeit:</u>
Zur Textrezeption empfiehlt sich gemeinsames schrittweises Erlesen. Dabei können die einzelnen Einheiten sehr kurz bleiben. Sie werden jeweils gelesen und inhaltlich geklärt. Eventuell können auch Vermutungen über den Fortgang angestellt werden. Erst nach dem Lesen des ganzen Textes und nach einem nochmaligen stillen Lesen wird auf das Verhalten und das Empfinden der beiden Jungen genauer eingegangen. Dabei wird die Beziehung zwischen den Gefühlen und dem jeweiligen Verhalten der Kinder besprochen. Wichtig dabei ist, daß die Kinder lernen, ihre Äußerungen am Text zu belegen. Dadurch ergibt sich zusätzlich auch der Anlaß für mehrmaliges Lesen des Textes, ohne daß dieser nur monoton wiederholt wird.

Anschlußstoffe:

a) Beim Gewitter (Gedicht und Bild), Lesebuch S. 100

b) Sachinformation von Karteikarte
   aus: S. Aust, Das Wetter, Was ist was, Band 7, Nürnberg
   1962/89

c) Musik- und Bewegungserziehung:

M.:Helmut Maschke
T.: James Krüss

Bei Verwendung von zwei Pauken können die
Baßtöne von diesen übernommen und in selbst-
erfundenen Rhythmen variiert werden.

Dazu:

2. Die Vögel zittern und sind so stumm. Da rollt der Donner:
   Rumbumm, rumbumm!

3. Mit Blitz und Regen und Wolken schwer braust das Gewitter von Westen her.

aus: L. Rockel, Das zweite Liedernest, Fidula-Verlag,
Boppard/Rhein und Salzburg 1979

Aufgabe: *Dichte neue Strophen, die zu der*
Geschichte passen!

Lesebuch	**Pech**
Seite 32	von Hans Manz

HINWEISE ZUM TEXT

Die Behandlung des Gedichts geschieht unter den Intentionen "Umgang mit Sprache" und "Spaß an Sprache". Sprache wird unmittelbar als etwas Veränderbares erfahren. Die Aufforderung, Vergleichbares selbst zu machen, ist textimmanent.
Gleichzeitig gibt der Text als Leseübung Gelegenheit zur Gliederung langer Wortbilder.
Informationen zum Autor **Hans Manz** s. Lehrerkommentar S. 9

LERNZIELE

– Die Kinder sollen den Text erst leise und dann mehrmals laut lesen.
– Sie sollen andere Möglichkeiten finden, den Elefanten zusammenzukitten.
– Sie sollen andere Gegenstände/Wörter zerlegen und neu zusammenfügen.

VORSCHLÄGE ZUR UNTERRICHTSGESTALTUNG

Textarbeit:
– Anlesen des Textes bis Zeile 5, Vermutungen zum inhaltlichen Verlauf
– Eigenständiges stilles und dann lautes Erlesen
– Bild- und Textvergleich

– Andere Möglichkeiten finden, den Porzellanelefanten zusammenzukitten: dazu Wörter auf Papierstreifen schreiben, zerschneiden und das Zusammensetzen klanglich ausprobieren.
– Anregungen zur Textproduktion: Der TAFELLAPPEN ist zerrissen,
   die SPIELZEUGEISENBAHN ist falsch zusammengesetzt usw.
– Die Kinder können eigene Wortumbildungen vorstellen und das Original entdecken lassen (z.B. LAPFELPENTA).

ERGÄNZENDE HINWEISE

– Die Zergliederung komplexer Wortbilder kann auch bei folgenden Texten geübt werden:
   S. 7: "Wo sich doch Menschen überall verstecken"
   S. 29: "Tik tak"
   S. 49: "Schulhausmeisterwohnung"
– zum Spiel mit Sprache siehe auch:
   S. 116: "Tierverwandlungen"
   S. 117: "UDAKAK"
– weitere Texte von Hans Manz:
   S. 7: "Wo sich doch Menschen überall verstecken"
   S. 105: "Vor Müdigkeit umfallen"

Lesebuch	**Gute Nacht**
Seite 33	von Paul Maar

HINWEISE ZUM TEXT

In seinem Gedicht schildert Paul Maar das Einschlafen in der Stimmung des Sich–Wohl–Fühlens, was auch in der Illustration zum Ausdruck kommt.
Je nach Intention kann der Unterricht, im Anschluß an das Nachempfinden und das Identifizieren, den inhaltlichen Schwerpunkt auf ein Einschlafen in Geborgenheit legen. Es können aber auch die bei Kindern oft üblichen Rituale des Zu–Bett–Gehens thematisiert und damit bewußt gemacht werden. Der Schwerpunkt kann aber auch auf dem Träumen liegen. "Der Traum gehört mir ganz allein". Dies kann Anlaß sein, über die Freiheit des Denkens und Träumens zu sprechen.
Die heile Welt sollte zum Ausdruck kommen, jedoch nicht überzeichnet werden, da sich in jeder Klasse Kinder mit anderen Erfahrungen befinden.
Vielleicht bietet sich als Vertiefung an, über Kinder, die nicht so ruhig einschlafen können, auf die kein schöner Traum wartet, nachzudenken.
Die Hintereinanderreihung der Verben verleitet geradezu zum Nachspielen. Dadurch werden die Wortinhalte bewußt und gegeneinander abgegrenzt: recken/strecken, kuscheln.
Als weiteren Text von Paul Maar enthält das Lesebuch "UDAKAK", S. 117
Vergleichstexte zum Einschlafen mit entsprechenden Illustrationen:
S. 16: "Was uns die Angst nimmt"
S. 22: "Lisa erzählt eine Spukgeschichte"
S. 28: "Ich bin allein, und die Uhr tickt"
S. 30: "Angst und Mut"

Pech

1. Auch hier wurde geklebt und geflickt.
   Lies die seltsamen Wörter.

2. Schreibe die zusammengesetzten Wörter auf Papierstreifen und
   schneide die Silben auseinander.
   Durch Schieben findest du sicher das richtige Wort!

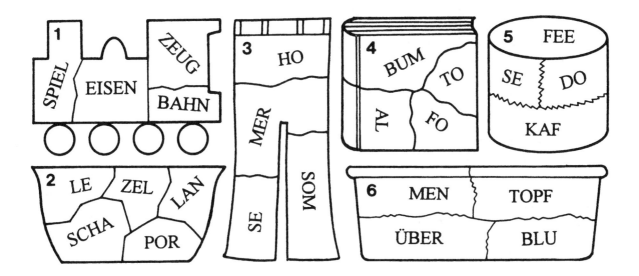

3. Schreibe die richtigen Wörter zu den Nummern in die Kästchen.

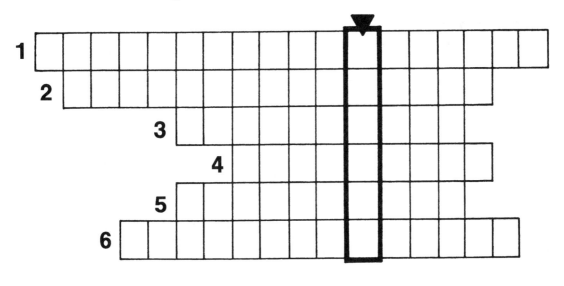

4. Wie heißt das Lösungswort?

© R. Oldenbourg Verlag GmbH, München

LERNZIELE

- Die Kinder sollen die Stationen des Schlafengehens nachvollziehen und die Stimmung empfinden.
- Sie sollen in die kuschelige Situation Textinhalt, Überschrift, Bild und den letzten Satz einordnen können.
- Sie sollen über eigene Träume berichten und erkennen, wie sich das Einschlafen entspannen läßt.
- Sie sollen sich eigener Einschlafrituale bewußt werden und sie mit dem Textinhalt vergleichen.
- Im Textvergleich sollen sie das geschilderte Einschlafen mit anderen Einschlafgeschichten und den dazugehörigen Illustrationen vergleichen.

VORSCHLÄGE ZUR UNTERRICHTSGESTALTUNG

Hinführung:
Bildbetrachtung/Vermutungen zur Überschrift

Textarbeit:
- Mehrmaliges lautes Lesen und dabei im Vortrag Stimmung und Verbinhalte zum Ausdruck bringen
- Vorlesen, wobei Partner und/oder Zuhörer den Textinhalt pantomimisch mitgestalten
- Unterrichtsgespräch je nach Schwerpunkt (s. "Hinweise zum Text")
- Vergleich mit anderen Einschlafgeschichten S. 16, 22, 28, 30: Suchen, auswählen, vortragen oder Inhalt erzählen
- Unterrichtsgespräch: Hilfen beim Einschlafen, die ein Kind selbst leisten kann, z.B.:
  - Lesen (was? Bücher mitbringen und der Klasse vorstellen)
  - Gute-Nacht-Geschichten erzählen
  - Abendlied, Abendgebet
  - bei Streit vorher Frieden schaffen
  - Auswahl oder Einschränkung des Fernsehens
  - Gute-Nacht-Kuß

Vertiefung:
Unterrichtsgespräch: Sich des Wohlfühlens bewußt werden/Nicht alle Kinder dürfen ruhig und friedlich einschlafen

Textproduktion (alternativ):
- Text für die eigene Situation umschreiben oder ergänzen
- Text ändern, wenn man mal nicht einschlafen kann: vorher Verben sammeln: drehen, wälzen, schwitzen ...
- Träume erzählen

Anschlußstoff:

Schlafenszeit
Noch fünf Minuten, bitte, nur fünf!
Bitte, fünf Minuten nur –
Bis ich fertig bin mit dem schönen Schloß,
Das ich baue mitten im Flur!
Bis ich fertig bin mit der schönen Geschichte
Im Buch – ich bin doch erst da!
Bis ich fertig bin mit der Perlenkette –
Sie ist ja schon fertig, beinah!
Bis wir mit dem angefangenen Spiel
Auch wirklich zu Ende sind;

Ich muß es wissen, wer dieses Mal
Verlieren wird und wer gewinnt.
Noch fünf Minuten, bitte, nur fünf!
Nun gut, dann wenigstens vier!
Nur drei! Nur zwei ... aber eine mußt
Zum Spielen noch lassen du mir!
Eleanor Farjeon, England
aus: Hans Baumann, Ein Reigen um die Welt, Mohn Verlag 1965

aus: MC Heut ist ein Tag, an dem ich singen kann II
Rechte: Menschenkinder Musikverlag Münster

2. Kapitel   Ich und die anderen

Lesebuch   **Freunde**
Seite 34 – 41

Das Thema "Freunde" ist auch bereits für die Kinder dieser Altersstufe ein sehr wichtiger Bereich, der ihre emotionale Befindlichkeit oft entscheidend beeinflußt. Neben der Möglichkeit, in Geschichten, Gedichten und Comics eigene Erfahrungen aufzugreifen, bieten die Textinhalte Impulse, sich kommunikative Vorgänge bewußt zu machen und über eigene Verhaltenssteuerungen zu sprechen.
Als thematische Schwerpunkte bieten sich innerhalb dieses Kapitels folgende Texte zum vergleichenden Lesen an:
Miteinander ist vieles leichter bzw. schöner

Vertrautheit mit Freunden
  S. 38: Kannst du schweigen?
  S. 40: Leicht und schwer
Freunde gewinnen, Freundschaften pflegen
  S. 38: Kannst du schweigen?
  S. 40: Leicht und schwer
  S. 41: Komm!
Zu der Textsorte "Comic" läßt sich eine Parallele
ziehen zwischen den Texten
  S. 37: Elisabeth, Telefon!
  S. 41: Komm!

Die Darstellungen auf der Kapitelleiste beziehen sich
immer auf Aspekte der entsprechenden Textinhalte,
lassen sich aber auch fortlaufend als eigene Geschichte sehen.
Im Rahmen des schriftlichen Sprachgebrauchs
können sie als Bildervorlage in Zusammenhänge
umgesetzt werden.

Lesebuch	**Wir**
Seite 34	von Irmela Brender

Lesebuch	**Wann Freunde wichtig sind**
Seite 35	von Georg Bydlinski

HINWEISE ZU DEN TEXTEN

In beiden Texten wird die Thematik "Freunde sind
wichtig" aufgegriffen.
Das Gedicht "Wir" hebt dabei den Aspekt des sich
gegenseitig Ergänzens hervor (im Tor stehen – nach
vorne stürmen; Musikinstrument spielen – singen;
reden – zuhören etc.). Alle aufgezählten Tätigkeiten
haben in der Gemeinsamkeit durch ihre gegenseitige
Ergänzung ihren besonderen Sinn.
Das zweite Gedicht "Wann Freunde wichtig sind"
betont mehr den emotionalen Aspekt, den das gemeinsame Tun beinhaltet. Das gilt für das Spielen
(Sandburgen bauen), für das Entdecken (Muschelsu-
chen), für das Genießen (Kuchen essen) und auch für
den gegenseitigen Schutz (wenn dich andere hauen).
Während der erste Text direkt die Zweierbeziehung
von Freunden anspricht, zielt der zweite Text mehr auf
das Erleben der Gemeinschaft.
Beide Texte sind einfach zu lesen. Vor allem die erste
Strophe des zweiten Gedichts reizt zur Fortsetzung.

LERNZIELE

– Die Kinder sollen beide Texte selbständig erlesen.
– Sie sollen Beispiele dafür finden, wie sich zwei
  Freunde gegenseitig brauchen.
– Sie sollen Situationen nennen, in denen ihnen das
  Spiel zu zweit oder in der Gruppe besonderen Spaß
  gemacht hat.
– Sie sollen für die erste Strophe des zweiten Ge-
  dichts neue Zeilen finden.

VORSCHLÄGE ZUR UNTERRICHTSGESTALTUNG

Textrezeption:
Die Texte sollten zunächst getrennt voneinander
gelesen und besprochen werden. Dabei können auch
Verbindungen zum Text "Elisabeth, Telefon" (S. 37)
gezogen werden.

Textvergleich:
Die eigentliche Erarbeitung kann in Form eines
Textvergleichs stattfinden. Dabei sollte schwerpunkt-
mäßig besprochen werden:
– Ich und Du sind unterschiedlich, ergänzen sich
  aber gegenseitig und bilden gemeinsam das Wir.
– Viele Erlebnisse, Handlungen, Geschehnisse etc.
  erhalten erst in der Gemeinschaft ihre besondere
  Bedeutung.

Textproduktion:
– Wann sind Freunde für dich wichtig?
  (Freunde sind wichtig zum ...)
– Was kannst du nur mit einem Freund unterneh-
  men?
  (Wenn ..., dann ...)

Anschlußstoffe:

1. Kin-der, kommt von nah und fern, mu-si-ziert. Kin-der, kommt von nah und fern,
mu-si-ziert. Glok-ken-spiel und Xy-lo-phon und der Flö-te hel-ler Ton.
Trommel, Zim-bel und den Baß schla-gen wir mit gro-ßem Spaß.

Dazu: zu A zu B

T: Liesel Ahrling   M: Josef Monter

aus: L. Rockel, Das zweite Liedernest, Fidula-Verlag,
     Boppard/Rhein und Salzburg 1979

Das böse Wort
Wie fing es an?
Wer ist schuld daran?
Du oder ich oder das böse Wort?
Aber bitte, geh nicht fort!
Willst du die Marke aus Portugal
oder lieber den blauen Ball?

Laß mich nicht allein!
ich geb dir auch den Stein,
den Zauberkasten
oder die goldenen Quasten,
sogar meinen Indianerhut,
aber bitte, sei wieder gut.

Max Bolliger

aus: H. J. Gelberg (Hrsg.), Die Stadt der Kinder, G. Bitter Verlag,
     Recklinghausen 1969

**Langweilig –
Elisabeth, Telefon!**
von Aliki Brandenberg

HINWEISE ZUM TEXT

Seite 36:
Bild und Text stehen hier scheinbar im Widerspruch. Das dargestellte Zimmer enthält eine Fülle von Spiel- und Beschäftigungsmöglichkeiten. Der Text, von einem Kind gesprochen, sagt in der ersten Zeile das Gegenteil aus. Die Aufzählung dessen, was alles schon getan wurde, umfaßt bei weitem nicht alle Möglichkeiten, die sich vom Bild her ergeben. Sie endet mit der sich wiederholenden und auch vom Schriftbild her – wie Kindern es z.B. von den Comics her bekannt ist – verstärkten Kernaussage "Mir ist langweilig". Der eigentliche Grund dafür, das Allein- sein, wird aber nicht genannt.

Seite 37:
Das sich langweilende Mädchen unternimmt zunächst nichts, um von sich aus das Alleinsein zu beenden; denn offensichtlich wird sie angerufen. Erst mit ihrer Äußerung im vierten Bild ergreift sie die Initiative. Sprache und Bild machen gleichermaßen deutlich, daß der Zustand des Alleinseins bald beendet sein wird. Die übergroße Freude des Mädchens wird in der dritten und vierten Reihe sichtbar. Hier werden nicht mehr die gesprochenen Worte, sondern die Gedan- ken des Kindes wiedergegeben.

Abgesehen von der Überschrift wird der Name des Mädchens erst ganz zum Schluß genannt; denn die- ser gewinnt nur im Kontakt mit anderen Bedeutung.

Die Seite enthält wesentliche Elemente des Comics. Eine Besonderheit liegt aber darin, daß die Rede der Sprechpartnerin beim Telefongespräch nicht direkt wiedergegeben wird, sondern aus den Äußerungen und der Mimik Elisabeths erschlossen werden muß.

LERNZIELE

- Die Kinder sollen Alleinsein als Ursache für die Langeweile des Kindes erkennen.
- Sie sollen den Telefondialog durch Katrins Äuße- rungen ergänzen.
- Sie sollen die unterschiedlichen Gefühle Elisabeths nachempfinden und beschreiben.
- Sie sollen erkennen, daß man aufeinander zugehen muß, um Alleinsein zu beenden.
- Sie sollen die unterschiedlichen Stimmungen im Vortrag gestalten.

VORSCHLÄGE ZUR UNTERRICHTSGESTALTUNG

Hinführung (alternativ):
- Tafelanschrift mit entsprechendem Schriftbild:

Einbringen eigener Erfahrungen zum Stichwort
- Bildbetrachtung S. 36/Hinweis: Figur auf dem Bett ist das Kind
Freie Aussprache

Textarbeit:
1. Erlesen des Textes S. 36:
   - Wiederholtes lautes Lesen und dabei stimmlich die Langeweile zum Ausdruck bringen
   - Bild- und Textvergleich: Unterrichtsgespräch über den scheinbaren Widerspruch
   - Ergänzen des Lesetextes mit weiteren abge- bildeten Spielangeboten, z.B.: Ich weiß nicht, was ich machen soll. Das Puppentheater habe ich schon so oft gespielt ...
   - Impuls: Betrachten der Äußerung der beiden Vögelchen: "Ich glaube, sie ist einsam."/Unter- richtsgespräch: Warum ist sie einsam, was könnte sie tun?
2. Stilles Erlesen des Textes S. 37:
   - Freie Aussprache
   - Inhaltliche Besprechung: Impuls: Lesen und Ein- ordnen der Kommentare der Vögelchen: "Und jetzt?", "Ende gut, alles gut."
   - Lautes Lesen der zwei ersten Reihen mit Pausen zwischen den Redephasen
   - Wiederholtes Lesen, Zuhörer versuchen, den ge- zeichneten Gesichtsausdruck, bzw. die Gesten pantomimisch nachzuspielen
   - Lesen und die Rolle der Partnerin übernehmen Unterrichtsgespräch/Ergebnis: Die Sätze "Katrin ist meine beste Freundin!" und "Ich werde ihr eine Blume pflücken." denkt sich Elisabeth.

Textproduktion:
Schreiben des Telefon-Dialogs, evtl. für jede Person eine andere Farbe wählen

Anschlußstoffe und Texte zum vergleichenden Lesen:
S. 34: "Wir"
S. 35: "Wann Freunde wichtig sind"

Kannst du schweigen?
von Werner Färber

HINWEISE ZUM TEXT

Das Bedeutsame daran, ein Geheimnis zu haben, ist weniger die Tatsache als solche, sondern mehr der Umstand, daß es gemeinsam mit einem anderen geteilt wird. Damit verbindet es sich eng mit dem Mitwisser und schafft eine gewisse Distanz zu den Nichteinge- weihten. So leidet Anna darunter, ständig diese Distanz zu erleben, ohne gleichzeitig auch einen eigenen Verbündeten zu haben. Ihre Befindlichkeit ändert sich schlagartig, als sich dieser Zustand ändert.

LERNZIELE

- Die Kinder sollen verstehen, welches Geheimnis Anna und Sabine haben.
- Sie sollen sich in die Rolle Annas hineinversetzen und Vermutungen über die Ursachen für ihr Ver- halten und für ihre Gefühle anstellen.

– Ihre Vermutungen sollen die Schüler mit Textstellen belegen.
– Ungeläufige Begriffe sollen sie aus dem Kontext verstehen.
– Sie sollen direkte und indirekte Rede unterscheiden und im Rollenlesen gestalten.

VORSCHLÄGE ZUR UNTERRICHTSGESTALTUNG

Hinführung:
Betrachten der Bildleiste und der Überschrift/Vermutungen zum Inhalt und freie Aussprache

Textbegegnung:
– Stilles Erlesen
  Arbeitsaufgabe für schnelle Leser: *„Zu welcher Textstelle paßt die Abbildung auf der Bildleiste? Paßt sie genau?"*
  Ergebnis: Sie paßt zu den Zeilen 18-23; Anna und Sabine tuscheln, Markus steht allein, Lisa fehlt bei Markus
– Anlesen für schwächere Leser bis Zeile 15, fertig lesen

Inhaltliche Textarbeit:
– Überprüfen des inhaltlichen Verständnisses: Unterrichtsgespräch im Sinne der Aufgabe für schnelle Leser, den Kindern Namen geben, entsprechende Textstelle (Zeilen 18-23) vorlesen
– Impuls: *„Zu der Geschichte könnte man auch noch andere Szenen zeichnen."*
  Ergebnis: Zwei andere Kinder tuscheln, Anna steht ausgeschlossen daneben (Zeilen 1 mit 10)
– Klären der Redensarten: eingeweiht sein, schweigen wie ein Grab
– Lesen mit verteilten Rollen

– Gefühle der Kinder durch wiederholtes stilles Lesen aus dem Text heraussuchen und im Unterrichtsgespräch mit Textstellen belegen.
  Evtl. stummer Impuls an der Wandtafel:

  traurig
  neugierig
  wütend
  glücklich

  dazu (arbeitsteilig) Textstellen suchen
– Lautes Lesen, dabei die Gefühle stimmlich gestalten, dabei auch die Begriffe „flüstern" und „tuscheln" versuchen darzustellen und abzugrenzen, z.B.
  flüstern: leises Sprechen eines Inhalts, muß kein Geheimnis sein
  tuscheln: Köpfe zusammenstecken, andere ausschließen
– Impuls: *„Zwei Redesätze sind fast gleich."*
  Ergebnis: Zeilen 5, 6 und 22, 23: „Was flüstert ihr denn?" „Erzählt ihr mir auch, was ihr geflüstert habt?"
– Unterrichtsgespräch über den Wunsch, ein Geheimnis zu haben, heißt, nicht ausgeschlossen sein, mit jemandem vertraut sein.

Vertiefung:
– Ein Geheimnis haben heißt auch, es nicht auszuplaudern.
  Hinweis: Grenzen des Schweigens
– Impuls zum Nachdenken: *„Hast du mit jemandem auch ein Geheimnis?"*
– Erziehlicher Hinweis: Es kränkt andere, wenn in ihrer Gegenwart mit jemandem geflüstert wird. Einbringen eigener Erfahrungen

Kopiervorlage

1. Wie könnten die Kinder heißen? Schreibe die Namen dazu.

2. Ein Kind aus der Geschichte fehlt. Zeichne es dazu und schreibe seinen Namen darunter.

3. Schreibe auf, was die Kinder sprechen könnten.

Lesebuch   **Jeden Tag**
Seite 39   von Jo Pestum

HINWEISE ZUM TEXT

Der Autor schildert in einer einfachen Sprache typische Aspekte des Lebens alter Menschen und zeigt dabei einen leicht zu realisierenden Weg zur Verbesserung der Situation auf.

Auf die Monotonie des Lebens der alten Menschen wird bereits mit der Überschrift hingewiesen. Im ersten Abschnitt wird dieser Gesichtspunkt durch die immer wiederkehrenden sinnlosen Tätigkeiten (Malen von Figuren in den Kies) verstärkt herausgestellt. Gleichzeitig wird hier der fehlende Kontakt zu jüngeren Menschen deutlich. Die Tiere sind die einzigen Partner der alten Leute.

Auch formal wird die Gleichförmigkeit mit dem Beginn des zweiten Abschnitts betont. Die Situationsveränderung setzt mit der vierten Zeile ein. (Einmal sind wir stehen geblieben.) Anlaß dazu war nicht unmittelbar der Wunsch nach Kontaktaufnahme, sondern der Spaß am Füttern der Tauben.

Ganz offensichtlich haben die Kinder dabei erfahren, daß die alten Menschen Interesse und Freude an dem hatten, was sie ihnen erzählten. Diese Erfahrung, ernst genommen zu werden, gekoppelt mit dem Gefühl, dem anderen durch Zuwendung eine Freude zu machen und dabei ebenfalls Zuwendung zu erhalten, führt zu einer für alle befriedigenden Verhaltensänderung.

LERNZIELE

- Die Kinder sollen die Situation der beiden alten Leute nachempfinden.
- Sie sollen Gründe dafür finden, warum die Kinder jetzt immer stehen bleiben.
- Sie sollen über das Leben alter Menschen in ihrem Erfahrungsbereich berichten und überlegen, ob es Möglichkeiten gibt, selbst aktiv zu werden.

VORSCHLÄGE ZUR UNTERRICHTSGESTALTUNG

Textarbeit:
- Konfrontation mit der Überschrift
  Freies Assoziieren
  Die Kinder werden dabei vermutlich von immer wiederkehrenden Ereignissen aus ihrem Erfahrungsbereich berichten. Auch die Frage, ob diese Wiederholung als langweilig oder als erfreulich empfunden wird, kann angesprochen werden.
- Lesen bis zum zweiten Abschnitt, vierte Zeile
  Schwerpunkte des Unterrichtsgesprächs:
  Monotonie, Isolation, Kontaktarmut, Fehlen von Alternativen
- Lesen des weiteren Textes
  Besprechungspunkte: Veränderung der Situation durch einfache Verhaltensänderung, Bedeutung des Kontakts für die alten und für die jungen Menschen

Transfer:
- "Alte Menschen in unserem Bekanntenkreis"

- Textproduktion nach dem Muster:
  Jeden Tag ...
  Jeden Tag ...
  Seit dem Tag ...

ERGÄNZENDE HINWEISE

- Einladung von alten Menschen im Sachunterricht (Themenbereich "Früher und heute") oder zu Klassenfeiern etc.
- Besuch im Altenheim als Unterrichtsprojekt oder zu besonderen Festtagen, um z.B. etwas vorzuführen

Lesebuch   **Leicht und schwer**
Seite 40   von Manfred Mai

HINWEISE ZUM TEXT

Der Text knüpft an die unmittelbare Erfahrungs- und Erlebniswelt der Kinder an. Beschimpfungen, wie sie hier genannt werden, sind z.B. auf dem Schulhof im Umgang miteinander immer wieder zu hören. Allerdings sind sie dabei häufig nicht verletzend gemeint, sondern erfolgen spontan und unreflektiert.

Die Ausdrücke im ersten Teil des Textes sind für eine Lesebuchgeschichte durchaus ungewöhnlich und dürfen von daher eine recht hohe Lesemotivation bieten.

Der zweite Teil stellt an die Lesefertigkeit nur geringe Anforderungen. Hier sind mehr die Kreativität und die eigene Textproduktion gefordert.

LERNZIELE

- Die Kinder sollen über den möglichen Anlaß für die Beschimpfungen nachdenken und die Wirkung dieser Beschimpfungen beim Adressaten nachempfinden.
- Sie sollen Ausdrücke finden, mit denen man anderen etwas Nettes sagt, und damit den zweiten Teil des Textes ergänzen.
- Sie sollen empfinden, wie Äußerungen des Lobes und der Zuwendung auf sie und dementsprechend auch auf andere wirken.
- Sie sollen überlegen, warum Beschimpfungen wohl wesentlich häufiger vorkommen.

VORSCHLÄGE ZUR UNTERRICHTSGESTALTUNG

Textarbeit:
- Konfrontation mit Tafelanschrift von Zeile 3 bis Zeile 10
  Impuls: *"Wo kann ich das wohl alles gehört haben?"*
- Besprechen von Erlebnissen und Erfahrungen der Kinder
- Thematisierung der Gefühle eines Beschimpften
- Lesen des gesamten Textes
  Unterrichtsgespräch (Besprechungsschwerpunkt s.o.)
- Ergänzung des zweiten Teils in Einzel- und Partnerarbeit

– Vorlesen und Rollenspiel
Vergleich der unterschiedlichen Wirkungen und Hemmungen

Lesebuch	**Komm!**
Seite 41	von Hermann Schuh

HINWEISE ZUM TEXT

Die Comic-Form des Textes entspricht dem unmittelbaren Erfahrungsbereich der Kinder. Gleiches gilt für die hier erfolglos gebliebene Form der Kommunikation. Der Text fordert zum sinngestaltenden Lesen, zur Sprachgestaltung und zum Spielen auf.
Bei den einzelnen Bildern ist neben der Erarbeitung des Zusammenhangs von Schriftbild und Sinn durch Detailbetrachtung noch weitere sprachliche Arbeit möglich, z.B.:

Bild 1) Der Löwe ist *freundlich* und *abwartend,* er schaut zum Dompteur und nimmt die Aufforderung zur Kenntnis.

Bild 2) Der Löwe ist *beleidigt, betroffen.* Er beginnt sich zu drehen.

Bild 3) Der Löwe *wendet sich ab.* Der jetzt sehr laute Befehl trifft nicht mehr, er *gleitet ab.*

Bild 4) Der Löwe ist *mit sich selbst beschäftigt,* kratzt sich am Ohr. Der Clown flüstert mit dem ratlosen Dompteur.

Bild 5) Tonfall und Sinn haben sich verändert (vom Befehl zur Bitte). Der Löwe ist *zufrieden.*

Bild 6) Der Löwe *erfüllt die Bitte.*

LERNZIELE

– Die Kinder sollen erkennen, daß durch Gestaltung des Wortbildes Sinnaussagen gemacht werden können. Dadurch wird ihnen ein typisches Element der Comics bewußt.

– Sie sollen den Text sinngestaltend lesen und in Spiel umsetzen.

– Sie sollen bei der Detailbetrachtung einzelner Bilder üben, treffende Begriffe zu gebrauchen und nonverbale Kommunikation durch Gestik und Mimik interpretieren.

– Über die Formen von Aufforderungen (Befehl – Bitte) sollen sie nachdenken und die unterschiedlichen Wirkungen selbst erfahren.

VORSCHLÄGE ZUR UNTERRICHTSGESTALTUNG

Textarbeit:
– Konfrontation mit dem Text und stilles Lesen
– erstes Gespräch über die Geschichte
– lautes Lesen (verschiedene Gestaltungsversuche)
– Spielen der Geschichte (statt Sprung durch den Reifen – Sprung über einen Stab)
  Wichtig ist hierbei, daß auf die Sprachgestaltung und auf die nonverbale Kommunikation gleichermaßen geachtet wird.
– Gespräch: Wie hast du dich gefühlt, als du angebrüllt wurdest? etc.

Textproduktion:
Betrachten der Kapitelleiste und eine analoge Situation erfinden

ERGÄNZENDE HINWEISE

– Der Text "Fertig" S. 87 entspricht dem Text "Komm!" in seiner Struktur (Comic, Ein-Wort-Text, Aufforderung zur Sprachgestaltung).
– Auf die Bedeutung nonverbaler Kommunikation wird auch im Text S. 10 "Was ich alles mit dem Gesicht machen kann" eingegangen.
– Die Gestaltung des Wortbildes als Möglichkeit, Sinn auszudrücken, findet sich u.a. bei den Texten S. 36 "Elisabeth, Telefon!" und S. 118 "Wovon träumen Giraffen?".

---

2. Kapitel   Ich und die anderen

Lesebuch	**Wohnen und Nachbarn**
Seite 42 – 49	

Der Bereich Wohnen, d.h. die Art der Behausung, das Daheimsein im engen Kreise der Familie und im erweiterten Sozialisationsfeld der Nachbarschaft ist für jedes Kind ein existenziell wichtiger Lebens- und Erfahrungsbereich. Die Textsequenz dieses Kapitels greift auf kindgemäßem Niveau diese Aspekte auf.

Die doppelseitige Geschichte S. 46 ausgenommen, stellen alle Texte keine besonders hohen Anforderungen an die Lesefertigkeit der Kinder und eignen sich deshalb gut für die erste Zeit des zweiten Schuljahres. Zudem bieten sich einige Texte geradezu an, grundlegende Lesefertigkeiten in spielerischen, inhaltsbezogenen Aufgabenstellungen zu üben, z.B.:

S. 44 "Aufgeregt im Kinderzimmer rennt Annette":
– Üben des zusammenschauenden Lesens durch Synthese von Silben
– Trainieren der Blickspannweite des Auges durch Überbrücken von Abständen
– Sicherheit im Einhalten der Leserichtung bei etwas aufgelöster Textform

S. 45 "Eine Wohnung für Kinder":
– Auswahlweises Lesen von kürzeren und längeren Wörtern bzw. Sätzen
– Üben der Buchstabenkonstanz durch Wiedererkennen von graphisch gestalteten Buchstabenformen

S. 48 "Nachbartheater":
– Lesehilfen durch gleiche Textbausteine
– Einführung in das Rollenlesen

S. 49 "Schulhausmeisterwohnung":
– Auswahlweises Lesen von langen und kürzeren Wörtern
– Entdecken von gleichen Wortbausteinen in Zusammensetzungen

Der längere Text S. 46, 47 "Von dem Jungen, vor dem alle Angst hatten" läßt sich durch portioniertes Anlesen durch den Lehrer gut bewältigen. Der klare Textaufbau erleichtert es dem Leser, aus der Erinnerung gezielt Textzitate zu suchen und mit Hilfe der Zeilenzähler die Fundstellen zu benennen.

Spiele mit Sprache und die Einheit zwischen graphischer Gestaltung und Textinhalt bieten zudem Ansatzpunkte, die entdeckten sprachlichen Bauprinzipien in eigener Textproduktion anzuwenden.
So z.B.
S. 44: Silbentrennung und Kombination von Silben
S. 45: Zusammensetzen von Wort- und Satzsegmenten

Ein unmittelbarer inhaltlicher Zusammenhang besteht zwischen den Texten Seite 42 "Das Haus" und S. 43 "Wo Kinder wohnen". Mit den Bildern bilden sie eine Einheit und sollten in einer Sequenz gelesen werden. Sie lassen sich aber auch im Sinne eines differenzierenden Unterrichts von unterschiedlichen Leistungsgruppen parallel erarbeiten. Das gegenseitige Vorlesen, Informieren, Zuhören und Nachfragen schafft Leseerlebnisse und fördert die Motivation.

| Lesebuch | **Das Haus** |
| Seite 42 | von Eva Rechlin |

HINWEISE ZUM TEXT

Das Gedicht S. 42 und der Sachtext S. 43 thematisieren das Grundbedürfnis des Menschen, sich eine Wohnung zu bauen. Steht im Gedicht der Schutzaspekt (für Mensch und Tiere) im Mittelpunkt, so ergänzt der Sachtext auch soziale Bedürfnisse: "mit der Familie allein zu sein" oder "Freunde zu bewirten." Beide Texte verweisen auf die Vielfalt von Behausungen sowohl im Laufe der Geschichte, als auch in geographischer Sicht. Die Zusammenhänge zwischen Landschaft, Klima, Lebensweise der Menschen und der Art ihrer Behausungen lassen sich gut aus den Fotografien erschließen.
Es empfiehlt sich, beide Texte nacheinander zu behandeln.
Die folgenden Sachinformationen sind für den *Lehrer* gedacht und sollen, je nach Unterrichtssituation, auf einem der Altersstufe entsprechenden Niveau, auszugsweise eingeflochten werden.

Haus und Wohnung (historische Aspekte):
Zu den Grundbedürfnissen des Menschen gehört seit Jahrtausenden der Schutz vor Regen und Sturm, übermäßiger Hitze und Kälte, aber auch vor Feinden und Raubtieren.
Zunächst benutzten die Menschen Höhlen als Zufluchtsstätten. Das beweisen uns zahlreiche Funde, z.B. Malereien und Aschereste in Höhlen. Einige wegen ihrer etwa 20 000 Jahre alten Malereien berühmte Höhlen fand man im Bereich der Pyrenäen. Auch Grubenwohnungen waren neben Höhlen üblich:

Erdlöcher mit kegelförmigen Dächern, die mit Gras, Schilf oder Tierfellen gedeckt waren.
Als der Mensch die Landwirtschaft für sich entdeckte und nicht mehr ständig nach seinen Nahrungsquellen suchen mußte, baute er festere Häuser. Es entstanden die ersten Holzhütten, die zum besseren Schutz auch auf Pfählen ins Wasser gebaut wurden. Eine Nachbildung solcher Pfahlbauten kann man in Unteruhldingen am Bodensee besichtigen.
In den Ländern das Nahen Ostens entstanden zu dieser Zeit die ersten Lehmhütten. Sie hatten Wände aus einem Flechtwerk von Ästen und Zweigen, die mit Lehm verschmiert und abgedichtet wurden. Später lernte der Mensch, einfache Ziegelsteine aus Erde oder Lehm herzustellen. Dazu wurde der lehmhaltige Sand oder die Erde mit Wasser, Stroh und anderem pflanzlichem Material vermengt, dann mit der Hand geformt oder in Formen gegossen und in der Sonne getrocknet.
Vor etwa 7000 Jahren begann der Mensch auch mit dem Bau von Hütten aus behauenen Steinen.
Die Entwicklung des Hausbaus ging in den verschiedenen Gebieten der Erde unterschiedlich schnell voran. So lebten die Ureinwohner Deutschlands, die Germanen, noch in Höhlen und Holzhäusern, als in Mesopotamien (im heutigen Irak) schon Ziegel- und Steinhäuser bekannt waren.
Zwei entscheidende Erfindungen bereiten die Entwicklung zum modernen Häuserbau vor: die Pfosten-Balken-Konstruktion, bei der zwei senkrecht stehende Pfosten einen waagrecht darüberliegenden Balken tragen, und der Bau von Bogen aus keilförmig behauenen Steinen. Dies erlaubte einerseits die Errichtung von mehrstöckigen Häusern, andererseits konnten größere Strecken ohne zusätzliche Stützen überspannt werden.

aus: K Finke/R. Gööck (Hrsg.), Das moderne Kinder-Lexikon in Farbe, Bertelsmann Verlag, Gütersloh 1979

LERNZIELE

– Die Schüler sollen dem Gedicht sachliche Inhalte entnehmen und mit ihrem Erfahrungswissen in Beziehung setzten.
– Sie sollen Bild- und Textinformationen auf einander beziehen.
– Sie sollen ungeläufige Ausdrucksweisen verstehen, konkretisieren und übertragen.
– Sie sollen Appelle, die dem Gedicht zugrunde liegen, verstehen, sie begründen und den Adressatenbezug herstellen.
– Sie sollen Handlungsanleitungen für ihr eigenes Leben finden.
– Den Sachtext und die Fotos der gegenüberliegenden Seite sollen sie mit dem Gedicht vergleichen.

VORSCHLÄGE ZUR UNTERRICHTSGESTALTUNG

Vorbereitende Hausaufgabe: Bilder von verschiedenen Häusern malen (Um nicht zu diskriminieren, sollte nicht nur das eigene Wohnhaus gemalt werden, sondern auch ein Haus, das gefällt, ein seltsames Haus ... gewählt werden können.)

Einstieg:
Wandtafel: Sichten, ordnen und befestigen der mitgebrachten Zeichnungen/In Verbindung mit dem Sachunterricht können Begriffe wie Hochhaus, Mehrfamilienhaus, Einfamilienhaus ... wiederholt werden.

1. Bildbetrachtung S. 42:
Unterrichtsgespräch: Bildvergleich mit eigenen Erfahrungen bzw. mit den eigenen Zeichnungen
Mögliche Ergebnisse mit Informationen durch den Lehrer:
- Es handelt sich um ein Reet-Haus. Das Dach deckt das Haus fast ganz zu und besteht aus aneinandergebundenen Schilfbüscheln. Solche Häuser findet man vor allem an der Küste im Norden Deutschlands. (Möwen als Seevögel)
- Aus der Betrachtung läßt sich erschließen: Die Hausmauer ist von Pflanzen bewachsen. (Wohnmöglichkeit für Tiere)/Am rauchenden Kamin sieht man, daß im Haus geheizt wird. (Das Haus gibt Wärme)/Menschen stehen unter einer Art Vordach. (Wer wohnt darin?) ...
- Tafelanschrift als Ergebnis:

Es gibt verschiedene Häuser

Ersetzen das Wortes "verschiedene" durch "mancherlei" (als vorgreifende Worterklärung)

2. Textrezeption:
Da in dem Gedicht jede Strophe einen eigenen Aspekt thematisiert, empfiehlt sich abschnittweises Erlesen und eine Erschließung durch Leitfragen.
1. Strophe:
- Impuls: *"Welche Zeilen passen zu dem Bild S. 42?"* (Ergebnis: Zeilen 3, 4) Begriffsklärung: Behausung/Unterschied zum eigenen Wohnhaus
- Impuls/Bezug zu der eigenen Zeichnung: *"Mancherlei Behausungen fehlen bei unseren Zeichnungen."* (Ergebnis: Höhle, Zelt)
  Klären der Ausdrucksweise *"Das erste Haus"*, das *"zweite"* als Hinweis für frühere Behausungen (vor vielen tausend Jahren) und nicht im Sinne einer zeitlichen Fixierung und Abfolge.
- Unterrichtsgespräch: *"Warum lebten die Menschen früher in Höhlen, in Zelten?"* (Ergebnis: Bedürfnisse, Baumaterialien, Fertigkeiten ... s. Sachinformation)
2. Strophe:
- Beim Erlesen die 1. Strophe wiederholen, damit der Anschluß "Wie viele" als "Wie Menschen ..." deutlich wird.
  Vorinformation zu den Tieren aus dem Kontext finden: Ergebnis: *"Es müssen winzige Tiere sein, die man nicht sofort sieht."*
- Lehrerinformation:
  Spinne lebt in Zimmerecken, unter Fassadenbepflanzung, in Mauerritzen ...
  Kellerassel ist eine Krebsart (ohne Scheren), 1 – 2 cm lang und völlig harmlos. Sie lebt vor allem in Räumen mit hoher Luftfeuchtigkeit.

Als Holzwurm werden Larven des Bohrkäfers bezeichnet. Der Käfer ist ungefähr 4 mm lang und braun. Seine Larven bohren in Holz und trockenen Stoffen. Man sieht kleine Löcher, feinen Holzstaub und hört ein Ticken.
Die Fledermaus ist je nach Art 3 – 16 cm groß und

hat eine Flügelspannweite von 18 – 70 cm. Es ist das einzige Säugetier, das fliegen kann und ein nützlicher Insektenvertilger. Ihre Flügel bestehen nicht aus Federn, sondern aus einer dünnen Haut, die von den stark verlängerten Fingerknochen ausgespannt werden. Bei den meisten Arten reicht diese Flughaut bis zu den Beinen und zum Schwanz.
Die meisten Fledermäuse finden ihren Weg nicht mit Hilfe der Augen, sondern sie "hören die Umwelt". Während des Fluges stoßen sie Schreie aus, die so hoch sind, daß wir sie nicht mehr hören können. Die Schallwellen dieser Schreie werden von Hindernissen oder auch fliegenden Insekten zurückgeworfen. Die Fledermäuse hören das Echo dieser Schallwellen und können daraus feststellen, wo sich das Hindernis oder das Insekt befindet. Fledermäuse haben also ein Sonarsystem.
nach: Der Kinder-Brockhaus in 4 Bänden, F. A. Brockhaus, Mannheim/Leipzig 1992
- Mit einer Bleistiftspitze auf dem Bild zeigen, wo die genannten Tiere wohnen könnten.
- Partnerarbeit (schriftlich): Über weitere Tiere, die mehr oder weniger unbemerkt in Haus und Garten leben (Fliege, Schmetterlingspuppe, Maulwurf, Igel, Vogel, Ameise ...), berichten.
3. Strophe:
Unterrichtsgespräch: Übertragen des sprachlichen Bildes "Sie hätten weder Herd noch Betten" auf die allgemeine Schutzfunktion anderer Behausungen (auch von Tieren)

Tafelanschrift: Behausungen geben Schutz

Vertiefung: "Häuser soll man nicht zerstören"
An wen könnte der Appell gerichtet sein?

Anschlußstoff:
S. 43: "Wo Kinder wohnen"

Lesebuch	Wo Kinder wohnen
Seite 43	nach Roderich Menzel

HINWEISE ZUM TEXT

Der Sachtext steht in unmittelbarem Zusammenhang mit dem Gedicht "Das Haus" S. 42 und sollte im Anschluß daran gelesen werden. Die Informationen ergänzen die Aussagen des Gedichtes in Hinblick auf die Funktion und die Verschiedenartigkeit von Behausungen. Das in den Fotos dargestellte andere Wohnen der Kinder sollte mit den eigenen Erfahrungen verglichen werden, aber zu keiner Wertung führen. Im Mittelpunkt steht das Verständnis für die Gegebenheiten, Gewohnheiten und Möglichkeiten fremder Länder.

Folgende Sachinformationen sind als Hintergrundwissen für den Lehrer gedacht und sollten altersstufengerecht bei Bedarf in das Unterrichtsgespräch eingeflochten werden.

Andere Völker – andere Häuser:

Wenn wir auf einem Foto ein Dorf in einem fremden Land betrachten, fallen uns die eigenartigen Hausformen auf. Sie haben manchmal nur wenig Ähnlichkeit mit den Häusern unserer Dörfer und Städte. Auf der Erde können wir heute noch fast alle Hausformen und -arten finden, die sich Menschen im Laufe der Geschichte je gebaut haben. Der Hausbau hängt von ihrer handwerklichen Geschicklichkeit, den vorhandenen Baustoffen und den klimatischen Verhältnissen ab. Auch die Lebensgewohnheiten und das Vordringen der Zivilisation spielen eine Rolle.
Noch heute leben die Pygmäen, Ureinwohner in Zentralafrika, in Unterschlupfen aus Zweigen und Blättern, die den steinzeitlichen Grubenwohnungen ähnlich sind, oder in Baumwohnungen. Die Beduinen in Nordafrika und Arabien, die vor allem nördlich des Polarkreises lebenden Lappen und einige Mongolenstämme in Asien benutzen noch häufig zeltähnliche Wohnungen. In waldreichen Gegenden, z.B. in Finnland, Norwegen und Kanada, wohnen viele Menschen in Holzhäusern.
Die Bewohner der Südseeinseln stellen ihre Häuser auf hohe, dicke Holzpfähle, damit sie gegen Überschwemmungen geschützt sind. In manchen asiatischen und afrikanischen Ländern werden immer noch getrocknete Lehmziegel zum Hausbau verwendet.
Viele in der Arktis lebende Eskimo bauen sich aus Schneeblöcken eine Schneehütte (Iglu), da es in ihrer eisigen Umgebung keinen anderen Baustoff gibt.
Je mehr Menschen auf engem Raum zusammenleben, um so höher müssen sie ihre Häuser errichten. Durch die moderne Bauweise aus Stahl und Beton ist es möglich, Häuser von mehreren hundert Metern Höhe zu bauen (Wolkenkratzer).
Auch heute spielt das Klima noch eine Rolle beim Hausbau. In den südeuropäischen Ländern finden wir kleine weiße Steinhäuser mit winzigen Fenstern und flachen Dächern, die vor der Hitze schützen. In den nördlichen Ländern haben die Häuser meist mehrere Stockwerke, größere Fenster und schräge Dächer, an denen Regen und Schnee abgleiten können.
Durch das Vordringen der modernen Bauweise wurden die Unterschiede in den Bauformen teilweise verwischt, so daß z.B. die Citys (Innenstädte) der Großstädte verschiedener Länder fast gleich aussehen.

aus: K Finke/R. Göock (Hrsg.), Das moderne Kinder-Lexikon in Farbe, Bertelsmann Verlag, Gütersloh 1979

LERNZIELE

- Die Kinder sollen dem Sachtext und den Fotos Informationen entnehmen und Bild- und Textaussagen miteinander vergleichen.
- Sie sollen an den vorgestellten Behausungen Gemeinsames und Unterscheidendes finden und mit Textstellen belegen.
- Sie sollen, vergleichend mit ihrem eigenen Tagesablauf, sich Vorstellungen vom Leben der Kinder in einer Flechthütte bzw. in einem Zelt bilden.
- Sie sollen Sachtext und Gedicht S. 42 miteinander vergleichen.

VORSCHLÄGE ZUR UNTERRICHTSGESTALTUNG

Arbeitsmaterial: Zeichnungen vom eigenen Wohnen (vgl. S. 48/49)

Das bei der Besprechung des Gedichts S. 42 begonnene Tafelbild kann mit den Unterrichtsergebnissen des Sachtextes weitergeführt werden.

Hinführung:
Lesen oder Vortragen des Gedichts von S. 42

Textrezeption:
- Erlesen des Sachtextes
- Ergänzen der Tafelanschrift zum Text S. 42:

Behausungen geben Schutz
vor Regen, Kälte, Sturm
  Hitze
   wilden Tieren
   anderen Gefahren

- Ergänzen der Tafelanschrift in Bezug auf soziale Bedürfnisse:

Es ist schön
  mit der Familie allein zu sein
  Freunde einladen zu können

- Überprüfen der festgehaltenen Stichpunkte anhand der Fotos S. 43:
Kinder in einem Haus aus Flechtwerk in einem heißen Land
Kinder in einem Nomadenzelt in der Wüste

Vertiefung:
Den eigenen Tageslauf, Gewohnheiten und Wünsche in eine Strohhütte bzw. in ein Nomadenzelt verlegen.
(Ein Raum, kaum Möbel ...) Was ist anders, was ist nicht möglich, was stelle ich mir schön vor.

Weiterführende Hausaufgabe:
Sammle Bilder, wie Menschen bei uns oder in fremden Ländern wohnen

Anschlußstoff:
Kopiervorlage S. 51

Wo Kinder wohnen

Häuser, Häuser, Häuser

Einfamilienhaus
Reihenhaus
Hochhaus
Bauernhaus
Krankenhaus
Kaffeehaus
Schulhaus
Glashaus
Gasthaus
Baumhaus
Gartenhaus
Puppenhaus
Kaufhaus
Parkhaus
Kartenhaus
Hexenhaus
Knusperhaus
Holzhaus
Schneckenhaus
Rathaus
Vogelhaus
Feuerwehrhaus

Almhütte
Bauhütte
Strohhütte
Blockhütte
Hundehütte
Sandburg
Wartehäuschen
Wolkenkratzer
Postamt
Bahnhof
Telefonzelle
Kirche
Kindergarten
Iglu
Fabrik
Schloss
Burg
Kino
Theater
Hotel
Kapelle
Halle

<table>
<tr><td>

Lesebuch
Seite 44

</td><td>

Aufgeregt im Kinderzimmer
von Philipp Günther

</td></tr>
</table>

HINWEISE ZUM TEXT

Der Witz des Textes liegt weniger im inhaltlichen Bereich, obwohl die Kinder die hier geschilderte Situation sicherlich aus eigener Erfahrung kennen. Stärker motivierend dürfte die Form der Darstellung sein. Der Text ist hier auch als Bild zu verstehen. Die äußere Form spiegelt einerseits den beschriebenen Zustand, das Durcheinander, wider, anderseits erfordert sie auch die im Text beschriebene Aktivität, das Suchen. Zustand und Prozeß werden also sowohl durch den Inhalt als auch durch die Form wiedergegeben.

Als Besonderheit, die für die Kinder ungewöhnlich und damit eventuell schwierig ist, fällt auf, daß die Überschrift gleichzeitig Teil des ersten Satzes ist. Die häufigen Trennungen (5x) verbunden mit der Notwendigkeit, die abgetrennten Silben erst noch zu finden, bieten gute Übungsmöglichkeiten für diesen Bereich.

Zur Steigerung der Lesefertigkeit bietet der Text zudem Gelegenheit, die Synthese von Segmenten (Silben) zu üben und im Überwinden der Abstände die Blickspannweite zu trainieren.

LERNZIELE

- Die Kinder sollen den Text selbständig erlesen und den Zusammenhang zwischen Inhalt und Form erkennen.
- Im flüssigen Lesen sollen sie die Segmente rasch zusammenfinden.
- Die Silbentrennung kann im Rahmen der Textarbeit geübt werden.
- Die Schüler sollen das Gestaltungsprinzip übernehmen und eigene Beispiele entwerfen.
- Sie sollen ein anderes Gedicht (z.B. "Mein Ball" im Lesebuch S. 180) entsprechend als Bild darstellen.

VORSCHLÄGE ZUR UNTERRICHTSGESTALTUNG

Hinführung (alternativ):
- Unterrichtsgespräch über Erfahrungen bzw. Erlebnisse der Kinder mit Ordnung, Unordnung, mit einem Suchen in Eile ...
- Bildbetrachtung Lesebuch S. 36/Unterrichtsgespräch wie oben

Textarbeit:
- Stilles Lesen und Spontanphase
- Gespräch über die Unordnung im Zimmer und im Text
- Üben des Vortrags:
  flüssiges Lesen (Hinweis, die Leserichtung ist konventionell)
  Vorlesen mit angedeuteten Gesten des Suchens und Umherrennens
- Rückbezug zu den eigenen Erlebnissen

Textproduktion:
- Den Text ohne Silbentrennung aufschreiben

im Ausprobieren des Sprechrhythmus eine Zeilenanordnung finden
  Hilfen durch die Reime am Zeilenende:
  ... hin und her
  ... kreuz und quer
  ... Uhr
  ... Spur
- Umgestalten des Textes durch neue Gegenstände, die gesucht werden.
  Dabei kann auch der eigene Name eingesetzt werden (bei einsilbigen Namen evtl. mit Artikel)
  Helfende Bausteine:

  Wo ist nur...?
  Länger suche ich auf keinen Fall!
  Wo ist nur...?
  Ich suchte doch schon überall!
  Wo ist nur...?
  Ich find und find ... einfach nicht!
  Wo ist nur...?
  Wo kann ... nur sein!
- Gestaltungsprinzip auf andere Gedichte bzw. Liedinhalte übertragen, z.B. „Große Uhren..." (s. Lehrerkommentar S. 36)

Mein Ball

Ist der Ball guter Laune,
dann springt er
und springt
und springt
und springt
und springt
und springt
und nichts kann ihn halten.

Ludwik Jerzy Kern, in: H. Baumann, Ein Reigen um die Welt, Gütersloh 1965

Seht meinen Ball an

T u. M: nach I. Glücksmann
von Kindern einer 1. Jahrgangsstufe

1. Seht mei-nen Ball an, seht, wie er rol-len kann,
hin und her, hin und her;
ja, das fällt ihm gar nicht schwer.

2. Seht meinen Ball an, seht, wie er hüpfen kann,
rund herum, rund herum, ja mein Ball ist gar nicht dumm.

3. Seht meinen Ball an, seht, wie er fliegen kann,
auf und ab, auf und ab, und er fällt mir nicht herab.

aus: Akademie f. Lehrerfortbildung, Dillingen – H. B. Ernst, Musik-u. Bewegungserziehung. Multiplikatorenmodell. – Donauwörth 1980, S. 200; Stichbild entnommen aus: K. Patho/R. Schuhmann, Musik 1/2, Wolf Verlag, Regensburg 1993

<table>
<tr><td>

Lesebuch
Seite 45

</td><td>

Eine Wohnung für Kinder
Von Birgit Willimek

</td></tr>
</table>

HINWEISE ZUM TEXT

Kinder bauen sich im Spiel und auch in Gedanken gerne eigene Behausungen. Im Zusammenhang mit dem Thema Wohnen stehen auf dieser Buchseite kindliche Wünsche sowie emotionale Aspekte im

Mittelpunkt: sich in ein Heim zurückziehen können, sein Umfeld nach eigenen Ideen gestalten, sich in seinem Nest wohlfühlen und es für andere nach eigenem Belieben zu öffnen oder zu schließen.

Im graphischen Spiel mit Schrift bietet diese Buchseite ein Traumschloß auf Wolken, das den Leser und Betrachter einlädt, zu entdecken und weiter zu phantasieren.

Damit die Phantasiereisen nicht durch Klärung unverstandener Begriffe unterbrochen werden müssen, empfiehlt es sich, folgende Wörter und Ausdrücke vorausgehend zu besprechen:
Architekt, Luftschloß auf Wolken, Wolkenkuckuckshaus.
Diese Textseite eignet sich sehr gut, mit dem Lesen mündliches und schriftliches Sprachgestalten zu verbinden.

LERNZIELE

– Die Schüler sollen im graphischen Bild Buchstaben, Wörter und Fragen entdecken.
– Sie sollen veränderte Buchstaben identifizieren und sich gegenseitig Lesehilfen geben.
– Sie sollen den Zusammenhang zwischen graphischer Gestaltung, Leseinhalt und einem Luftschloß verstehen.
– Die Freude des Entdeckens soll die Kinder anregen, Fragen zu beantworten und ihre Phantasie zu beflügeln.

VORSCHLÄGE ZUR UNTERRICHTSGESTALTUNG

Arbeitsmaterial: Umrißskizze des Luftschlosses auf Wandtafel oder OHP–Folie

Kopiervorlage

Von dem Jungen, vor dem alle Angst hatten
von Elisabeth Stiemert

Hinführung:
Freies Assoziieren zum Thema "Eine Wohnung für Kinder", dabei Klärung folgender Begriffe bzw. Ausdrücke: Architekt, Luftschloß, Träume, schweben auf Wolken, Wolkenkuckuckshaus

Textarbeit:
1. Graphische Gestaltung mit Schrift
   - Betrachten der Buchseite aus der Entfernung, erkennen der Elemente einer Burg, eines Schlosses: Zwei runde Türme mit Dächern, ein eckiger Turm mit Zinnen, Mauer, Tor, Fahne ...
     Die Umrisse an der Tafel mitskizzieren, damit später beim Erlesen die Lokalisation der Sätze und Wörter leichter fällt
   - Unterrichtsgespräch: *"Wo steht das Schloß?"* Ergebnis: Es steht auf einer Wolke, ist ein Luftschloß ...
2. Textrezeption
   - Entdecken der Wörter "Wolke", "Ein Luftschloß", "Phantasie" als Basis dieser Wohnung für Kinder
   - Wörter finden, vorlesen, den anderen Lesehilfen geben, indem die entdeckten Buchstaben, Wörter oder Sätze im Umriß des Schlosses lokalisiert werden
   - Fragen entdecken und an der Tafel festhalten:
     "Was machst du, wenn
     du drei Wünsche frei hast?"
     ... einen Schatz findest?"
     ... zaubern kannst?"
     ... einmal groß bist?"
     ... unsichtbar bist?"
3. Textbesinnung
   - Die Fragen als Anlaß für Träume, für Phantasiereisen entdecken
   - Als Wegweiser in dieses Land:
     Erlesen der Fahne "Mach deine Augen zu ..." und des Zugangs zum Schloß: "Bau dir doch ein Luftschloß", die "Phantasie hilft dir dabei"

Textproduktion:
- Mündlich/Partnergespräch: Zu einer Frage dem Partner die eigenen Gedanken mitteilen, der Partner berichtet der Klasse über das Gehörte
- Eine bevorzugte Frage auswählen, dazu leise Gedanken weiterspinnen, "Ein Wolkenkuckuckshaus bauen", evtl. untermalt von leiser Musik
- eine Phantasiereise aufschreiben
- Als Antwort auf die verschiedenen Fragen Stichwörter notieren, evtl. damit die Umrisse eines neuen Luftschlosses füllen (s. Kopiervorlage)

Anschlußstoff:
Als Vorlesetext oder als Klassenlektüre eignet sich gut:
Das Kinderhaus von Ingrid Bachér, Otto Maier Verlag, Ravensburg 1965

HINWEISE ZUM TEXT

Die Angst der Kinder vor dem Jungen hat ihre Ursache in der Fehlinterpretation des Verhaltens des Neuen. Diese ist Folge davon, daß beide Seiten es nicht geschafft haben, aufeinanderzuzugehen. So wird das unbeabsichtigt Angst einflößende Verhalten des Einzelnen durch die Reaktion der anderen Kinder verstärkt, was wiederum zur Verstärkung der Angst bei den anderen führt usw.
Der Neue unterscheidet sich zunächst lediglich durch seine Größe von den Kindern, die bereits in der Straße wohnen. Gerade weil er größer ist, vermutet aber wohl niemand bei ihm Hemmungen, auf die anderen Kinder zuzugehen. Sein vermutlich unzufriedener Gesichtsausdruck wird als böse interpretiert, seine hilflosen Versuche zur Kontaktaufnahme werden ebenfalls mißverstanden.
Im Text wird nur geschildert, wie die Kinder den neuen Jungen wahrnehmen; wie der Junge die anderen erlebt, wird nicht erzählt, muß aber in der Erarbeitung erschlossen werden. Vermutlich hält er sie für abweisend, überheblich und sie flößen ihm eventuell ebenfalls Angst ein.
Ein unvoreingenommenes Kind bahnt die Konfliktlösung an. Dessen eigentlich ja selbstverständliches Handeln ist möglich, weil keine aufgrund von Vorurteilen, Hemmungen und Mißverständnissen aufgebauten Barrieren überwunden werden müssen. Das Problem ist allerdings noch nicht völlig gelöst, denn der Vorsatz der Kinder muß noch in die Tat umgesetzt werden.

LERNZIELE

- Die Kinder sollen die Gründe für das Verhalten des Neuen verstehen.
- Sie sollen erkennen, warum die anderen Kinder Angst haben und warum diese Angst unberechtigt ist.
- Sie sollen erfahren, warum der Konflikt immer stärker wird.
- Sie sollen eigene Möglichkeiten der Konfliktlösung finden und diese mit der in der Geschichte dargestellten Möglichkeit vergleichen.
- Sie sollen Textstellen mit Hilfe der Zeilenzahlen finden und benennen lernen.

VORSCHLÄGE ZUR UNTERRICHTSGESTALTUNG

Hinführung:
Überschrift als Tafeltext; die Kinder assoziieren frei und berichten evtl. von eigenen Erlebnissen.

Textpräsentation/-rezeption:
- Abschnittweises Vorlesen
  1. Abschnitt bis ... hatten die schon Angst (S. 46, Zeile 13)

2. Abschnitt bis ... haute er kleine Kinder
   (S. 47, Zeile 10)
3. Abschnitt bis ... Toreschießen (S. 47, Zeile 20)
4. Abschnitt bis Schluß
   oder gemeinsames Erlesen in kleineren Sinn-
   einheiten.
   Die Leitfragen und Impulse ergeben sich aus den
   Hinweisen zum Text (s.o.)

Vertiefende individuelle Rezeption:
- An welchen Stellen wird deutlich, ...
  ... was den anderen Angst einflößt?
  ... daß der Junge sich auch nicht wohl fühlt/daß er
      einsam ist?
  ... wie die Schwierigkeiten überwunden wurden?
  ... was sich durch das Verhalten des Kindes, das
      gar nicht in der Straße wohnt, verändert hat?
- Zu welcher Textstelle paßt das Bild?
- Warum hat der Junge in der Geschichte keinen
  Namen?

Kreative Weiterarbeit:
Spielen der Geschichte, dazu dem Text alle nötigen
Angaben entnehmen:
- *Wie sieht der Junge aus?* Eventuell in Gruppen
  pantomimisch die drei Abschnitte S. 46 parallel zum
  Vorlesen darstellen
- *Wie verhalten sich die anderen Kinder?* Text S. 47,
  Zeile 1 mit 10 ebenfalls pantomimisch darstellen,
  die Vorurteile als "Getuschel" ausformulieren
- Begegnung mit dem fremden Kind in verteilten
  Rollen lesen S. 47, Zeile 11 mit 24
- Szenisches Ausspielen des Schlusses ab Zeile 25,
  den letzten Satz in wörtliche Rede umsetzen

Lesebuch Seite 48	**Nachbar–Theater** von Elisabeth Stiemert

HINWEISE ZUM TEXT

Der Text ist formal durch die immer wiederkehrende
wörtliche Rede gekennzeichnet und bietet dadurch für
diesen Bereich gute Übungsmöglichkeiten.
Die sich wiederholenden Satzelemente erlauben es
dabei auch schwächeren Lesern, einzelne Passagen
selbständig zu erlesen.
Der Inhalt lebt von der Komik der Situation, die am
besten durch lautes Lesen oder besser noch durch
Spielen deutlich wird.

LERNZIELE

- Die Kinder sollen den Text selbständig still erlesen.
- Sie sollen die wörtlichen Reden laut lesen und
  vorspielen.
- Sie sollen die Unterschiede im sprachlichen Aus-
  druck erkennen und deuten:
  Nachbarin: "Die Kinder sind *zu* laut."
  Mutter: "Die Kinder sind *ziemlich* laut."
- Sie sollen eigene Texte mit wörtlicher Rede
  erstellen und vortragen.

VORSCHLÄGE ZUR UNTERRICHTSGESTALTUNG
Textarbeit:
- Konfrontation mit der Überschrift,
  Vermutungen der Kinder
  "Hattet ihr auch schon einmal mit den Nachbarn
  Theater?"
- Individuelle Textrezeption,
  Spontanäußerungen und anschließendes gemein-
  sames Lesen
- Unterrichtsgespräch (Schwerpunkte s.o.)
- Lautes Lesen und Spielen

ERGÄNZENDE HINWEISE

Wörtliche Rede wird häufig in allen Sofie-Geschichten
verwendet. Außerdem bietet sich hierzu der Text
"Kasper spielt nicht mehr mit" an.

Lesebuch Seite 49	**Schulhausmeisterwohnung** von Walter Köpp

HINWEISE ZUM TEXT

Hier handelt es sich um die Koppelung von zwei
Wortfamilien (Haus und Schule). Die immer wiederkehrenden Wortbestandteile erlauben gerade den
schwächeren Lesern erfolgreiche Leseübungen.
Im Text steckt immanent die Aufforderung, ähnliches
mit anderen Wörtern zu versuchen.

LERNZIELE

- Die Kinder sollen den Text lesen und seine Aufbau-
  gesetzlichkeit erkennen.
- Sie sollen ähnliche Beispiele erstellen oder den
  vorhandenen Text verändern.

VORSCHLÄGE ZUR UNTERRICHTSGESTALTUNG
Textarbeit:
- Stilles Lesen des Textes
- Lautes Lesen (evtl. von zwei Kindern) von der Reihe
  "Schule – Haus" aufwärts
- Lautes Lesen von o.a. Reihe abwärts
- Ergänzen der Reihen (z.B. Schulanfang, Schul-
  schluß, Schulbuch, ... Hausfrau, Hausputz, Haus-
  nummer, ...
- Entwicklung neuer Beispiele (z.B. Kind – Garten)

Kind   **Garten**

Kinderlied   Gartenblume

Kinderkleid   Gartenzaun

Kinderschuh   Gartentor

Kinderspiel   Gartenleiter

Kindergarten

Kindergartenkind

Kindergartenleiter

Kindergartenleiterin

2. Kapitel   Ich und die anderen

Schule

Die Texte innerhalb dieses Themenbereichs stellen in sprachlicher Hinsicht keine hohen Anforderungen an den Lesenden. Sie eignen sich auch gut dazu, den Begriff "direkte Rede" innerhalb der Redezeichen kennenzulernen und im Rollenlesen oder im Rollenspiel erfahrbar zu machen. Es sollte jedoch keine formale Begriffsarbeit erfolgen.

Inhaltlich lassen sich die Texte in zwei Schwerpunkten zusammenfassen, die auch Anlaß zu vergleichendem Lesen bieten:

- Gefühle und Reaktionen, die das Miteinander in der Schule auslösen:
  S. 50: "Meine Lehrerin mag mich nicht"
  S. 54: "Sofie ist ängstlich"
  S. 55: "Sofie hat einen neuen Pullover"
- Vergleich unterschiedlicher Schulsituationen:
  S. 52: "Zirkusschule"
  S. 53: "Muraho"
  Bei diesen Texten erfolgen nötige Informationen nicht nur aus den Textinhalten, sondern auch aus den Illustrationen. Der Vergleich von Bild und Text sowie ihre ergänzende Funktion läßt sich hier auf einfache Weise einführen.

Lesebuch	**Meine Lehrerin**
Seite 50	**mag mich nicht**
	von Irina Korschunow

HINWEISE ZUM TEXT

Die Geschichte hilft, einen wesentlichen Aspekt aus dem Bereich Schule aufzugreifen, der direkt von den Kindern sonst nur schwer thematisiert werden kann: Die Ängste eines Kindes vor der Lehrerin und sein sich daraus ergebendes Verhalten, und das Verhalten der Lehrerin, das die Ängste geweckt bzw. verstärkt hat. Die Konfliktlösung beginnt zunächst genauso zufällig wie die Konfliktentstehung. Der eigentliche Entspannungsprozeß wird aber durch das Verhalten der Lehrerin eingeleitet. Der Text macht deutlich, daß dieser Prozeß noch nicht zum Abschluß gekommen ist. Die Geschichte endet mit einer Frage und mit "Vielleicht".

LERNZIELE

- Die Kinder sollen sich in die Situation von Markus hineinversetzen und sein Verhalten verstehen.
- Sie sollen sich in die Rolle der Lehrerin versetzen und das Verhalten von Markus aus deren Sicht überdenken.
- Im Text sollen sie herausfinden und benennen, wo die Mißverständnisse liegen und wann sich einer der beiden hätte anders verhalten sollen.

- Am Text sollen sie erkennen und belegen, wodurch die Lösung des Konflikts angebahnt wurde.
- Die Kinder sollen Möglichkeiten aufzeigen, wie Markus (und evtl. auch die Lehrerin) sich nun verhalten könnte.
- Sie sollen aus dem Text wörtliche Reden finden.

VORSCHLÄGE ZUR UNTERRICHTSGESTALTUNG

Hinführung:
Vermutungen und freie Aussprache zur Überschrift

Textarbeit (Alternativen):
A. Aufgrund der Länge des Textes ist ein gemeinsames, abschnittweises Erlesen sinnvoll.
   1. Abschnitt (Zeile 1–7)
   Hier ergeben sich Beiträge aus dem eigenen Erfahrungsbereich. Die Besprechung wird mit Vermutungen abschließen, warum es Markus in der Schule nicht gefällt.
   2. Abschnitt (Zeile 8–15)
   Auch hier werden eigene Erfahrungen (bezogen auf das Zuspätkommen) vorliegen. Die Kinder sollen sich in die Rolle von Markus versetzen und dabei nachempfinden, wie dieser sich fühlt.
   3. Abschnitt (Zeile 16–21)
   Die Identifizierung mit Markus darf nicht zu einer einseitigen Schuldzuweisung führen. Zum Abschluß soll vermutet werden, wie sich die Lehrerin nun verhalten wird.
   4. Abschnitt (Zeile 22 bis 2. Seite Zeile 4)
   Wenn der Text bis hier gemeinsam gelesen und besprochen wurde, kann unterbrochen werden. In Gruppenarbeit und/oder im Rollenspiel können Vorschläge entwickelt werden, wie sich Markus und die Lehrerin weiter verhalten.
   5. Abschnitt (Zeile 5–18)
   Die Kinder sollen erkennen, daß die Konfliktlösung sich hier zufällig ergibt. Da der Lehrerin das Mißverständnis von Markus nicht bekannt war, hat sie vermutlich auch nicht absichtlich etwas unternommen, um den Konflikt zu lösen.
   6. Abschnitt (Zeile 19–23)
   Hier muß deutlich werden, daß die Unsicherheit noch nicht endgültig beseitigt ist. Anschließend können im Spiel Verhaltensmöglichkeiten für Markus erarbeitet werden.

B. Textbegegnung:
   - Abschnittweises Vorlesen/Einbringen eigener Erfahrungen/Vermutungen zum Fortgang der Geschichte:
     Seite 50 bis Zeile 7
     Seite 50, Zeile 8 bis Seite 51, Zeile 7
   - Selbständiges Erlesen bis Textende
     Arbeitsaufgabe für schnelle Leser: *"Die Geschichte endet mit einer Frage, überlege dir eine Antwort!"*

Textarbeit:
Ergänzend zu den Vorschlägen von A:

Schriftliche Arbeitsaufgabe/PA: *"Schreibe aus dem Text ab, was die Lehrerin spricht!"*
   - Differenzierung:
     "Schreibe eine wörtliche Rede ab!"

- Hilfen zum Suchen: Seite 50, Zeilen 18-22
                     Seite 51, Zeilen 4-20
- Besprechung der Zitate und Fundstellen
- Klären und abgrenzen des Begriffs *meckern*
  (ärgerliches, abwertendes Nörgeln)/mit der
  Stimme Sprechproben gestalten

<u>Zusammenfassung der Unterrichtsergebnisse in
einem Tafelbild,</u> wobei immer die entsprechenden
Textzitate vorgelesen werden sollen.
- Vorbereitung des Tafelbildes: Skizzen von Frau
  Beck und Markus
- Zu den abgeschriebenen wörtlichen Reden Stich-
  worte finden und sie in das Tafelbild einfügen
- Die im Text ausformulierten Gedanken des Kindes
  wörtlich gegenüberstellen
- Vermutungen zu den angedeuteten Gedanken-
  blasen bei Markus ausformulieren
- Aufgreifen der einzelnen Situationen in kleinen
  Rollenspielen, Ausprobieren anderer Handlungs-
  möglichkeiten, z.B.:
  die Lehrerin fragt, bevor sie urteilt ...
  Markus erklärt oder sucht eine Aussprache ...
- Schriftliche Arbeitsaufgabe/PA: *„Suche aus dem
  Text einen Satz, den man unter das Bild schreiben
  könnte!"*

Anschlußstoffe:
S. 15: „Sabine"
S. 54: „Sofie ist ängstlich"
Informationen zu Irina Korschunow siehe
Lehrerkommentar S. 32.

Fertiges Tafelbild:

| Lesebuch | **Zirkus-Schule** |
| Seite 52 | von Ute Andresen |

HINWEISE ZUM TEXT

Zirkus-Kinder können genauso wie Schausteller-
Kinder am Unterricht in den Schulen der Stadt
teilnehmen, in der sie sich gerade befinden. Die
großen Unternehmen haben jedoch zum Teil auch
eigene Schulen.
Die Welt des Zirkus wird allgemein als fremdartig,
geheimnisvoll und ungewöhnlich empfunden. Das
Bewußtmachen der Selbstverständlichkeit, daß
auch diese Kinder wie alle anderen die gleichen
grundlegenden Dinge lernen müssen und dabei
sicherlich die gleichen Freuden und Sorgen empfinden, dient dazu, diese Besonderheit zu relativie-
ren. Allerdings wird das Alltägliche mit dem letzten
Satz des Textes wieder verlassen, und das Besondere (Zebra-Tanz zu dritt) wird betont.

LERNZIELE

- Die Kinder sollen erfahren, daß Zirkus-Kinder wie
  alle anderen Kinder in einer Schule lernen.
- Sie sollen erkennen, daß diese Kinder zusätzliche
  Dinge üben müssen, die sie für ihre Arbeit im Zirkus
  benötigen.
- Sie sollen Bild- und Textinhalt miteinander ver-
  gleichen.
- Sie sollen Zirkusstücke erfinden, z.B.:
  „Zebra-Tanz zu dritt"

VORSCHLÄGE ZUR UNTERRICHTSGESTALTUNG

Hinführung:
- Eventuell Beginn mit Unterrichtsgespräch:
  "Ich kenne ganz verschiedene Schulen": Tanz-
  schule, Fahrschule ...
- Konfrontation mit der Überschrift
  Sammlung von Vermutungen
  Bericht über Erlebnisse mit dem Zirkus

Textarbeit:
- Lesen bis "Zaubertricks"/Unterrichtsgespräch
- Lesen des zweiten Teils/Unterrichtsgespräch
  (Schwerpunkte siehe Lernziele)
- Kritisches Lesen (Bild- und Textvergleich)
- Vergleich mit der eigenen Schulsituation (evtl.
  auch Darstellungen der Bildleisten in den Ver-
  gleich miteinbeziehen)

Musische Impulse:
- Tafelskizze von äußeren Gegebenheiten an-
  fertigen und beschriften (*Zirkus–Zelt, Wagen,
  Zirkus–Schule, zehn Zirkus–Kinder*)
- Zebra-Tanz zu dritt erfinden (evtl. Musik von
  Kassetten, z.B. Fidula-Fon)
- Szenisches Darstellen der gezeichneten Zirkus-
  Schule

Lesebuch	**Muraho**
Seite 53	nach Christoph Lutz

HINWEISE ZUM TEXT

Der Text ist von der Satzstruktur leicht zu erfassen.
Die fremden Wörter und Namen bieten dabei gute
Übungsmöglichkeiten zum synthetisierenden Lesen.
Text und Bild ergänzen sich sinnvoll. Auch wenn der
Unterricht im Freien stattfindet und die Kinder auf dem
Boden sitzen, sind doch mit unserem Unterricht iden-
tische Elemente zu finden: die Tafel, der erklärende
Lehrer, die sich meldenden Schüler. Die Kinder erfahren im Text, daß in anderen Ländern der Schulbesuch
nicht selbstverständliche Pflicht ist, sondern die Teil-
nahme daran Geld kostet und die Jungen und Mädchen traurig sind, wenn sie nicht zur Schule dürfen.
Sie werden dabei auch erfassen können, daß es den
Kindern aus armen Familien dadurch wesentlich
erschwert wird, Lesen, Schreiben und Rechnen zu
lernen und ihre Zukunftsaussichten dadurch entscheidend verringert werden.
Das Problem der fehlenden sozialen Absicherung wird
im Text ebenfalls angesprochen. Bei der Arbeitslosig-
keit des Vaters muß der Junge das Geld verdienen.
Dieser Aspekt wird aber bei der Besprechung nur in
Ansätzen aufgegriffen werden können.

LERNZIELE

- Die Schüler sollen aus Bild und Text Informationen
  über eine Schule in Afrika entnehmen.
- Im Vergleich mit der eigenen Situation sollen sie
  Unterschiedliches und auch Gemeinsames ent-
  decken.
- Sie sollen verstehen, daß Schulbesuch nicht überall

selbstverständlich ist, aber unbedingt notwendig.
- Sie sollen fremde Namen und den Gruß flüssig
  lesen.
- Durch Spiel mit der Stimme sollen sie das Grüßen
  der Kinder, des Lehrers und von Sembeba unterschiedlich zum Ausdruck bringen.

VORSCHLÄGE ZUR UNTERRICHTSGESTALTUNG

Hinführung:
Bildbetrachtung:
Freie Aussprache/Vermutungen zur Überschrift

Textarbeit:
Bildbetrachtung:
Die Kinder stellen identische und unterschiedliche
Elemente mit der eigenen Schule fest. Sie versetzen
sich in die Rolle eines Kindes in der fremden Schule,
spielen evtl. den Unterricht nach und sprechen über
ihre Empfindungen dabei.

Textrezeption:
- individuelles und gemeinsames Lesen
- wiederholendes Lesen der schwierigen Wörter
- stimmliches Gestalten des Grußes "Muraho" nach
  Textinhalt

Vergleichendes Lesen:
- Bild- und Textvergleich: Zeile für Zeile lesen und
  dabei Bildinhalte suchen/Zusatzinformationen in
  Text und Bild versprachlichen
- Vergleich mit der Zirkus–Schule S. 52
- Vergleich mit Darstellungen in den Bildleisten

Anschlußstoffe:
S. 106: "Guten Morgen"
S. 110: "Spielzeug-Erfinder"

Lesebuch	**Sofie ist ängstlich**
Seite 54	von Peter Härtling

HINWEISE ZUM TEXT

Wie alle Sofie-Geschichten ist auch dieser Text
einfach und klar strukturiert und hat als auffälliges
Merkmal die wörtliche Rede.
Der inhaltliche Zusammenhang des ersten und des
zweiten Abschnitts sind zunächst nicht direkt zu erkennen. Er wird erst im dritten Abschnitt deutlich. Bei
der Besprechung dieses letzten Abschnitts muß deshalb ein Rückbezug (auch zur Überschrift) stattfinden.
Das "Nicht-stören-wollen" ist hier nicht als Rück-
sichtnahme, sondern als Ängstlichkeit zu verstehen,
die mit Hilfe anderer überwunden wird.
Hinweise zum Autor Peter Härtling siehe Lehrerkommentar S. 33.

LERNZIELE

- Die Kinder sollen sich in Sofies Situation versetzen,
  deren Ängste nachempfinden und von eigenen
  Ängsten in der Schule berichten.
- Sie sollen erkennen, daß durch Hilfe und Zuwendung anderer Angst überwunden werden kann.

– Sie sollen besprechen, ob auch das Verhalten der Lehrerin Einfluß auf Sofies Angst hat.

VORSCHLÄGE ZUR UNTERRICHTSGESTALTUNG

Textarbeit:
– Lesen des 1. Abschnitts
  Vermutungen, wo Sofie sein könnte
– Lesen und Besprechen des 2. Abschnitts
  Vermutungen, wie die Geschichte weitergehen
  könnte/Bericht, wie man sich selbst verhalten
  hätte
– Lesen des 3. Abschnitts
  Unterrichtsgespräch: Verhalten von Sofie
  Verhalten von Katja
  Verhalten der Lehrerin

Ergänzender Hinweis zum vergleichenden Lesen:
Bezug zu "Meine Lehrerin mag mich nicht", Lesebuch S. 50

Lesebuch	**Sofie hat einen**
Seite 55	**neuen Pullover**
	von Peter Härtling

HINWEISE ZUM TEXT

Der Text stammt, ebenso wie die Sofiegeschichten im Lesebuch Seite 27, 54 und 127, aus Peter Härtlings Buch: "Sofie macht Geschichten". Es enthält einfühlsame, liebevolle Beobachtungen in nüchterner, realistischer Art von den kleinen "Wichtigkeiten" im Leben eines siebenjährigen Mädchens. Alle Geschichten sind sprachlich sehr einfach, dabei aber nicht weniger eindrucksvoll und nachvollziehbar. Ein weiteres Kennzeichen ist die Gewichtung der wörtlichen Rede, die oft auch den Handlungsfluß trägt. Weitere Hinweise zu Peter Härtling siehe Lehrerkommentar. S. 33.
In der Geschichte "Sofie hat einen neuen Pullover" wird in einfacher Weise thematisiert, daß einerseits positive Rückmeldung als wichtig für einen selbst empfunden wird, man selbst aber andererseits häufig vergißt, anderen eine entsprechende Rückmeldung zu geben. Gleichzeitig wird auch die Abhängigkeit von der Meinung anderer angesprochen.

LERNZIELE

– Die Kinder sollen die Pointe der Geschichte (Sofie verhält sich selbst so, wie sie es anderen vorwirft) verstehen und Spaß daran haben.
– Sie sollen darüber nachdenken und sprechen, warum Sofie sich so verhält, und überprüfen, wie sie sich selbst in ähnlichen Situationen verhalten.
– Den Text sollen sie in verteilten Rollen lesen.

VORSCHLÄGE ZUR UNTERRICHTSGESTALTUNG

Hinführung:
Stummer Impuls an der Tafel:

Freie Aussprache über Erfahrungen und Gefühle, wenn neue Kleidungsstücke das erste Mal getragen werden.

Textarbeit:
– Gemeinsames Lesen des Textes mit freier Aussprache
– Stillarbeit: Heraussuchen wörtlicher Reden, um sie in Rollen zu lesen
– Benennen der sprechenden Personen: Mutter und Sofie, wiederholtes Lesen in verteilten Rollen
– Unterrichtsgespräch: Schwerpunkt siehe Lernziele
– Finden und Besprechen von Beispielen für eigenes vergleichbares Verhalten

Anschlußstoffe zum vergleichenden Lesen:
– Weitere Geschichten von Sofie im Lesebuch suchen (S. 27, 54, 127)
– Lesebuch S. 50: "Meine Lehrerin mag mich nicht" Textvergleich zum Schwerpunkt: Äußerungen oder Verhalten anderer lösen Gedanken und Gefühle aus, die verdeckt bleiben.

3. Kapitel   Jahreszeiten und Feste

Lesebuch	**Zeit vergeht**
Seite 56 – 62	

Das große Kapitel "Jahreszeiten und Feste" beginnt mit Texten, die anregen, über die Zeit an sich nachzudenken. Parallel zum Sachunterricht werden Jahreswechsel, Monate, Wochentage sowie die Thematik früher und heute literarisch aufbereitet und bieten ideale Integrationsmöglichkeiten.
Besonders bei den beiden langen Texten ("Zwölf mit der Post" und "Jeden Samstag baden ...") muß auf spielerische Arbeits- und Übungsformen geachtet werden. Zugunsten einer motivierenden Identifizierung müssen Gesichtspunkte der Textarbeit exemplarisch ausgewählt werden.
In einem inhaltlichen Zusammenhang stehen die beiden Seiten "Alltag" und "Sonntag". Sie bieten gute Anlässe zum vergleichenden Lesen.

Lesebuch	**Glücksbringer**
Seite 56	

HINWEISE ZUM TEXT

Vier unterschiedlich lange Texte informieren über den Bedeutungshintergrund von bekannten Glücksbringern. Der unterschiedliche Schwierigkeitsgrad fordert dabei zum differenzierenden Lesen auf.
Den Kindern sind die dargestellten Glücksbringer aus Dekorationen, als Symbole auf Glückwunschkarten

oder als Amulette bekannt, ohne daß sie ihre Funktion oder Symbolik reflektiert haben.

Zur Klärung der Textinhalte und um Zusammenhänge zu verstehen, müssen im Unterrichtsgespräch schwierige Dinge altersstufengerecht konkretisiert werden, z.B.:

Was ist Glück? Ein gutes Gefühl, das sich einstellt, wenn sich wichtige Wünsche erfüllen.

Was bedeutet für mich ... Glück?

Warum wünschen wir einander zum neuen Jahr Glück? Was meinen wir damit?

Bringen die Symbole wirklich Glück? Der Glaube an Glücksbringer stammt aus dem magischen Denken. Er ist Ausdruck des Wunschdenkens und steht im Dienste des Bedürfnisses nach Sicherheit. Von frühesten Zeiten an vermuteten die Menschen, daß es Kräfte gibt, die ihr Leben gut oder schlecht beeinflussen können.

Weitere Glückssymbole: Glückspilz, Glückskäfer, Glückspfennig, Würfel mit sechs Augen ...

Zusatzinformationen über den Ursprung des Aberglaubens:

Das vierblättrige Kleeblatt

Der Ursprung des Aberglaubens, daß ein vierblättriges Kleeblatt glückbringend sei, verliert sich im Altertum. Nur eine einzige Legende existiert, die eine Erklärung bietet. Sie erzählt, Eva habe, als sie und Adam aus dem Paradies verstoßen wurden, ein vierblättriges Kleeblatt mitgenommen, das im Garten Eden gediehen war. Sie wollte wenigstens etwas bei sich behalten, das sie stets an ihr glückliches Dasein im nun verlorenen Paradies erinnerte. Deshalb wurde fortan das vierblättrige Kleeblatt als glückliches Omen angesehen.

Das Hufeisen

Es gibt mehrere Erklärungen für den Aberglauben, Hufeisen brächten Glück.

Nach einer mit dem heiligen Dunstan, Erzbischof von Canterbury in der 2. Hälfte des 10. Jahrhunderts, verbundenen Legende wird dieser Aberglaube so erklärt: Dunstan war für seine Fertigkeit im Beschlagen von Pferden berühmt. Eines Tages suchte ihn in einer Verkleidung der Teufel selbst auf und bat ihn, seinen einen Huf zu beschlagen. Dunstan erkannte, wen er vor sich hatte, band den Teufel an einer Mauer fest und begann seine Arbeit mit solcher Wucht, daß der Teufel um Gnade schrie. Der heilige Dunstan ließ ihn aber nicht gehen, ehe er nicht versprochen hatte, kein Haus zu betreten, an dem ein Hufeisen befestigt ist.

Wahrscheinlicher dürfte allerdings die Theorie sein, die den Hufeisen-Aberglauben mit dem früher weitverbreiteten Hexenglauben in Verbindung bringt. In der ganzen Welt fürchteten die Menschen bis spät im Mittelalter Hexen und Hexenwerk. Allgemein wurde angenommen, daß man vor Verhexungen im Freien sicher sei, nicht aber in Häusern. Da auch geglaubt wurde, Hexen fürchteten Pferde – sie ritten deshalb wohl auf Besen –, nahm man an, ein Hufeisen an der Tür des Hauses böte Schutz, da schon sein bloßer Anblick die Hexen vertreibe.

Das Hufeisen galt stets als glückbringend. Seine Form war die des aufgehenden Mondes, in dem unsere frühen Vorfahren ebenfalls etwas Glückversprechendes sahen. Er zeigte Fruchtbarkeit und die Vermehrung alles Guten an.

Die alten Römer glaubten, das Böse könne festgenagelt werden. Das Einhämmern von Nägeln in die Türen ihrer Häuser war für sie ein Mittel, Unglück oder Krankheit zu heilen oder abzuwenden.

Das Hufeisen durfte nach dem Volksglauben nicht in beliebiger Weise angebracht werden. Es mußte mit nach oben zeigender Öffnung befestigt werden, damit das Glück nicht heraustropfte.

aus: R. Brasch, Dreimal Schwarzer Kater, Wiesbaden 1979, Lizenzausgabe für R. Löwit

LERNZIELE

– Die Kinder sollen einen oder mehrere Texte selbständig erlesen.
– Sie sollen erklären können, warum die genannten Dinge Glück bringen sollen.
– Sie sollen verstehen, daß Bräuche entstanden sind und sich ihre Bedeutung im Laufe der Zeit verändert hat.
– Sie sollen den Glauben an Glücksbringer kritisch reflektieren.
– Aus den Texten sollen sie Informationen über frühere Zeiten herauslesen.
– Sie sollen sprachliche Signale für Vergangenes wahrnehmen.
– Sie sollen Rätsel zum Textinhalt erfinden.
– Sie sollen unter Verwendung der Symbole eigene Glückwunschkarten gestalten.

VORSCHLÄGE ZUR UNTERRICHTSGESTALTUNG

Hinführung (Alternativen):
– Provokation/Lehrererzählung: *"Zu Neujahr bekam ich ein seltsames Geschenk. Ein Schwein (aus Marzipan). Was soll denn das! ..."*
– Vorzeigen von Glücksbringern oder Karten mit Glückssymbolen
Freie Aussprache/Ergebnis: Diese Dinge sollen Glück bedeuten.
Impuls: *"Was haben Schwein und ... mit meinem Glück zu tun?"*

Textbegegnung:
Selbständiges Erlesen eines frei gewählten Textes
Arbeitsaufgabe zum Ausgleich des Lesetempos (Wandtafel):

> *Ergänze den Satz, der zu deinem Text paßt und schreibe ihn auf!*
>
> *Wer früher ein Schwein hatte, der ...*
>
> *Früher konnten die Häuser schnell brennen, deshalb ...*
>
> *Früher glaubten die Menschen: Die Hexen reiten auf Besen, weil ...*
>
> *Meistens hat ein Kleeblatt drei Blätter, nur ganz selten ...*

Textarbeit:

1. Inhaltliche Gesichtspunkte:
- Besprechung der Arbeitsaufgaben
- Arbeitsauftrag: *"Erkläre den anderen Kindern, warum dein Glücksbringer Glück bringen soll!"* Erklärung und Nachfragen von Mitgliedern anderer Gruppen
- Vorlesen einzelner Texte und dabei die Wörter der Glücksbringer mit "hm-hm" ersetzen. Die Zuhörer benennen den Glücksbringer.

2. Sprachliche Textarbeit:
- Impuls: *"Warum erzählen die Texte immer von früher?"*
  Unterrichtsgespräch/Ergebnis: Ein Brauch entstand meist vor sehr langer Zeit. Früher glaubten noch viele Menschen an Geister und Zauberei.
- Partnerarbeit: Wörter notieren, die auf Vergangenes schließen lassen, z.B.: Glücksschwein: früher, waren, gab ...
- Partnerarbeit mündlich: *"Aus den Texten erfahrt ihr auch noch einiges darüber, wie die Menschen früher lebten."*

Ergebnis:

Glücksschwein: Viele Menschen waren arm. Fleisch gab es nur selten. Wer ein Schwein besaß, wurde schon als reich bezeichnet.

Schornsteinfeger: Es wurde mit Holz und Kohle geheizt. Die Häuser konnten leicht brennen.

Hufeisen: Viele Menschen glaubten an Hexen. Es gab viele Pferde.

Kleeblatt: Dieser Text erzählt nur von der jetzigen Zeit.

3. Vertiefende Textarbeit:
Unterrichtsgespräch über Aberglauben und magisches Denken (siehe Hinweise zum Text!)
Impuls: *"Glauben wir heute noch daran, daß diese Dinge Glück bringen?"/"Warum verwenden wir sie?"*
Ergebnis: Glücksbringer verschenken bedeutet, jemandem Glück wünschen.

Textproduktion (Alternativen):

1. Für einander Rätsel über einen gewählten Glücksbringer schreiben:
Als multiple-choice-Aufgaben: dreimal unsinnige, einmal richtige Sätze aufschreiben, z.B.:
Der Schornsteinfeger soll Glück bringen,
a) weil seine Kleidung leicht abfärbt.
b) weil er mit seiner Arbeit das Haus vor Brand schützt.
c) weil er ganz oben auf das Dach klettert.
d) weil er immer freundlich grüßt.

2. Unterrichtsgespräch: Was bedeutet "Glück haben"?
Was bedeutet es für dich?
Schriftlicher Sprachgebrauch: Sätze (evtl. auch "Kleeblätter") aufschreiben und an der Tafel in einer Collage sammeln, z.B.:

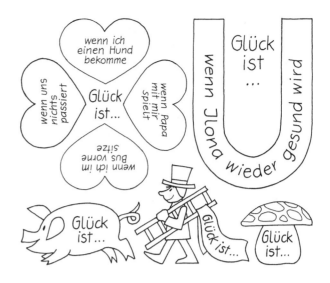

3. Eine Glückwunschkarte mit vielen Symbolen gestalten und
dazu an einen bestimmten Adressaten einen konkreten Wunsch für persönliches Glück schreiben oder
situationsgebundene Glückwünsche anwenden:

Viel Glück !
Herzliche ... Glückwünsche
Ich wünsche Dir ... Glück !

Anschlußstoff:

Guten Morgen in diesem Haus　　　　Text u. Melodie: aus dem Sauerland

2. (Vorsinger): Und ihr Lehrer in diesem Haus!
   (Lehrer): Und wir Lehrer in diesem Haus!
   (Vorsinger): Ei, so wünschen wir ...

3. (Vorsinger): Und ihr Schüler in diesem Haus!
   (Schüler): Und wir Schüler in diesem Haus!
   (Vorsinger): Ei, so wünschen wir ...

4. (Vorsinger): Und ihr Mädchen in diesem Haus!
   (Mädchen): Und wir Mädchen in diesem Haus!
   (Vorsinger): Ei, so wünschen wir ...

5. (Vorsinger): Und ihr Buben in diesem Haus!
   (Buben): Und wir Buben in diesem Haus!
   (Vorsinger): Ei, so wünschen wir ...

6. (Vorsinger): Und ihr Freunde in diesem Haus!
   (Freunde): Und wir Freunde in diesem Haus!
   (Vorsinger): Ei, so wünschen wir ...

aus: Watkinson/Weiß, Das Lied zum Unterricht, Bad Godesberg 1977, S. 297, in: M. Beckstein, Winter in der Grundschule, Oldenbourg Verlag, München 1991

<table>
<tr><td>**Lesebuch**
Seite 58</td><td>**Zwölf mit der Post**
von Hans Christian Andersen</td></tr>
</table>

HINWEISE ZUM TEXT

Der dänische Schriftsteller Hans Christian Andersen (gest. 1805) schrieb seine weltberühmten Märchen ursprünglich für Erwachsene. Ihr bewußt naiver Stil macht sie aber auch für Kinder leicht lesbar und vergnüglich. Die inhaltlich bezogenen Symbole am Rand der beiden Textseiten im Lesebuch erleichtern das Lesen zusätzlich.

Das Märchen "Zwölf mit der Post" beginnt als Rätsel, wobei den Lesern spätestens bei der Bemerkung des Reisenden "... ich bin etwas zu kurz geraten, nur achtundzwanzig Tage lang ..." (S. 58, Zeile 11) deutlich wird, daß es sich bei den zwölf Reisenden um die zwölf Monate handelt. Sie charakterisieren sich durch wörtliche Rede, durch jahreszeitlich gegebene Symbolik und werden in ihrem Auftreten durch kurze Erzählteile zueinander in Beziehung gebracht.

Um inhaltliche Schwierigkeiten vorwegzunehmen, empfiehlt es sich, die historische Situation, das Reisen mit einer Postkutsche, erzählend oder über die Zeichnung an der Kapitelleiste S. 58 beschreibend vorwegzunehmen und ungeläufige Begriffe wie Reisende, Fahrgäste, Pässe, Grenzbeamte vorab mit Vorstellungen zu füllen.

LERNZIELE

- Die Kinder sollen den Text lesen und den Zusammenhang zwischen Monaten und Reisenden verstehen.
- Sie sollen beim Vorlesen die einzelnen Reisenden stimmlich charakterisieren.
- Sie sollen Freude an der Phantasie des Märchens empfinden, die beschriebenen Personen szenisch darstellen und eigene Ideen zur Gestaltung von Monaten entwickeln.
- Sie sollen wörtliche Reden im Text finden und zu den restlichen Monaten Redetexte erfinden.
- Sie sollen Bild und Text vergleichen und ggf. einander zuordnen.

VORSCHLÄGE ZUR UNTERRICHTSGESTALTUNG

Hinführung:

Lehrererzählung (und/oder Bildbetrachtung im Lesebuch S. 58 oben) über das Reisen in einer Postkutsche. Folgende Inhalte sollten in die Erzählung eingeflochten und dadurch vorbereitend erklärt werden: Es war Aufgabe der Post, Reisende zu befördern (Überschrift!)./Reisende kommen an eine Grenzstelle, müssen aussteigen./Sie müssen Grenzbeamten Pässe zeigen. Pässe enthalten Namen und persönliche Angaben (z.B. besondere Merkmale)./Nur nach Überprüfung dürfen sie weiterfahren.
Zitat/Impuls: *"Irgendwo am Ende der Welt ist eine Postkutsche an einer Grenzstelle vorgefahren."*
Vermutungen, wo könnte das sein ...?

Textbegegnung:

- Abschnittweises Erlesen, zunächst Zeile 1–5, dann jeweils den Textabschnitt für einen Monat
- Spätestens beim Februar werden die Kinder erkennen, wer mit den Reisenden gemeint ist. Dadurch kann vor jedem neuen Abschnitt darüber gesprochen werden, was die Kinder für den nächsten Monat an typischen Merkmalen kennen.

Textarbeit:

- Wiederholtes Lesen, wobei parallel dazu an der Tafel Namen und Charakteristika der Reisenden fixiert werden, z.B.:

Tafelanschrift:	Textstelle
Januar: dicker Mann mit Pelzmantel, gibt "Bälle"	(S. 58, Zeile 6)
Februar: vergnügter kleiner Bursch	(Zeile 9)
März: magerer, verfrorener Herr mit Veilchenstrauß	(Zeile 13)
April: zieht Jacke aus und an	(Zeile 17)
Mai: reizende junge Dame trippelt, duftet nach Maiglöckchen, Singvogel auf Hut	(Zeile 20)
Juni und Juli: Schwester und Bruder mit Bade- und leichten Sommersachen	(Zeile 23)
August: dicke, gemütliche Frau, Obsthändlerin mit Limonadenfabrik	(Zeile 26)
September: Maler mit grauem Mantel und schwarzer Mütze mit Farbkasten	(S. 59, Zeile 3)
Oktober: Gutsbesitzer mit Hund, Gewehr und einer Tasche mit Nüssen	(Zeile 5)
November: Fahrgast hustet und niest	(Zeile 9)
Dezember: zarte alte Dame, verrunzeltes Gesicht (Bornsdorfer Äpfelchen) mit Tannenbaum und einem Koffer mit Geschenken	(Zeile 12)

- Lesen der Tafelanschrift, Eintragen der oder einer alternativen Überschrift
- Pantomime: *"Spiel einen Monat als Reisegast stumm vor, die Klasse rät."*
- Leseaufgabe: *"Such dir deinen Lieblingsmonat im Märchen und lies die Textstelle vor!"*

Sicherung (Alternativen):

1. Arbeitsblatt (s. S. 63)/Aufgabenstellungen:
   - Betrachte die Abbildungen der Monate! Lies im Text nach, wie sie heißen! Schreibe den Namen neben das Bild!
   - Im Märchen sprechen einige Reisende direkt. Lies nach und zeichne den sprechenden Figuren Sprechblasen in den Mund!
     Ergebnis: Wörtliche Rede bei Januar, Februar, April, August, September, Dezember
2. Zuordnungsspiele (s. S. 64):
   Ausschneiden von Bildern, Monatsnamen und Textzitaten
   - Zuordnen durch Aneinanderlegen bzw. Kleben
   - Vorder- und Rückseite zur Kontrolle aneinanderkleben/Partnerrätsel
   - Paare für ein Kartenspiel basteln

63

Zuerst kommt ein dicker
Mann in einem Pelzmantel.
„Ich habe es sehr eilig",
sagt er. „Denn ich gebe viele
Bälle, einunddreißig Tage lang."

Der Nächste ist bestimmt ein
Maler. Er hat einen grauen
Mantel an und eine schwarze
Mütze auf dem Kopf. Ein Farb-
kasten ist sein einziges Gepäck.

Dann schiebt sich eine gemütliche
Frau heran. Sie ist Obsthändlerin,
wie sie sagt, und besitzt eine
Limonadenfabrik. „Arbeit und
Brot machen die Wangen rot."

Die beiden Nächsten sind
Geschwister: eine junge Frau
und ihr Bruder. Sie haben
wenig Gepäck bei sich, nur
Badeanzüge und Sommersachen.

Eine zarte alte Dame mit
strahlend blauen Augen hält in
der einen Hand einen Blumentopf
mit einem Tannenbaum,
mit der anderen zerrt sie einen
großen Koffer aus der Kutsche.

Schon drängt ihn der Nächste
mit einem Regenschirm unterm
Arm beiseite. „Warum ziehen
Sie denn dauernd Ihre Jacke
an und aus?", will der
Grenzbeamte wissen.

Aber man kann kein Wort
verstehen, weil der nächste
Fahrgast ununterbrochen
hustet und sich in ein riesiges
Taschentuch schneuzt. Der
Arme kann kaum seinen Pass
vorzeigen vor lauter Niesen.

Der Nächste ist ein vergnügter
kleiner Bursche. „Entschuldigen
Sie", stellt er sich vor, „ich bin
etwas zu kurz geraten, nur
achtundzwanzig Tage lang. Aber
das Leben macht mir Spaß."

„Platz da!", sagt ein Gutsbesitzer
mit Hund und Gewehr und einer
Tasche voller Nüsse. Er erzählt
dem Beamten von der Landschaft.

Jetzt trippelt eine reizende
junge Dame daher. Sie duftet
nach Maiglöckchen und trägt
einen Singvogel auf dem Hut.

Der dritte Herr sieht etwas
mager und verfroren aus.
Aber er trägt einen Veilchen-
strauß im Knopfloch und
lächelt still.

Vertiefung:
- Aufgreifen des letzten Satzes: "Die zwölf können die Reise fortsetzen, ... aber immer nur einer auf einmal."
  "Den Paß behalte ich. Er gilt für jeden einen Monat ..."
- Bezug zur Hinführung: Wo ist denn die Grenze? Unterrichtsgespräch/Ergebnis: Es ist eine erfundene Geschichte. Aus den Monaten wurden Personen. Es ist ein Märchen./Evtl. Kurzinformation über Hans Christian Andersen

Textproduktion (Alternativen):
- Kunsterziehung: den Lieblingsmonat selbst gestalten
- Ein Theater planen/für die Monate März, Mai, Juni, Juli, Oktober, November selbst Sprechtexte erfinden

---

Lesebuch	**Alltag**
Seite 60	von Jürgen Spohn

HINWEISE ZUM TEXT

Der Text schildert in kindgemäßer Weise den Konflikt zwischen dem Wunsch nach mehr Freizeit und der Notwendigkeit zur Arbeit.
Gleichzeitig werden der Wochenablauf und die einzelnen Wochentage thematisiert. Die Geschichte endet mit einer Frage, die zum Nachdenken auffordert. Bei der Beantwortung dieser Frage ist es wichtig, daß die Arbeit nicht nur als notwendiges Übel angesehen wird, sondern auch in ihren positiven Werten erkannt wird. Die Kinder können dafür sensibilisiert werden, daß das Gefühl, durch Arbeit etwas zu leisten, befriedigender sein kann als das Leben mit sehr viel Freizeit.

LERNZIELE

- Die Kinder sollen Ruhe- bzw. Feiertage und Arbeitstage voneinander unterscheiden.
- Sie sollen sich mit dem Verhältnis von Arbeit und Freizeit auseinandersetzen.
- Sie sollen Antworten zu den Fragen am Schluß des Textes finden.

VORSCHLÄGE ZUR UNTERRICHTSGESTALTUNG

Hinführung:
- Konfrontation mit der Überschrift
- Spontanäußerungen zur Antizipation einzelner inhaltlicher Elemente

Erarbeitung:
- Gemeinsames abschnittweises Erlesen und Besprechen
- Verweis auf die Bildreihe unten nach dem Lesen des ersten Abschnitts

Vertiefung:
- Die letzte Zeile wird wiederholt gelesen und an die Tafel geschrieben.

- Die Kinder erarbeiten zunächst in Kleingruppen mögliche Antworten, die dann im Klassenverband vorgestellt und besprochen werden.

Weiterführung:
- Zur Überleitung auf die Besprechung der Bilder von Seite 61 kann auf die Reihe mit Hüten in der Kopfleiste verwiesen werden. Die Kinder können hierzu zum Beispiel aus der eigenen Erfahrung berichten, ob sie auch "Sonntagskleidung" kennen und ob sie diese gern tragen.
- Im Anschluß an die Textarbeit ist die Arbeit mit dem Kalender möglich (siehe dazu auch Karteikarte).

Lesebuch	**Sonntag**
Seite 61	

HINWEISE ZU DEN BILDERN

Auf den vier Bildern wird deutlich, daß der Sonntag nicht für alle Menschen Erholung und Entspannung bedeutet.
Die Familie, die während des Sonntagsausflugs im Gartenrestaurant einkehrt, ist zusammen mit dem Kellner abgebildet, für den der Sonntag aufgrund der Freizeit vieler anderer vermutlich der Hauptarbeitstag ist. Der ebenfalls am Sonntag arbeitende Zugführer hat wahrscheinlich vor allem Fahrgäste im Zug, die in ihrer Freizeit gerade etwas unternehmen. Die Menschen vor der Kirche sind vermutlich keine Touristen, sondern Besucher des Gottesdienstes, der für viele Menschen ein fester Bestandteil des Sonntags ist. Die Notwendigkeit, daß Menschen auch am Sonntag arbeiten müssen, wird im vierten Bild vom Krankenhaus besonders deutlich.

LERNZIELE

- Die Kinder sollen die auf den Bildern dargestellten Situationen versprachlichen.
- Sie sollen dabei erkennen, daß viele Menschen am Sonntag arbeiten müssen, und Gründe dafür nennen.
- Sie sollen über feste Gewohnheiten/Rituale am Sonntag sprechen.
- Sie sollen darüber nachdenken, wie sie selbst den Sonntag gestalten und dabei Alternativen für ein rein rezeptives Verhalten entwickeln.

VORSCHLÄGE ZUR UNTERRICHTSGESTALTUNG

Hinführung:
Unterrichtsgespräch im Anschluß an die Geschichte "Alltag" auf der Nebenseite: *"Ist wirklich allen Menschen der Sonntag am liebsten?"*

Textbegegnung:
Die Kinder können mit den vier Bildern gleichzeitig konfrontiert werden. Sie müssen dabei genug Zeit erhalten, um sie sich zunächst allein möglichst intensiv anzuschauen.

Texterarbeitung:
Vor dem gemeinsamen Gespräch kann sich jedes

Kind mit einem Partner über die Bilder unterhalten. Für die ersten Äußerungen im Klassenverband wird eine Reihenfolge zunächst nicht festgelegt. Jedes Kind darf sich zu dem Bild äußern, zu dem es aufgrund seiner eigenen Erfahrungen auch wirklich etwas zu sagen hat. Sicherlich werden auch Kinder in der Klasse sein, bei denen ein Elternteil am Sonntag arbeiten muß. Erst im Anschluß an die freien Äußerungen werden die Bilder gezielt durch Leitfragen und durch Aufgreifen vorheriger Schüleräußerungen zu den o.a. inhaltlichen Schwerpunkten besprochen.

Übertragung:
Auch wenn der Schwerpunkt der Erarbeitung beim Thema ''Berufstätigkeit am Sonntag'' liegt, kann doch auch das eigene Verhalten der Kinder am Sonntag reflektiert werden. Dabei können Möglichkeiten zur aktiven und kreativen Gestaltung gefunden werden.

Lesebuch Seite 62	**Und jeden Samstag baden** von Jutta Richter

HINWEISE ZUM TEXT

Die Geschichte ist zwar relativ lang, aber der Text ist überschaubar und in kurze Abschnitte gegliedert. Die Sprache wechselt zwischen kurzen und einfachen Sätzen und etwas schwierigeren Satzkonstruktionen. Der inhaltliche Zusammenhang zum sachunterrichtlichen Themenbereich ''Früher und heute'' ist offensichtlich. Durch die detaillierte Beschreibung erhalten die Kinder viele Informationen über Aspekte aus dem Leben ihrer Großeltern. Dabei wird deutlich, wie Nachteile im Komfort von der Erzählerin als Kind nicht empfunden wurden, im Gegenteil eher als Vorteile angesehen wurden, weil sie Möglichkeiten eröffneten, die mit der scheinbar besseren Lebensqualität nicht mehr gegeben waren.
Hier sind Übertragungen möglich, zum Beispiel auch auf den Bereich ''Draußen spielen''. Es gibt zwar hochtechnisiertes Spielzeug, aber die realen Spielgelegenheiten und die Möglichkeiten zum kreativen Handeln sind erheblich eingeschränkt.
Über den geschichtlichen Aspekt hinaus werden noch andere sachunterrichtliche Bereiche angesprochen: ''Leben in der Familie'' und ''die Entwicklung vom Kind zum Jugendlichen''. Die unkomplizierte Art der Schilderung im vorliegenden Text wird es ermöglichen, auch diese Gesichtspunkte aufzugreifen.

LERNZIELE

- Die Kinder sollen die Freude des Mädchens am Bad im Keller nachempfinden.
- Sie sollen verstehen, warum das Mädchen in der neuen Wohnung nicht mehr mit dem Vater baden will.
- Sie sollen überlegen, warum der Vater annimmt, daß sich das Mädchen schämt.

- Sie sollen die Vor- und Nachteile der beiden Wohnungen miteinander vergleichen.
- Sie sollen Beispiele aus anderen Bereichen nennen, bei denen deutlich wird, daß Fortschritt nicht nur Vorteile, sondern häufig auch Nachteile mit sich bringt.

VORSCHLÄGE ZUR UNTERRICHTSGESTALTUNG

Hinführung:
- Unterrichtsgespräch über Spaß bzw. Erlebnisse beim Wannenbaden
- Vermutungen zur Überschrift
  Impuls: *''Und zu diesem Thema steht eine zwei Seiten lange Geschichte im Lesebuch. Was mag da wohl passieren?''*

Textbegegnung:
- Vorlesen bis ''Es gab nämlich nichts Schöneres, als mit meinem Vater im Keller zu baden.'' (S. 62, Zeile 17)
- Differenziertes Lesen bis zum Ende:
  Gute bis durchschnittliche Leser lesen selbständig fertig.
  Arbeitsaufgabe zum Ausgleich des Lesetempos:
  ''Betrachte die Bildchen an den Seitenrändern! Was haben sie mit der Geschichte zu tun?''
  Schwächere Leser lesen (evtl. mit Lehrer) von Seite 62, Zeile 17 bis Seite 63, Zeile 7. Der restliche Teil wird wieder vorgelesen.
- Freie Aussprache
- Erklären der kleinen Zeichnungen an den Seitenrändern, wobei der Inhalt der Geschichte in großen Zügen wiedergegeben wird.

Textarbeit:
1. Präsentation eines Bildes von einem alten Bad (evtl. OHP)
   - Freie Aussprache/Zuordnen der erlesenen Informationen/evtl. Beschriften des Bildes: Keller, Wasserkessel, Feuer, Decke an Wäscheleine, braune Wolldecke, Sieb
   - Wiederholtes Lesen der Szene im alten Badezimmer
   - Impuls: *''Eine wichtige Rolle spielt auch die braune Wolldecke.''*

2. Aufdecken eines Bildes von einem modernen Badezimmer (OHP)
   - Freie Aussprache/Zuordnen der erlesenen Informationen
   - Wiederholtes Lesen des zweiten Teiles der Geschichte
   - Lesen dieses Abschnitts mit verteilten Rollen

3. Vergleich der beiden Badezimmer im Bild
   - Vergleich aus der Situation der Geschichte, dazu vom Spiel bzw. verhinderten Spiel erzählen
   - Partnerarbeit/schriftlich: *''Sucht aus der Geschichte für jedes Badezimmer einen Satz, der paßt!''* (Seite 62, Zeile 17 und Seite 63, Zeile 21)

4. Unterrichtsgespräch: Klären des letzten Satzes.

Weiterführende Spracharbeit am Text: siehe Kopiervorlage S. 67

In der Geschichte findest du sehr viele zusammengesetzte Namenwörter.

Seite 62

Keller	blase
Fluss	decke
Bade	kessel
Wasser	leine
Wäsche	wanne
Woll	pferd
Wannen	rand
Luft	boden

Seite 63

Treppen	decke
Woll	haus
Bade	schrei
Flusspferd	boden
Wasser	zimmer
Fuß	mann

1. Bilde die passenden zusammengesetzten Namenwörter.
2. Schreibe sie in der Reihenfolge auf, in der sie in der Geschichte wichtig sind.

3. Kapitel   Jahreszeiten und Feste

Lesebuch   **Herbst**
Seite 64-73

Die Jahreszeiten mit ihren Festen und Bräuchen beinhalten in ihrem Erlebnisgehalt für Kinder hohe emotionale Qualität. Texte zum Brauchtum sowie auch Texte zu der sich jahreszeitlich darstellenden Natur leisten einen wesentlichen erzieherischen und informativen Beitrag für Unterricht und Schulleben.

Die Sensibilisierung für die Schönheit der Natur, Impulse zum genauen Betrachten und eine Vermittlung des Staunens sind sicher effektive Möglichkeiten einer Umwelterziehung. Gerade das Wahrnehmen der Natur ist den Kindern heute nicht mehr selbstverständlich gegeben und läßt sich gut über die Wirkung und das Nachempfinden lyrischer Gedichte anregen. Das Kapitel enthält Texte zu folgenden Themenschwerpunkten:

Brauchtum:
Das Bauernlied S. 64 (Erntedank, 1. Sonntag im Oktober)
Spiellied vom Heiligen Martin S. 73 (11. November)

Natur im Herbst:
Goldene Welt, S. 67

Jahreskreislauf:
Die Blätter an meinem Kalender S. 65
Rätsel S. 66

Herbstwind:
Der Wind vor dem Richter S. 68
Herbstwind S. 70, Fliegende Hüte S. 71

Schlechtes Herbstwetter:
Novemberwetter S. 73

Die Textsortenvielfalt der Angebote in diesem Kapitel läßt sich im ergänzenden Lesen oder durch kleine Projekte (eigenes Sammeln und zielgerichtetes Schmökern) noch erweitern (siehe Kommentare zu den einzelnen Texten).

HINWEISE ZUM TEXT

Matthias Claudius (1740–1815) fand in Erzählungen und vor allem in seiner Lyrik einen eigenen frommen, gemütstiefen und kindlichen Ton. Aus seiner Feder stammt auch der bekannte Liedtext "Der Mond ist aufgegangen".

In dem Gedicht "Das Bauernlied" preist er Gott als Schöpfer aller Dinge, wobei die ausgewählten Kontraste in den Aufzählungen den Begriff "alles" veranschaulichen: nah und fern, Strohhalm und Sterne, Sperling und Meer ... In der letzten Strophe klingt die Sorge Gottes für alle seine Kinder an. Er schenkt ihnen Freude, Gesundheit ("frisch und rot") und Nahrung. Die Feier eines Erntedankfestes bietet gute Anknüpfungspunkte zum Lesen dieses Gedichtes. Dankbarkeit ist eine christliche Grundhaltung. "Ein Christ weiß sich nicht aus eigener Kraft lebend, sondern letztlich von Gott gehalten und getragen ... Alle Religionen kennen Feste als Dank für die Früchte der Erde. Menschen erfahren das Wachstum der Nahrung und den Reichtum der Ernte als Geschenk, zu dem sie zwar durch eigene Arbeit beitragen müssen, das aber letztlich nicht von ihnen abhängig ist." (Aus: H.J. Frisch, Menschwerden, 2. Handreichung für Religionslehre, Freiburg, Basel, Wien 1989) Die Überschrift des Gedichtes verweist auf das bäuerliche Leben mit engem Naturbezug und einem damit verbundenen Staunen vor der Schöpfung. Vielen Kindern fehlen diesbezügliche Erfahrungen. Es ist deshalb wichtig, sie zu einer Haltung des Staunens anzuregen und ihnen nahezubringen, daß nicht alles selbstverständlich und machbar ist.

Die Reime des Gedichtes unterstützen das Memorieren, wobei die Endreime der zweiten Strophe nur akustisch stimmig sind: Blätter – Wetter, ihm – ungestüm.

Mit der altertümlichen Sprachform "kömmt" läßt sich der Hinweis auf die Entstehung des Gedichtes (vor ca. 200 Jahren) verknüpfen.

LERNZIELE

- Die Kinder sollen Bild- und Textinhalt zueinander in Beziehung setzen und vergleichen.
- Sie sollen die Aufzählungen zusammenfassen und sie letztlich als "alles" verstehen.
- Sie sollen den Zusammenhang zwischen Gedicht und seiner Überschrift finden.
- Gedanken des Erntedanks und des Staunens über meist Selbstverständliches sollen besinnenden Ausdruck finden.
- Die Schüler sollen Gedichte, Lieder und Gebete zum Erntedank suchen.

VORSCHLÄGE ZUR UNTERRICHTSGESTALTUNG

Hinführung:
- Unterrichtsgespräch zu Erntedank als Abschluß

des bäuerlichen Jahres, evtl. Betrachten eines Gabentisches mit Herbstfrüchten
- Antizipation des Textinhaltes: Betrachten der Illustration/Vermutungen zur Überschrift

Textbegegnung:
- Vortragen des Gedichtes/Freie Aussprache
- Wiederholtes Lesen/Unterrichtsgespräch in Bezug auf die vorausgegangenen Vermutungen

Textarbeit:
- Bild- und Textvergleich/Impuls: *"Kommen alle abgebildeten Dinge auch im Gedicht vor?"* Ergebnis: Trauben erscheinen als "Obst", Brot, Korn, Blätter, Himmel werden wörtlich genannt. Impuls: *"Was bedeutet der runde weiße Fleck?"* / Vorlesen der dritten Strophe
- Sprachliche Bilder umsetzen/Arbeitsaufgabe (PA): *"Welche Dinge, die im Gedicht aufgezählt werden, könnte man noch in ein Bild aufnehmen?"* Ergebnis: Strohhalm, Sterne, Sperling, Meer, Büsche, Wettersymbole, Schnee, Sonne, Mond, Himmel, Vieh, Weide Impuls: Vorlesen der beiden ersten Gedichtzeilen/ *"Gehören die Kinder auch dazu?"*

Vertiefende Textarbeit:
- Unterrichtsgespräch mit folgenden Schwerpunkten: Gott als Schöpfer/Was wäre, wenn es ... nicht gäbe?/Was würde das für die Bauern bedeuten?/ Was würde es für uns bedeuten?
- Warum heißt das Gedicht "Bauernlied"? Hat es auch für uns Bedeutung?
- Bekommen alle Kinder Brot?

Kreative Weiterarbeit (Alternativen):
- Zeichnerisches Konkretisieren der Textaussage: "Was (mir) nahe ist und ferne ..."
- Formulieren eines Gebetes
- Sammeln von Gedichten, Liedern, Texten zum Thema Erntedank

Anschlußstoffe:

Erntedankgebet

Ich habe satt zu essen
und Schuh und Kleider auch
und Menschen, die mich lieben,
und was ich sonst noch brauch.

Ich dank dir, Gott, für alles,
du machst mich reich und froh.
Doch laß mich nicht vergessen,
daß Kinder anderswo

vielleicht am Abend weinen
und hungrig sind und arm.
Gott, du kannst vieles machen:
gib, daß sie wieder lachen,
und mach sie satt und warm.   *Renate Schupp*

Danke . . . . . .

Text und Melodie:
Martin G. Schneider

1. Dan-ke für die-sen gu-ten Ap-fel. Dan-ke für je-des Stück-chen Brot.

Dan-ke, daß wir als dei-ne Kin-der lei-den kei-ne Not.

2. Danke für die reiche Ernte, Danke für unser täglich' Brot.
Du hast alles wachsen lassen, danke guter Gott.

3. Danke für alle schönen Tage, danke für jeden Sonnenstrahl.
Danke für deine guten Gaben, alle ohne Zahl.

4. Danke für alle Regentage, danke, du gabst der Freuden viel.
Danke für unser Singen, Tanzen und das frohe Spiel.

aus: S. Bairlein/Ch. Junker/M. Reichgeld, Herbst in der Grundschule, Prögel Praxis, Oldenbourg Verlag, München 1991

(Quelle unbekannt)

Lesebuch	**Die Blätter in**
Seite 65	**meinem Kalender**
	von Peter Hacks

HINWEISE ZUM TEXT

Die vier Strophen des Gedichts sind jeweils einer
Jahreszeit zugeordnet. Der Autor macht hier in
kindgemäßer Weise deutlich, daß die Jahreszeiten
nicht nur durch den Kalender bestimmt werden,
sondern daß sie ursprünglich in der Natur erfahrbar
sind.
Das Wort "Blatt" wird hier in doppelter Bedeutung
gebraucht. Dabei können die Kinder erkennen, daß
das Blatt in der Natur bedeutsamer in seiner Beziehung zum Jahresablauf ist als das Blatt im Kalender,
das den Verlauf des Jahres nur formal angibt.
Die vierte Strophe unterscheidet sich formal und
inhaltlich von den drei vorhergehenden. Sie besteht
als einzige aus zwei Sätzen, und das Versmaß wechselt. Dieser Wechsel wird bereits in der letzten Zeile
der dritten Strophe angebahnt. Diese Zeile besteht
nur noch aus den zwei Wörtern (bums, ab). Die
Blätter sind abgefallen, also ist es nur logisch, daß die
Strophe inhaltlich und formal nicht weitergeführt wird.
In der vierten Strophe wird auf die Blätter kein direkter
Bezug mehr genommen; es hat sich "auskalendert",
d.h., die Blätter sind nicht mehr da. Statt dessen tritt
jetzt der Autor in der Ich–Form auf. Er sitzt und wartet
auf die neuen Kalenderblätter des Frühlings. Das
passive Verhalten entspricht der Tatsache, daß der
Jahresablauf vom Menschen nicht aktiv beeinflußt
werden kann.

LERNZIELE

- Die Kinder sollen erkennen, daß die Natur besser
  als jeder Kalender die Jahreszeit bestimmt und an-
  zeigt.
- Sie sollen die doppelte Bedeutung des Wortes
  "Blatt" verstehen.
- Sie sollen den Text gestaltet vortragen können.

VORSCHLÄGE ZUR UNTERRICHTSGESTALTUNG

Hinführung (Alternativen):
- Tafelanschrift: *Die Blätter in meinem Kalender*,
  daneben ein großer Abreißkalender
  Spontanäußerungen der Kinder antizipieren zum
  Teil Elemente des Textes und ermöglichen das
  Einbringen von Vorwissen zum Kalender und zum
  Jahresablauf.
- Tafelbild: Anheften von echten Blättern und
  Kalenderblättern

Dadurch wird das Wortspiel vorbereitet und in der
Antizipation der Vergleich angeregt.

Textbegegnung:
- Lehrervortrag
- Die Kinder schildern anschließend erste Eindrücke
  und stellen Bezüge zum zuvor Besprochenen her.

Textarbeit:
- Gemeinsames strophenweises Lesen mit jeweils
  anschließender Besprechung. Dabei darf der
  Schwerpunkt nicht bei der Erarbeitung formaler
  Merkmale liegen, sondern es muß immer wieder
  versucht werden, die Beziehung zum eigenen Er-
  leben der Kinder herzustellen.
- Jede Strophe kann nach ihrer Besprechung mehr-
  mals gestaltend gelesen werden.
- Erarbeitung eines Tafelbildes:
  Impuls: Jahreszeiten und Monate eines Kalenders
  notieren/dazu passende Textstellen suchen
  Hinweis auf Sprachschöpfungen: Märzensonnen-
  schein/bums, ab/auskalendern

Die Blätter an meinem Kalender	
Frühling März April Mai	klein goldene Ränder im Märzen- sonnenschein
Sommer Juni Juli August	grüner, fest Nest versteckt sich
Herbst September Oktober November	Sie fallen bums, ab
Winter Dezember Januar Februar	es hat sich auskalendert

Anregungen zur Kunsterziehung:
Blätterdruck: Dazu wird die Blattrückseite mit Wasserfarben dick eingestrichen und mehrmals abge-
druckt.

HINWEISE ZUM TEXT

Das Rätsel beschreibt das Wachsen eines Apfels von der Blüte "rosenrot" bis zur Frucht "reif und rund". Impulse zur Lösung bietet auch die Illustration. Die beiden letzten Zeilen enthalten als "Rat" eine Zusammenfassung der Angaben.

In sprachlicher Hinsicht fallen die Paarreime auf, wobei lediglich die gleichen Wortsegmente veranschaulicht werden sollen. Außerdem bietet der Text Gelegenheit, die durch den Rhythmus begründeten Verkürzungen "leuchtet's" und "gibt's" zu erläutern. Die Kinder sollen jedoch lediglich erfahren, daß diese Formen in Gedichten verwendet werden (rhythmisches Klatschen gelingt dadurch besser) und aufmerksam werden, daß im mündlichen Sprachgebrauch Wörter miteinander verbunden werden. Der Veranschaulichung bedarf die Angabe "und wiegt zu dritt ein Pfund."

Der Begriff "Volksgut" kann erklärt und durch weitere geläufige Beispiele (vor allem Rätsel und Kinderlieder) ergänzt werden.

LERNZIELE

- Die Kinder sollen das Rätsel hörend aufnehmen und Lösungen suchen.
- Sie sollen im eigenen Lesen ihre Lösungen überprüfen und ihre Stimmigkeit mit Textzitaten belegen.
- Sie sollen entdecken, daß das Rätsel das ganze Apfeljahr beschreibt.
- Für den Winter sollen sie sich selbst einen Satz überlegen.
- Sie sollen den Text wiederholt vorlesen und überprüfen, ob nicht eine der abgebildeten Früchte ebenfalls als Lösung geeignet ist.
- Am Begriff "Volksgut" sollen sie verstehen, daß Rätsel, Reime und manche Lieder immer weitererzählt werden, weil sie den Menschen gefallen.

VORSCHLÄGE ZUR UNTERRICHTSGESTALTUNG

Arbeitsmaterial: Bild von Apfelblüten, falls das Rätsel nicht im Frühling gelesen wird (Sachbuch), Früchte gemäß der Abbildung, drei Äpfel, Waage mit Pfund-Gewicht

Hinführung:
Ankündigung eines Rätsels

Textbegegnung:
Vortragen des Rätsels/Vermutungen zur Lösung/ Gemeinsames lautes Lesen als Verifikation

Textarbeit:
- Vorgeschlagene Lösung – vermutlich "der Apfel" – an jedem Textabschnitt überprüfen. Dabei erfolgen auch inhaltliche Klärungen, z.B.:
  "... leuchtet's rosenrot": Bild von Apfelblüte
  "reichlich Brot" für die Bienen: Brot nicht wörtlich genommen

"... grün und klein", "... kaum beachtet ...": Entwicklung der Frucht
"zu dritt ein ganzes Pfund" wiegen: Vergleichsgewicht suchen (ein halbes Brot) oder wiegen
- Im Überprüfen feststellen, daß die beiden letzten Zeilen bereits Genanntes wiederholen, wenn auch als Aufzählung von Stichwörtern
Tafelanschrift: rosenrot
         grün und klein
         reif und rund
Im Unterrichtsgespräch Jahreszeiten ergänzen
- Impuls: *"Und was ist im Winter?"*

Textproduktion:
Einen Satz für den Winter finden
- Impuls: *"Könnte nicht doch auch die Birne gemeint sein?"*
Wiederholtes Lesen, Herausfinden unpassender Angaben, ebenso bei Tomate und Zwiebel
- Impuls: *"Im Lexikon habe ich die Wörter 'leuchtet's' und 'gibt's' nicht gefunden."*
Sprechen des Gedichts mit rhythmischer Untermalung (Klatschen, Gehen, Klangstäbe), dabei wird spürbar, daß Sprechen und Rhythmus bei den zusammengezogenen Wörtern stimmiger sind.

Weiterführende Textarbeit:
- Lesen der eigenen Winterzeilen/Impuls: *"Wer hat das Rätsel geschrieben?"*/Klären des Begriffs "Volksgut"/Suchen von "Volksgut" aus Büchern
- Weitere Rätsel sammeln, z.B.:
  Erst weiß wie Schnee,
  dann grün wie Klee.
  Ist rot wie Blut,
  schmeckt allen Kindern gut.

HINWEISE ZUM TEXT

In dem naturlyrischen Gedicht führt Georg Britting die Leser in die goldene Welt eines Herbsttages. Sinnenfroh und bildhaft zählt er, wie in einer Momentaufnahme, golden leuchtende Dinge auf: Die Sonne, das Stoppelfeld, die Sonnenblume, das Kreuz. In bildhafter Sprache vermittelt der Autor gleichermaßen sein Staunen und sein Genießen. Er erzählt von der Sonne, "die durch das Blau hinrollt", und von der Sonnenblume, "schläfrig am Zaun". Sie hat wohl den Kopf geneigt in voller Frucht. Nach diesen Aufzählungen (nach dem Punkt) steht plötzlich der Apfel im Mittelpunkt des Interesses. "Ob er hält? Ob er fällt?" Das Gedicht bekommt Spannung, die sich durch das Auftreten des Windes in Bewegung umsetzt. Der Apfel fällt und zwar in die goldene Welt. Damit schließt sich der Kreis, der Dichter führt den Leser wieder in die Ausgangssituation zurück. Das Gedicht eignet sich sehr gut zu lautmalerischer

Gestaltung: Im Spiel mit dem Laut [o], "alles ist Gold", kommt eine feierliche staunende Grundstimmung zum Ausdruck. Spannung läßt sich über die [ä]-Laute gestalten, während die Anhäufung der [i]-Laute in den beiden letzten Zeilen die Bewegung spürbar macht.

LERNZIELE

– Die Kinder sollen für die goldene Welt im Herbst sensibilisiert werden und sie bewußt wahrnehmen.
– Sie sollen das Staunen und die Freude des Dichters an der Natur spüren und sein Entdecken nachvollziehen.
– Sprachliche Bilder sollen ihnen auffallen und ihr Sinn aus dem Kontext verständlich werden.
– Die Schüler sollen das Gedicht klanggestaltend vortragen und mit den Vokalen spielen.
– Sie sollen Herbstgedichte vergleichen.

VORSCHLÄGE ZUR UNTERRICHTSGESTALTUNG

Hinführung:
– Vermutungen zur Überschrift: Wahrscheinlich erwarten die Kinder eine ungewöhnliche Welt
oder
– Lehrererzählung von einer Herbstwanderung mit der Entdeckung *"Es ist ja alles aus Gold."*/ Impuls: *"Was könnte der Wanderer gesehen haben?"*

Textbegegnung:
Vortragen des Gedichts/Freie Aussprache/Bezug zu den Vermutungen

Textarbeit:
– Lautes Lesen und dabei stimmlich hervorheben, was dem Dichter an diesem Herbsttag besonders gefallen hat
– Bildbetrachtung/Impulse: *"Ist es eine goldene Welt?"*/*"Paßt das Bild zum Text?"*/*"Was ist nicht im Bild dargestellt?"*
Klären des Begriffs "Stoppelfeld"
– Umsetzen der sprachlichen Bilder/Impulse: *"Was denkt der Dichter über die Sonne, über die Sonnenblume?"*/*"Was sieht er wohl?"*
– Lesen des Gedichts, in der Aufzählung das Staunen zum Ausdruck bringen
– Impuls: *"Ich kann mir gut vorstellen, daß der Dichter langsam durch die goldene Welt geht und schaut. Doch plötzlich bleibt er stehen. Er entdeckt etwas."*
– Lesen des Gedichts, ein Kind bewegt sich parallel dazu und spielt das Aufmerksamwerden auf den Apfel.
– Chorlesen der beiden letzten Zeilen, den Wind, die Bewegung dabei stimmlich gestalten

Kreative Umsetzung:
– Klanggestaltendes Lesen bzw. Vortragen des Gedichts
– Malen einer leuchtenden Sonnenblume am Zaun
– Abschreiben des Gedichts und die "goldenen Dinge" im Text durch Zeichnungen ersetzen
– Beobachtungsaufgabe: An einem sonnigen Herbsttag goldene Dinge entdecken

Weiterführende Textarbeit:
Vergleich mit der Herbststrophe des Gedichts "Die Blätter an meinem Kalender" S. 65 (dritte Strophe)

Lesebuch Seite 68	Der Wind vor dem Richter von Oskar Dreher

HINWEISE ZUM TEXT

Der Text eignet sich hervorragend zum Lesen mit verteilten Rollen und zum Nachspielen. Hier wird in kindgemäßer und humorvoller Weise am Beispiel des Windes aufgezeigt, daß die meisten Dinge von zwei Seiten her betrachtet werden können und damit, abhängig von der jeweiligen persönlichen Betroffenheit, unterschiedlich empfunden und erlebt werden. Übertragungen auf andere Naturereignisse (z.B. Regen, Sonne, Schnee) sind von den Kindern relativ leicht herzustellen. Eventuell kann aber auch bereits die Ambivalenz vieler vom Menschen erfundenen bzw. entwickelten Dinge (Auto, Fernsehen etc.), die man als Fortschritt und Zivilisation bezeichnet, angesprochen und in einer weiterführenden Stunde thematisiert werden. Die Aufteilung in Kläger und Richter, also das einfache Pro- und Kontra-Schema, kann auch hier helfen.

LERNZIELE

– Die Kinder sollen den Text mit verteilten Rollen lesen.
– Sie sollen Elemente des Textes auswendig lernen und ein Spiel gestalten.
– Sie sollen den Nutzen und die Gefahren des Windes erkennen.
– Sie sollen diese Einsicht von Ambivalenz auf andere Dinge übertragen.

VORSCHLÄGE ZUR UNTERRICHTSGESTALTUNG

Hinführung:
Tafelanschrift: *Der Wind vor dem Richter*
Die Kinder stellen Vermutungen über den Textinhalt an. Klären des Begriffs "Richter" und in diesem Zusammenhang auch Begriffe und Funktionen von "Kläger", "Zeuge", "Angeklagter" klärend einfließen lassen.

Textbegegnung:
1. Teil
Acht Kinder (möglichst die leistungsstärkeren Leser) erhalten je einen Papierstreifen, auf dem jeweils der Satz eines Klägers steht. Die Kinder kommen nach vorne, der Lehrer liest als Richter die erste Frage, die Kinder lesen ihre Klagen vor. Die Klagen werden gemeinsam besprochen. Dabei können die Kinder eigene Erfahrungen miteinbringen.
2. Teil
Der Lehrer übernimmt wieder die Rolle des Richters und stellt die zweite Frage (S. 68 unten). Die Kinder nennen zunächst gelöst vom Text Situationen, in

denen sie den Wind als angenehm und hilfreich erlebt und empfunden haben.

Die Textrezeption des zweiten Teils (S. 69) kann dann individuell durch stilles Erlesen erfolgen. Die Textaussagen werden danach mit den zuvor gesammelten Schüleräußerungen verglichen.

Textgestaltung:
Der Text kann, nachdem er mehrmals mit verteilten Rollen gelesen wurde, auch als Spiel geplant werden. Die entsprechenden Utensilien dafür sind leicht zu beschaffen und erleichtern den Kindern den Vortrag erheblich.

Textproduktion:
Als Übertragung können die Kinder in Gruppenarbeit selbst einen Text erstellen: "Die Sonne vor dem Richter" oder "Der Schnee vor dem Richter".

ERGÄNZENDER HINWEIS

Bei der Behandlung des Textes sollte ein enger Bezug zum Gedicht "Herbstwind" (S. 70) sowie zu der Bildergeschichte "Fliegende Hüte" (S. 71) hergestellt werden (siehe dazu auch den entsprechenden Lehrerkommentar).

Lesebuch	**Herbstwind**
Seite 70	von Günter Ullmann

HINWEISE ZUM TEXT

Die inhaltliche Aussage des Gedichts deckt sich zum Teil mit der des Textes "Der Wind vor dem Richter" (S. 68). Auch hier werden positive und negative Seiten des Windes aufgezeigt. Während die Geschichte (S. 68) aber eher rationale Argumente für und gegen den Wind nennt und schließlich mit der Akzeptanz des Windes in seinen guten und bösen Eigenschaften endet (wir wollen ihn weiter blasen lassen) wird im Gedicht vor allem die Emotionalität des Lesers angesprochen. Wind wird insgesamt als positives Erlebnis von Natur dargestellt. Auch die genannten unangenehmen Eigenschaften (reißt den Hut vom Kopf, schüttelt die Bäume) werden mit angenehmen Empfindungen (Spaß, guter Geruch der Blätter) verbunden.

Das Gedicht ist damit ein gutes Beispiel, wie der gleiche Inhalt durch eine andere Textsorte eine andere emotionale Wertigkeit erhält. So bietet sich zur inhaltlichen Weiterführung ein Vergleich der eher sachlichen Pro- und Kontra-Verhandlung vor dem Richter und dem gefühlsmäßigen Erleben des im Gedicht geschilderten Herbsttages an.

Als dritte, davon völlig unterschiedliche Textsorte kann dann die Bildergeschichte von Loriot (S. 71) herangezogen werden. Darüber hinaus bietet es sich auch noch an, als vierte Textsorte eine der zahlreichen Zeitungsmeldungen zu den Herbststürmen, wie sie jedes Jahr wieder zu finden sind, heranzuziehen. In kindgemäßer Weise können so unterschiedliche Intentionen, Aussagen und Stilmittel der verschiede-

nen Textsorten erfahrbar gemacht werden, ohne daß die Arbeit dabei formalen Charakter bekommt.

LERNZIELE

- Die Kinder sollen das Gedicht klanggestaltend lesen.
- Sie sollen erkennen, daß das Gedicht vor allem die Gefühle und Empfindungen des Lesers anspricht.
- Sie sollen den Text mit der Geschichte "Der Wind vor dem Richter" in Hinblick auf die inhaltliche Aussage, die Intention des Schreibers und die verwendeten sprachlichen Mittel vergleichen.
- Sie sollen diesen Textvergleich eventuell erweitern durch Heranziehen der Bildergeschichte von Loriot (S. 71) und einer Zeitungsmeldung.

Textbegegnung:
- Individuelles, stilles Erlesen des Textes

Textbearbeitung:
- Gemeinsames Lesen von jeweils zwei Zeilen mit anschließender kurzer Besprechung
- Partnerarbeit: leises gegenseitiges Vorlesen
- Vorleseübungen im Klassenverband

Vertiefung:
- Hinweis auf den Text "Der Wind vor dem Richter" Vergleich der Wirkung der beiden Texte auf den Leser
- Vergleich mit einer Zeitungsmeldung "Herbststürme richteten großen Schaden an"

Lesebuch	**Fliegende Hüte**
Seite 71	von Loriot

HINWEISE ZUR BILDERGESCHICHTE

Loriot, eigentlich Vicco von Bülow (geb. 1923), ist als Schöpfer der Figuren mit der Knollennase oder als Schauspieler manchen Kindern vielleicht durch das Fernsehen bekannt.

Er ist ein Meister der Beobachtung und Karikatur alltäglicher Situationen. Mit leiser, aber nicht minder treffender Ironie überzeichnet er allzu Gewohntes und führt es dem Leser wie in einem Spiegel vor.

Die Bildszene bietet sich im Unterricht dazu an, neben dem Verbalisieren der Handlung und dem Erfassen des darin enthaltenen Witzes die Kinder anzuregen, eine passende Überschrift zu suchen und Ausrufe oder Kommentare für die Figuren zu erfinden. Es sollte jedoch unbedingt darauf geachtet werden, daß die Pointe nicht zerredet wird und auch die wörtlichen Reden dem Stil Loriots treu bleiben: knapp, aber treffend, z.B. für das 4. Bild: "Na, wo wart ihr denn?" Zu den Bildern 1 bis 3 könnte auch der Wind sprechen, z.B. "Los, meine Herren!"

Die Bilderszene eignet sich auch gut, vergleichend zum Rollenspiel S. 68 oder zum Gedicht S. 70 betrachtet zu werden.

In einer Weiterführung können die Kinder eine Collage mit Herbsttexten, -bildern und -liedern gestalten. Sie können aber auch eine kleine Ausstellung zum Thema "Loriot" machen.

HINWEISE ZUM TEXT

Mit lautmalerischen Mitteln beschreibt James Krüss in dem Gedicht ein Novemberwetter mit Matsch, Schlamm und Dreck. Der spielerische Charakter wird durch die Wiederholungen am Ende jeder Strophe noch verstärkt. Sie verleiten auch zum spontanen Mitsprechen und Memorieren.
Im Unterricht empfiehlt sich eine Verknüpfung mit ähnlichen wetterbedingten Erlebnissen und Beobachtungen. Im Mittelpunkt der Textbetrachtung stehen der Spaß am sprachlichen Entdecken und die Gestaltung des Vortrags.
Hinweise zum Autor siehe Lehrerkommentar S. 4.
Weitere Gedichte von James Krüss siehe Lesebuch S. 3 und S. 6.

LERNZIELE

- Die Kinder sollen sich das beschriebene Novemberwetter vorstellen können.
- Sie sollen entdecken, daß die Lautmalerei Vorstellungshilfe leistet.
- Sie sollen im Gedicht Wiederholungen und Veränderungen finden.
- Die Schüler sollen sich in die Situation des Autors hineinversetzen und seine eventuellen Beobachtungen als Anlaß seines Schreibens vermuten.
- Sie sollen Spaß am Lesen, Vortragen und Memorieren des Gedichts erfahren.

VORSCHLÄGE ZUR UNTERRICHTSGESTALTUNG

Hinführung:
Unterrichtsgespräch über ähnliche Wettererfahrungen bzw. -beobachtungen

Textarbeit:
- Vortragen des Gedichtes
  Lautes Lesen; so gestalten, daß man den Matsch hört; gemeinsames Lesen der Wiederholungen am Ende jeder Strophe
- Partnerarbeit, evtl. schriftlich: Notieren der veränderten Wörter in den Wiederholungen
  Tafelanschrift: Novembermatsch
                 Novemberschlamm
                 Novemberdreck
  Zusammenfassung der drei Begriffe durch die Überschrift: Novemberwetter
- Lautes Lesen, wobei die lautmalerischen Elemente im Chor gelesen werden
  Lautmalerei den Begriffen an der Tafel zuordnen
- Lautes Lesen, Kinder spielen den Textinhalt pantomimisch
- den Begriff "waten" und das unterschiedliche Verhalten der "Damen" und "Herren" in der zweiten Strophe mit Inhalt füllen
- Unterrichtsgespräch: *"Warum sieht der Hund nach dem Tollen im Dreck wie ein Igel aus?"*

Vertiefung:
"Was hat der Dichter wohl erlebt, als er das Gedicht schrieb?"

Tafelbild:

Novemberwetter	
Novembermatsch	– klitsch, klitsch, klatsch
Novemberschlamm	– plim, plim, plam
Novemberdreck	– klick, klick, kleck

HINWEISE ZUM LIED

Im kindlichen Leben spielen Bräuche und ihr Erlebnisgehalt eine große Rolle. Der Unterricht sollte sie deshalb aufgrund ihrer emotionalen Qualität unbedingt aufgreifen. Das Spiellied eignet sich gut als Beitrag zu den vielerorts stattfindenden Martinsfeiern. Wie in vielen Bräuchen mischt sich auch in den Brauch am 11. November heidnisches und christliches Gedankengut, verbunden mit Brauchtum aus dem bäuerlichen Jahr. Die Lesebuchseite greift mit dem Spiellied die Martinslegende auf. Die letzte Strophe vollzieht mit dem Appell zur Hilfsbereitschaft einen aktuellen Transfer auf die Gegenwart. Die Lichter des Laternenumzugs – ein Brauchtum, das die Illustration ergänzend einbringt – sollen dafür Symbol sein.
Martin von Tours war erst Soldat, dann Mönch und 371 Bischof von Tours. Er gründete das erste gallische Kloster und bekämpfte den heidnischen Glauben. Er ist Schutzheiliger der Armen, Reiter und Soldaten. Gans und/oder Mantel sind seine Attribute in der künstlerischen Darstellung.
Bräuche: Laternenumzug, Martinsspiele, Ausgabe von Martinsbroten (Gebäck), Martinslieder
Legende: eine unverbürgte Erzählung aus dem Leben von Heiligen, die meist lehrhaft erbaulich gehalten ist und volkstümlich verklärend ausgesponnen wird. Oft vermischt sich Historisches mit Legendärem.

Sankt Martin
Soldaten müssen kreuz und quer durch die Welt marschieren. Auch der Offizier Martinus wurde vor etwa 1600 Jahren vom Kaiser in Rom aus seiner Heimat im Ungarland viele Tagesreisen weit nach Frankreich geschickt. Dort lebte er in einer Kaserne. Seine Eltern waren Heiden. Martin selbst hatte schon manches vom Herrn Jesus Christus gehört. Es war aber in all den Kämpfen und Kriegen noch keine Zeit gewesen, daß Martin hätte getauft werden können. Nun begab es sich, daß er an einem stürmischen Winterabend auf die Stadt Amiens zuritt. An der Mauer sah er einen Armen, der nur spärlich mit ein paar Lumpenfetzen bekleidet war. Martin überlegte nicht lange; er zog sein Schwert, schnitt damit seinen weiten Soldatenmantel entzwei und reichte die eine Hälfte dem armen Mann. Beide freuten sich: Martin,

daß er dem Mann aus der Not geholfen, und der Arme, daß er nicht zu frieren brauchte. Nachts lag Martin auf seinem Lager und schlief; da war ihm, als stände der Heiland mit einer Schar Engel in seiner Kammer und hätte den halben Mantel an. Er hörte ihn zu seinen Engeln sprechen: "Der ungetaufte Martinus hat mir diesen Mantel gegeben! Das Gute, das du heute dem Bettler getan hast, hast du mir getan." Da wußte Martin auf einmal, was er tun sollte. Er legte die Soldatenkleider ab und empfing von seinem Bischof die heilige Taufe. Bald darauf wurde er zum Priester geweiht. Sogleich eilte er in seine Heimatstadt, um seine heidnischen Eltern zu bekehren. Dann kehrte er zurück und predigte den Heiden in Frankreich. Er zerstörte ihre Tempel und baute Kapellen und Klöster. Erst wurde er oft fortgejagt, getrieben und geschlagen. Später aber erwählten ihn die Leute selbst zum Bischof. Mit Gebet und Fleiß und mit manchen Wundern hat er die Männer, Frauen und Kinder seines Bistums zu guten Christen gemacht.

aus: Josef Quadflieg, Das große Buch von den heiligen Namenspatronen, Patmos Verlag, Düsseldorf 22. Aufl. 1995

3. Kapitel   Jahreszeiten und Feste

Lesebuch   **Winter**
Seite 74 – 91

Im Winter faszinieren Kinder die Erscheinungen des Wetters (Schnee und Eis – oder ihr Ausbleiben) besonders und die Bräuche: Nikolaus, Weihnachten und Fasching. Dem Leseunterricht kommt in dieser Zeit eine besondere Bedeutung zu, sei es, um für Beobachtungen zu sensibilisieren, um Impulse für emotionales Besinnen zu vermitteln oder Anregungen zur Gestaltung von Festen und Feiern zu bieten. Außerhalb dieses Kapitelbereiches eignet sich auch der Text "Fünf Finger im Schnee" im Lesebuch S. 114 zum Lesen in dieser Jahreszeit. Der Text aus dem Kinderbuch "Die kleine Hexe" von Otfried Preußler "Schneemann, Schneemann, braver Mann" S. 83 kann auch dazu anregen, das Buch als Klassenlektüre zu lesen oder über Buchgeschenke zu Weihnachten mit Kindern und Eltern zu reden.

Lesebuch	**Die Geschichte vom**
Seite 74	**beschenkten Nikolaus**
	von Alfons Schweiggert

HINWEISE ZUM TEXT

In sprachlich einfacher und sehr klarer, kindgemäßer Form erhält die Nikolausgeschichte hier einen etwas veränderten Schwerpunkt. Der Grundgedanke bleibt – ähnlich wie in der Legende vom Heiligen Martin – das wohltätige Handeln.

Dabei gibt es für gewöhnlich den aktiv Schenkenden, der die Subjektrolle übernimmt, und den passiv Beschenkten, der sich eher in der Objektrolle befindet und meist nur auf Aufforderung oder um Dank zu bezeugen reagiert.

Dieses Schema wird von Klaus durchbrochen, indem er selbst die Initiative ergreift. Dadurch verändert sich die Beziehungsstruktur zwischen dem sich bis dahin in der überlegenen Rolle befindenden Nikolaus und dem kleinen Klaus in eine gleichberechtigte Kommunikation.

Wie vermutlich auch der Leser, ist der Nikolaus über das Verhalten von Klaus überrascht. Er akzeptiert es aber sofort. Die sprachliche Analogie der Äußerungen beider macht den Rollentausch besonders deutlich. Den Kindern wird klar, daß auch der kleine Klaus dem großen Nikolaus etwas Gutes tun kann. Die Situation hat sich in ein wechselseitiges Schenken und Beschenktwerden mit gegenseitiger Akzeptanz und Wertschätzung gewandelt.

Für Kinder des 2. Schuljahres sollte sich die Besprechung dieser Geschichte vor allem auf die konkret geschilderten Handlungen und den darin enthaltenen Spaß beziehen. Die tiefere Bedeutungsebene, in der exemplarisch eine (notwendige) Veränderung des tradierten Rollenverständnisses vom Schenkenden (Wohltäter) und Beschenkten (passiv-dankbarer Empfänger) aufgezeigt wird, kann nur in Ansätzen angebahnt werden.

Diese Thematik sollte aber später, z.B. bei der Thematisierung von Problemen der Dritten Welt oder auch von Erwachsenen-Kinder-Beziehungen wieder aufgegriffen werden.

LERNZIELE

- Die Kinder sollen das Verhalten von Klaus und Nikolaus mit den "üblichen" Verhaltensweisen vergleichen.
- Sie sollen die wörtlichen Reden herausschreiben, im Dialog lesen und spielen.
- Sie sollen Ideen entwickeln, wie sie sich in entsprechenden Situationen als Klaus oder als Nikolaus verhalten würden.

VORSCHLÄGE ZUR UNTERRICHTSGESTALTUNG

Textbegegnung:
- Vorlesen des ersten Teils der Geschichte bis: "Halt!" rief Klaus
- Vermutungen der Kinder zum Fortgang der Geschichte
- Lehrer liest Überschrift vor
- Erneute Vermutungen der Kinder
- Gemeinsames schrittweises Erlesen des zweiten Teils der Geschichte

Textproduktion:
Durch Herausschreiben der wörtlichen Rede kann der Text in ein Dialog-Stück verwandelt werden, das die Kinder dann als Spiel durchführen können.

<table>
<tr><td>Lesebuch
Seite 76</td><td>**Der Bratapfel**
von Fritz und Emilie Kögel</td></tr>
</table>

HINWEISE ZUM TEXT

Das Gedicht vergegenwärtigt dem Leser in lautmalerischer Sprache das Braten eines Apfels ("Hört,
wie's knallt und zischt!") und das Essen des heißen,
leckeren Bratapfels ("Sie pusten und prusten ...").
Beim Lesen im Unterricht sollten deshalb auch das
Nachempfinden und das Gestalten des Vortrags im
Vordergrund stehen.
Die Affinität der Kinder zu einem Bratapfel kommt
auch durch eine bei Kindern beliebte Wortspielerei
zum Ausdruck: "der Zipfel, der Zapfel, der Kipfel, der
Kapfel ..."
Das Gedicht beginnt als Rätsel (1. Strophe, ausgenommen letzte Zeile) und kann als solches den
Kindern auch vorgestellt werden.
Selbstverständlich muß dabei die Überschrift anfangs
ausgespart bleiben. Die jeweils letzten Zeilen der
Strophen beschreiben den Werdegang eines Bratapfels: "der gelbrote Apfel", "... goldbrauner Apfel",
" ... knuspriger Apfel".
Da man heute nicht mehr voraussetzen kann, daß
jedes Kind einen Bratapfel kennt, geschweige denn
sein Braten bewußt und mit allen Sinnen mitverfolgt
hat, sollte dieses Erlebnis in der Schulküche nachge-
holt und mit dem Gedicht in Beziehung gesetzt
werden.

Rezept für einen Bratapfel: (siehe auch Karteikarten
für die Freiarbeit zu "Überall ist Lesezeit 2")

Gefüllte Bratäpfel

4 große säuerliche Äpfel
1 Eßlöffel Sultaninen
1 Eßlöffel gehackte Haselnußkerne
1 Eßlöffel Zucker
2 Päckchen Vanillinzucker
Saft und Schale von ½ Zitrone oder Orange
1–2 Eßlöffel weiche Butter
Zimt

Aus den gewaschenen, abgetrockneten Äpfeln das
Kerngehäuse ausstechen, evtl. die Äpfel etwas aus-
höhlen. Sultaninen, Haselnüsse, Zucker, Vanillinzucker, Zitronensaft und Schale vermischen und in
die Äpfel füllen.
Je nach Größe der Äpfel von einer Rolle Alufolie
4 Quadrate abschneiden und einfetten. Die Äpfel auf
die Folie stellen, Butter und Zimt verrühren, je 1 Tee-
löffel davon auf jeden Apfel geben.
Die 4 Ecken der Folie locker über dem Apfel zusam-
menziehen und fest zusammendrücken, die Äpfel in
einen vorgeheizten Backofen stellen und bei guter
Hitze (etwa 200°) je nach Größe 20–35 Minuten
braten. Die Alufolie öffnen, einen Rand kniffen.

<table>
<tr><td>Lesebuch
Seite 77</td><td>**Will sehen, was ich weiß
vom Büblein auf dem Eis**
von Friedrich Güll</td></tr>
</table>

HINWEISE ZUM TEXT

Zugefrorenes Wasser verlockt Kinder und Erwachsene jedes Jahr, die Tragfähigkeit zu erproben. War-
nungen sind jeden Winter angebracht und können
auch leider immer wieder durch Unfälle oder Berichte
darüber aktualisiert werden. Die vier kunstvollen Strophen des Gedichts enthalten eine dramatische Handlung: Das Büblein steigt – zu früh im Jahr – auf das
Eis des Weihers und versucht es im Übermut zu zerstören ("... stampft und hacket mit seinen Stiefelein.").
Das Eis bricht, das Büblein fällt ins Wasser und ruft
um Hilfe. Durch die mutige Tat eines Mannes, "... der
sich ein Herz genommen" (Herz als Sitz der Empfindungen und des Mutes), wird es gerettet und daheim
von seinem Vater unsanft in Empfang genommen
("der Vater hat's geklopfet zu Haus").
Friedrich Güll (gest. 1897) schrieb das Gedicht vor
mehr als hundert Jahren. An dem heute etwas ungewohnten Sprachduktus (Büblein, Stiefelein) und der
barschen Reaktion des Vaters können die Kinder im
Unterricht selbst entdecken, daß es sich wohl um ein
Gedicht aus älterer Zeit handelt.
In dem Gedicht finden sich sowohl erzählerische
(s.o.), kommentierende (Überschrift, letzte Zeilen der
Strophen eins und drei) als auch lyrische Elemente
(Reim, Strophen, Rhythmus).
Das Gedicht ist schwierig zu lesen, da sich die Sätze
über die Zeilen fortsetzen. Deshalb sollte es unbedingt
zuerst eindrucksvoll vorgelesen werden. Als Hilfe für
das Lesen über die Zeilen und zum Bewußtwerden
der kunstvollen Form kann den Kindern der Text als
Prosaform geboten werden, den sie dann vergleichend mit dem Gedicht in die entsprechenden Zeilen
zerschneiden und anordnen.

LERNZIELE

– Die Kinder sollen die Handlung des Gedichtes verstehen.
– Sie sollen diese mit dem Bild in Beziehung setzen,
  ihm Textstellen zuordnen und für die weiteren
  Inhalte ergänzende Bilder malen.
– Sie sollen das Gedicht mit dem Autor in Beziehung
  setzen und an der Überschrift sowie an den Ausrufen seinen Kommentar und seine Absicht erkennen.
– Die Schüler sollen entdecken, daß es sich um ein
  altes Gedicht handelt.
– Sie sollen über den Schluß diskutieren und Alternativen finden.
– Sie sollen den Vortrag des Gedichts üben, vor allem
  das Lesen über die Zeilen.

VORSCHLÄGE ZUR UNTERRICHTSGESTALTUNG

Hinführung:
– Unterrichtsgespräch über Gefahren beim Betreten
  gefrorener Gewässer, wobei die Schüler ihre Erfahrungen einbringen können.

– Vermutungen zur Überschrift und zum Bild

Textbegegnung:
Gedichtvortrag, freie Aussprache, Vergleich mit den Vermutungen zur Überschrift

Textarbeit:
1. Handlung des Gedichts
   – Lautes Lesen und im Anschluß daran Textstellen suchen und vorlesen, die zum Bild passen (1. Strophe, 2. Strophe, Zeilen 1 und 2)
   – Impuls: *„Welche Bilder könnten wir noch malen?"* Benennen der möglichen Bilder und dazu die entsprechenden Gedichtzeilen vorlesen
   – Bezug zum Bild im Buch und zu den weiteren Bildern/Impuls: *„Was spricht das Kind?"* Vorlesen der wörtlichen Rede in der 1. und 3. Strophe Vorlesen des ganzen Gedichts und Gestalten der wörtlichen Rede
   – Lesen des Gedichts, parallel dazu eine pantomimische Darstellung jeder Strophe

– Unterrichtsgespräch: Alternativen zur Reaktion des Vaters finden
– Unterrichtsgespräch: Warum hat der Dichter wohl dieses Gedicht geschrieben? Ergebnis: Er wollte warnen und erziehen.

2. Form des Gedichts
   – Reime finden/Tafelanschrift:

heuer	versinken
Eis	Schnee
wagen	gekommen
hacket	Schopfe
Stiefelein	heraus
krabbelt	getropfet

   Partnerarbeit: Zu den Wörtern die Reime finden
   – Impuls: *„Das Gedicht ist schwer zu lesen, weil man am Zeilenende nicht immer eine Pause machen kann."*
   Arbeitsteilige Partnerarbeit:
   Den Text einer Strophe zerschneiden und wie im Gedicht untereinanderkleben (s. Kopiervorlage).

Kopiervorlage

Will sehen, was ich weiß vom Büblein auf dem Eis

Gefroren hat es heuer noch gar kein festes Eis. Das Büblein steht am Weiher

und spricht so zu sich leis: „Ich will es einmal wagen, das Eis, es muss doch

tragen." Wer weiß?

Das Büblein stampft und hacket mit seinen Stiefelein. Das Eis auf einmal

knacket und krach! schon bricht's hinein.

Das Büblein platscht und krabbelt als wie ein Krebs und zappelt mit Schrei'n.

„O helft, ich muss versinken in lauter Eis und Schnee!

O helft, ich muss ertrinken im tiefen, tiefen See!"

Wär nicht ein Mann gekommen, der sich ein Herz genommen – o weh!

Der packt es bei dem Schopfe und zieht es dann heraus vom Fuße bis zum

Kopfe wie eine Wassermaus. Das Büblein hat getropfet, der Vater hat's

geklopfet zu Haus.

Vertiefung und weiterführende Arbeit:
- Gedichtvortrag üben
- Einen anderen Schluß finden
- Bilder malen und mit Textstellen oder Sprechblasen aus dem Gedicht ergänzen
- Dramatisieren der Handlung
- Anschlußtext zum Vorlesen:
  "Lasse purzelt in den See" aus: Astrid Lindgren, Mehr von uns Kindern aus Bullerbü, Oetinger Verlag, Hamburg

Lesebuch	Der Hirte
Seite 78	von Helga Aichinger

HINWEISE ZUM TEXT

Die Weihnachtserzählung von Helga Aichinger (geb. 1937) greift wesentliche Elemente des Evangeliums auf und läßt es den Leser aus der Sicht eines armen Hirten nacherleben. Eindrucksvoll, jedoch kindgemäß einfach schildert die Autorin den Weg eines alten Hirten zum Stall von Bethlehem. Veranlaßt durch einen Traum und die Verkündigung eines Engels folgt er einem hellen Stern. Er sucht das verheißene Jesuskind jedoch zuerst in einer schönen Stadt und in einem prächtigen Schloß. Die Armut des Kindes in einem Stall trifft ihn völlig unerwartet. Seine übergroße Freude über seine Begegnung mit dem Christuskind kommt in der Erzählung stark zum Ausdruck.
Die einfache Handlung der Geschichte, durch die der Weg des Hirten wie ein roter Faden führt, und die oft nur angedeuteten Szenen beflügeln die Phantasie des Lesers und ermöglichen das Identifizieren auf besondere Weise. Auch die Illustration im Lesebuch drängt keine Vorstellungen auf, sondern vermittelt Stimmung und regt die Kreativität an.
Die Geschichte eignet sich gut zum Vergleich mit dem Weihnachtstext aus der Bibel (Lukas 2, 1–20), der den meisten Kindern sicher bekannt ist. Die Schüler finden Gleiches und Abweichendes heraus. Anhand dessen läßt sich auch im Unterricht gut über Intention von Weihnachtsgeschichten allgemein sprechen und insbesondere Helga Aichingers Intention verstehen.
Im Umgang mit dem Text bieten sich besonders die kreativen Möglichkeiten der Rezeption an, wie z.B.
- die Geschichte als Weihnachtstheater spielen,
- angedeutete Szenen ausspielen oder
- zu der Geschichte eine Bilderreihe malen.

LERNZIELE

- Die Kinder sollen den Inhalt der Geschichte verstehen und den Weg des Hirten nachvollziehen können.
- Sie sollen als Kerngedanken die Botschaft verstehen, daß Gott mit der Geburt des Jesuskindes auch den Armen Frieden und Freude bringen will.
- Sie sollen entdecken, daß die Hütte des Hirten und die Hütte des Jesuskindes fast wortgleich beschrieben sind.
- Die Schüler sollen im szenischen Spiel die Ge-

schichte nachgestalten und angedeutete Szenen ausspielen.
- Sie sollen Bilder zu den einzelnen Wegstationen malen und Textstellen zuordnen.
- Sie sollen den Inhalt der Erzählung mit der Weihnachtsgeschichte aus der Bibel vergleichen.

VORSCHLÄGE ZUR UNTERRICHTSGESTALTUNG

Arbeitsmaterial: Weihnachtsbild von der Krippe, fünf Sterne

Hinführung:
Betrachten eines Weihnachtsbildes von einer Krippe/ Vergegenwärtigen der Weihnachtsgeschichte aus der Bibel

Textbegegnung:
- Stilles Erlesen/Arbeitsaufgabe für fertige Leser: *"Notiere die Nummern der Zeilen, in denen von einem Stern erzählt wird!"* Ergebnis: S. 78: 8, 14–17, 18, 23, 27
- Differenzierung: Vorlesen der Geschichte bis S. 78, Zeile 14/Selbständiges Erlesen bis Ende der Seite/ Vorlesen des Textes S. 79

Textarbeit:
1. Textinhalt:
   - Als Impuls an der Tafel fünf Sterne anheften/Die in Stillarbeit (s.o.) gefundenen Zeilenangaben notieren/Die dazugehörigen Textstellen suchen und vorlesen/Tafelskizzen unter die Sterne: Hirte schläft und träumt, Berg und Tal, Stadt, Schloß, Stall
   - Wiederholtes Vorlesen des Textes, ein Kind zeigt an der Tafel die jeweilige Station
   - Vorlesen des Textes S. 79 mit wörtlicher Rede, gestische Ausdrucksformen für die Freude des Hirten finden
2. Textgehalt:
   - Impuls: Lehrer deutet auf Stern Nr. 3 und 4. *"Hier dachte der Hirte etwas."* Ergebnis: *"Hier werde ich das Christuskind finden."* (S. 78, Zeilen 19, 21) Spielen der Szenen, die Gedanken als Selbstgespräche oder als Dialog mit Stadt- bzw. Schloßbewohnern ausspielen
   - Unterrichtsgespräch: *"Warum war die Freude des Hirten übergroß?"* Ergebnis: Er fand das Kind. Das Kind war arm wie er, ihm vergleichbar. Er konnte dem Kind etwas schenken. Er vergaß seine Armut. Er erlebte sein erstes Weihnachtsfest.
   - PA: *"Schreibe auf, wie die Hütte des Hirten beschrieben wird!"* (S. 78, Zeile 4) *"Schreibe auf, wie die Hütte des Jesuskindes beschrieben wird!"* (S. 78, Zeile 24)

Tafelanschrift:

> *Da stand eine alte Hütte, zu der führte ein schmaler Pfad.*

- Bildbetrachtung S. 79/Impuls: *"Was siehst du auf dem Bild von der Geschichte? Was siehst du nicht?*

Vertiefung:
- Vorlesen des Bibeltextes (siehe unten)
- Unterrichtsgespräch: *"Was ist in beiden Texten gleich?" "Was ist in der Geschichte anders?"*

Textproduktion:
- Die Geschichte als Weihnachtstheater spielen, dazu Dialoge erfinden
- Zu der Geschichte Bilder malen, die Bilder zu den Sternen an die Tafel hängen oder zu einem Bilderbuch binden.

Bibeltext: Die Geburt Jesu

Um die Zeit, als Jesus geboren werden sollte, ließ Augustus, der Kaiser in Rom, eine Volkszählung ausrufen. Jedermann aus dem großen römischen Reich mußte mit seiner Familie nach seinem Geburtsort ziehen. So konnte man die vielen Menschen besser einteilen und ihre Zahl aufschreiben.
Da mußte auch Joseph sich auf die Reise machen von Nazareth nach Bethlehem. Das war Davids Stadt, denn von Davids Nachkommen stammte er ab. Er nahm Maria, seine Frau, mit sich, und sie erwartete ihr erstes Kind.
Als sie nach Bethlehem kamen, wußte Maria, daß die Zeit der Geburt da war. Und sie suchten eine Unterkunft. Es waren aber soviel Fremde in der Stadt, daß sie keinen Platz für die Nacht fanden, außer in einem Stall. Dort kam Jesus auf die Welt, und Maria wickelte ihn in Windeln und legte ihn in einen leeren Futtertrog, das war sein erstes Bett.
Es war mitten in der Nacht. Die Hirten, die nahe dabei auf freiem Feld bei ihren Herden wachten, sahen auf einmal eine große Erscheinung am Himmel und hörten Stimmen rufen und warfen sich vor Angst auf die Erde. Gottes Engel erschien ihnen in großer Klarheit, und rings um sie war es hell, und er trat zu ihnen und sagte: "Fürchtet euch nicht! Ich verkündige euch große Freude für alle Menschen. Euch ist heute der Heiland geboren, Christus, der Sohn Gottes, in der Stadt Davids. In einer Krippe liegt er, in Windeln gewickelt, daran werdet ihr ihn erkennen." Und viele Engel waren bei ihm, die riefen laut: "Ehre sei Gott! Lob sei ihm in der Höhe! Friede auf Erden unter allen Menschen, die Gott liebhat!"
Als die Hirten sahen, daß sie wieder allein waren, sprachen sie zueinander voller Freude und Schrecken: "Wir wollen nach Bethlehem gehen, wo das geschehen ist, und mit eigenen Augen sehen, was Gott uns kundgetan hat!" Schnell liefen sie hin und fanden alles, wie der Engel gesagt hatte: Maria und Joseph und das Kind in der Krippe. Und sie sahen es und erzählten weiter, was ihnen über dieses Kind gesagt worden war. Und alle, die es hörten, wunderten sich.
Maria aber behielt jedes Wort, das sie sagten, und dachte darüber nach. Und die Hirten gingen zurück zu ihren Herden und dankten Gott und lobten ihn.

Lukas 2, 1–20

aus: Friedrich Hoffmann, Bilderbibel, Verlag Ernst Kaufmann, Lahr 1968

Lesebuch Seite 80	Unser Christbaum

HINWEISE ZUM TEXT

Das Interessante an dem Text ist der unmittelbare Zusammenhang zwischen Textinhalt und der Form seiner Präsentation.
Die ungewöhnliche Form motiviert die Kinder, die Beschreibung des Christbaumes zu erlesen und evtl. in ähnlicher Art ihren eigenen Baum zu beschreiben.
Aus den letzten Zeilen erfährt der Leser auch noch etwas über die Familie des Schreibers: Sie besteht aus einem Mädchen (Schwester), Vater, Mutter und einer ungenannten Zahl von Omas. Ist der Schreiber ein Junge oder ein Mädchen? Wie viele Omas werden sich unter dem Baum einfinden? Wo sind die Opas? Lesetechnisch bietet die Textdarstellung als Baum die Möglichkeit, mit den unterschiedlich langen Zeilen Blickspannübungen durchzuführen.

LERNZIELE

- Die Kinder sollen an dem Zusammenhang zwischen Textinhalt und Textform Spaß empfinden.
- Sie sollen sich durch genaues Lesen den Christbaum vorstellen können und ihn nachgestalten.
- Sie sollen Sätze und Punkte als Lesehilfe nutzen lernen.
- Sie sollen ihren Christbaum in ähnlicher Form beschreiben.

VORSCHLÄGE ZUR UNTERRICHTSGESTALTUNG

Arbeitsmaterial: Umrißskizze eines Baumes an der Wandtafel, ausgeschnittene Dinge zum Einhängen, Klebestreifen
Richtige Dinge: gelber Strohstern, mehrere dunkelrote Äpfel und Herzen, rote Streifen (für Kerzen), Christbaumständer, Geschenkpäckchen (Geschenkpapier), Krippe (Katalog)
Falsche Dinge als Provokation: z.B. gelbe Kerzenstreifen, Vase (statt Ständer), Kugeln usw.
Die Dinge hängen vorerst noch verdeckt und werden im Rahmen der Textarbeit aufgedeckt, ausgewählt und eingehängt.

Hinführung:
Vorzeigen der Lesebuchseite von weitem/Vermutungen zum Text

Textbegegnung:
Stilles Erlesen
Zum Ausgleich des Lesetempos: Bei einem Punkt kann geendet werden.

Textarbeit:
1. Beschreibung des Baumes:
   - Mehrmaliges Lesen und dabei die Punkte als Lesehilfe nutzen
   - Nach Textangaben von der Tafel Christbaumschmuck auswählen und in die Umrißskizze einhängen/falsche Dinge ausschließen
2. Informationen über die Familie/Impuls: *"Wer ist 'Ich'? Auf wen bezieht sich 'unser'?"*

Ergebnis: Personen s.o., der Christbaum steht im Wohnzimmer, die Familie mag keine elektrischen Kerzen, Geschenke und Krippe sind unter dem Baum.

Textproduktion:
- Drei bis vier Sätze über den eigenen Baum aufschreiben.
- Mit leichtem Bleistiftstrich den Umriß eines Baumes skizzieren (oder Faltschnitt).
- Text in diese Form schreiben.
- Evtl. den beschriebenen Baum auch malen: Die Mitschüler sollen die zusammengehörigen Zeichnungen und Beschreibungen finden. (Damit die Aufsätze auch Leser finden!)

| Lesebuch | **Dezember** |
| Seite 81 | von Josef Weinheber |

HINWEISE ZUM TEXT

Während die erste Strophe des Gedichts an die biblische Weihnachtsgeschichte erinnert, greift die zweite die weltlichen Nachfeiern auf, in deren Mittelpunkt Essen und Trinken in einer wohlig warmen Stube stehen. "Wir feiern's mit bei Trank und Schmaus." Was gefeiert wird, bleibt mehrdeutig. Die letzte Zeile "Die Glock' schlägt zwölf – das Jahr ist aus" und die Überschrift verweisen wohl auf die ganze Weihnachtszeit.
Die Sorge um das Kindlein in der zweiten Strophe schlägt eine Brücke zum Kind "im Stall bei Esel, Ochs und Rind zur Nacht geboren."
Wie ein Blick aus dem Fenster wirkt die erste Strophe: Stille und Stern führen in die Zeit zurück "wie ehedem" nach Bethlehem.
Die beiden letzten Zeilen der ersten Strophe "Gott in der Höh' ..." schließen sich wie ein Gebet an. Vermutlich ist einigen Kindern der Wortlaut aus weihnachtlichen Liedern bekannt.
Folgende Worterklärungen sind geboten:
Gevatter: ursprünglich "Mitvater" in geistlicher Verantwortung (Pate), entwickelte sich in seiner Bedeutung im Sinne von Onkel, Freund der Familie
Gebühr: was einem zusteht (heute im Plural gebräuchlich: Gebühren)
Honigbrot: Lebkuchen, Honiggebäck

LERNZIELE

- Die Kinder sollen den Inhalt der beiden Strophen erfassen und den Kontrast spüren.
- Sie sollen erlesen, daß die Gedanken aus dem sinnenfrohen Feiern zurück nach Bethlehem "wandern".
- Sie sollen sich an eigene Weihnachtsbräuche erinnern und die im Gedicht benannten herausfinden.

Leitfragen zur Gedichterschließung:
- Woran denken die Menschen?
- Wie feiern sie? Warum feiern sie?
- Welches Kind ist in den Strophen gemeint?
- Warum sind auf der Lesebuchseite Plätzchen gemalt?

Anschlußstoffe:
- Weihnachtsgeschichte aus der Bibel
- Sachtext von Tilde Michels "Weißt du, warum wir zu Weihnachten Plätzchen backen?":

Viele Weihnachtsbräuche stammen aus vorchristlicher Zeit und gehen auf alten Geisterglauben zurück.
Vor allem die langen Nächte zur Mittwinterzeit dachten sich die Menschen erfüllt mit dem Spuk böser Geister. Sie stellten sich ein Heer wilder Geister vor, das durch die Lüfte jagte. Sie malten sich Schreckgestalten aus mit zottigem Pelz, mit langen Krallen, glühenden Augen, mit Höckern und Hörnern.
Um sich davor zu schützen, mußte man Zaubersprüche oder Zaubermittel anwenden und Opfer bringen. Zum Beispiel hat man Opferbrote gebacken für die Götter oder die Naturgewalten. Diese Brote wurden in den Wind gehängt, ins Feuer gelegt oder ins Wasser geworfen, um Unheil abzuwenden. In christlicher Zeit wurden die Opferbrote dann zu Weihnachtsbroten. Unser Christstollen wird bis auf den heutigen Tag in Brotform gebacken.
Außer solchen Broten wurden den Göttern von jeher Früchte und Tiere geopfert. Es gab Zeiten, in denen die Menschen aber auch Backwerke in Tiergestalt anfertigten und den Göttern darbrachten. Auf diese Weise konnten sie ihre wertvollen Tiere behalten, und die Götter waren auch mit den Tiergebilden zufrieden! Tierbilder haben sich in der Bäckerei über Jahrhunderte erhalten. Und auch bei den Weihnachtsplätzchen finden wir neben Sternen, Herzen und Engeln immer wieder Tierformen, die wahrscheinlich eine Erinnerung an die alten Opfertiere sind.

aus: Marga Bechstein, Advent und Weihnachten in der Grundschule, Prögel Praxis 154, Oldenbourg Verlag

---

| Lesebuch | **Die drei Spatzen** |
| Seite 82 | von Christian Morgenstern |

HINWEISE ZUM TEXT

In fünf humorvollen Zweizeilern zeichnet Christian Morgenstern (1871–1914) ein prägnantes Bild von drei frierenden Spatzen, die sich durch Aneinanderrücken gegenseitig wärmen. Auch für Kinder in der zweiten Jahrgangsstufe leicht nachvollziehbar, verweisen Anthropomorphismen darauf, daß der Dichter nicht nur ein Bild von drei Spatzen entwirft, sondern diese symbolisch und mit einer Botschaft an die Menschen verwendet. (Die Spatzen haben Vornamen, der "freche" Hans hat den besten Platz – wie wohl manchmal im Leben –, "sie hör'n alle drei ihrer Herzlein Gepoch".) Der Leser wird daran erinnert, daß es notwendig und sinnvoll ist, einander zu helfen. Der märchenähnliche Schluß "... und wenn sie nicht weg sind, so sitzen sie noch" hebt die Situation ebenfalls aus der konkreten Realität und verallgemeinert sie.

LERNZIELE

- Die Schüler sollen sich die drei Spatzen vorstellen können und im Gedichtvortrag ihr Frieren und Fühlen gestalten.

- Sie sollen im Vergleich mit eigenen Beschreibungsversuchen erkennen, wie kunstvoll der Dichter das Bild von den drei Spatzen "malte".
- Sie sollen Vermenschlichungen herausfinden und im Ausprobieren entdecken, daß die Botschaft des Gedichts auch oder gerade für Menschen paßt.
- Sie sollen das Gedicht auswendig lernen.

VORSCHLÄGE ZUR UNTERRICHTSGESTALTUNG

Hinführung:
Betrachten des Bildes im Lesebuch S. 82, Versuch einer Beschreibung mit eigenen Worten

Textbegegnung:
- Gedichtvortrag
- Freie Aussprache/Vergleich mit den eigenen Versuchen

Textarbeit:
- Wiederholtes Lesen/Im dritten Zeilenpaar soll ganz besonders das Frieren zum Ausdruck kommen.
- Unterrichtsgespräch: *"Was erfahren wir von den drei Spatzen?"* Vergleich mit der Illustration: *"Geht es den Spatzen wirklich so?"*
- Unterrichtsgespräch/Impuls: *"Haben die Spatzen wirklich einen Namen?"* Heraussuchen der Anthropomorphismen s.o.
  "Warum verwendet der Dichter Wörter, die auch für Menschen passen?"
- Unterrichtsgespräch: *"Was macht das Gedicht so humorvoll? Wo muß man schmunzeln?"*
- Hilfen zum Auswendiglernen: Von jedem Zweizeiler wird die 1. Zeile vorgelesen, die Kinder ergänzen im Chor und entdecken den Reim als Gedächtnisstütze.

Lesebuch Seite 83	**Schneemann, Schneemann, braver Mann** von Otfried Preußler

HINWEISE ZUM TEXT

Die Geschichte stammt aus dem berühmten Kinderbuch "Die kleine Hexe" von Otfried Preußler. Sie ist in sich geschlossen und kann sowohl für sich gelesen werden als auch Anreiz sein, das Kinderbuch kennenzulernen.

Im allgemeinen spielen Hexen in Geschichten, Märchen und Puppenspielen eine üble Rolle und können bei manchen Kindern auch Angst auslösen. Nicht so die "kleine Hexe". Sie ist eine atypische Hexe. Sie "ist leider erst einhundertsiebenundzwanzig Jahre alt und deshalb wird sie von den großen Hexen noch nicht für voll genommen. Ihr Freund, der weise Rabe Abraxas, bringt sie auf einen Ausweg. Wenn sie schon keine große Hexe sein kann, so will sie doch wenigstens eine gute Hexe werden. Von jetzt an hilft sie allen rechtschaffenen Menschen und Tieren, die in Not sind und treibt mit den Bösewichtern (...) ihren Schabernack." (aus dem Klappentext des Kinderbuchs)

Trotz ihrer Länge eignet sich die Geschichte gut zum selbständigen Erlesen. Kindgemäße Sprache, einfache Handlungsabfolgen und vor allem der lustige und nachvollziehbare Inhalt stützen die Lesemotivation erheblich. Ebenso bieten sich im Wechsel Vorlesen und selbständiges Erlesen an. Im Unterricht schafft der Text lustvolle Möglichkeiten zum Nachgestalten, Rollen lesen, Erzählen und Spielen.

Die charakteristische und ausdrucksstarke Illustration von Winnie Gebhardt-Gayler verlockt zum Entdecken und regt die Phantasie des Lesers an. Sie schafft auch Impulse, nicht dargestellte Inhalte zeichnerisch selbst zu gestalten.

Mit Sicherheit wird einigen Kindern der Klasse die Figur der "kleinen Hexe" und vielleicht auch bereits das Buch vertraut sein. Um den Mitschülern die Spannung im Erlesen zu erhalten, sollte ihr Lesevorsprung vorab durch eine Extraaufgabe aufgefangen werden, z.B. das erste Kapitel des Buches zum Vorlesen vorbereiten.

HINWEISE ZUM AUTOR

Ergänzend zur Kopiervorlage Auszüge aus einem Interview (nach "Schule aktuell" 1990):

Auffällig an Ihren Geschichten ist die Fabulierfreude. Heißt das, daß Sie in Ihren Büchern einfach so draufloserzählen?
Nein, das Ganze ist ein sehr komplizierter Vorgang. Wenn ich ein Publikum vor mir habe, dann kann ich mich während des Erzählens nach der Reaktion des Publikums richten. Beim Schreiben geht das nicht, man kann auch nicht, wie beim Erzählen, mit Händen und Füßen arbeiten oder Gesichter schneiden.

Wie gehen Sie beim Schreiben eines Buches vor?
Da ich meine Geschichten diktiere, sitze ich nicht viel am Schreibtisch; meistens gehe ich mit meinem Diktiergerät durch die Gegend. Oft nehme ich dieselben Wege, da bin ich weniger abgelenkt. Zu Hause wird der Text mit der Maschine geschrieben und durchkorrigiert – viele viele Male. Nachdem der Text von der Druckerei abgesetzt ist, überarbeite ich noch einmal die Korrekturfahnen. Ich poliere sehr viel, und meine Geschichten werden meist immer "schlanker". Ich halte das für sehr wichtig, da Kinder anders lesen als Erwachsene. Wer langsam liest, muß in einer kurzen Passage viel erleben, er läßt sich nicht mit "Bla-bla" abspeisen.

Wie lange arbeiten Sie an einem Buch?
Das ist sehr unterschiedlich. Mit dem Krabat habe ich mich zum Beispiel fast zehn Jahre beschäftigt, der Hotzenplotz ging relativ schnell. Ich kann aber nicht präzise sagen, wie lange ich an einem Buch arbeite, denn meistens weiß ich nicht einmal genau, wann ich angefangen habe – es gibt Stoffe, mit denen ich mich immer wieder auseinandersetze. Auf jeden Fall möchte ich niemals ein halbfertiges Buch aus der Hand geben, denn ich weiß, was ich meinem Publikum schuldig bin.

Woher nehmen Sie die Themen für Ihre Bücher?
Eigentlich ist es jedesmal anders. Manchmal gibt es bereits eine Geschichte wie zum Beispiel bei Krabat, wo ich ja an eine volkstümliche Sage anknüpfe – da muß man den Stoff halt ausgestalten. Beim "Kleinen Wassermann" war die Gestalt da; bei uns im Nord-

böhmischen gab es ja Wassermänner in jedem Tümpel und jedem Teich. Ich habe meinen Kindern, als sie noch zur Schule gingen, davon erzählt, und dann merkte ich, daß unsere Älteste plötzlich von diesen Wassermanngestalten sprach, so als ob sie wirklich leben würden. Das war der Beginn. Übrigens wurde mein Manuskript damals von einem sehr renommierten Verlag abgelehnt mit der Begründung, ich solle keine Märchen schreiben. Man hat einfach nicht verstanden, daß es in Wirklichkeit eine Umweltgeschichte ist – nur mit veränderten Vorzeichen. Der kleine Wassermann lebt zwar im Wasser, aber es kommen viele Dinge vor, die jedes Kind erlebt – die andere Umgebung macht das Ganze interessant.

Legen Sie die Geschichten so an, daß die Kinder am Schluß weiterdenken können?

Ja. Da kommt in mir eigentlich ein bißchen die Grundhaltung des Schulmeisters durch, der zum selbständigen Handeln anregen möchte.

Warum schreiben Sie gerade für Kinder und Jugendliche?

Ganz einfach, weil ich es kann! Ich halte das für eine besondere Begabung – es gibt meiner Meinung nach wenige Autoren, die für Kinder schreiben können. Dabei bin ich mir schon im klaren darüber, daß ich Literatur unter erschwerten Bedingungen herstelle.

Was meinen Sie damit?

Weil ich mein Publikum nicht belügen kann und weil ich in der Auswahl meiner literarischen Mittel eingeschränkt bin. Ich bin gezwungen, sehr konkret und einfach zu schreiben. Einfach, aber nicht simpel! (...)

Sie sind der Vater von Figuren wie dem Räuber Hotzenplotz, der kleinen Hexe, dem kleinen Gespenst und dem kleinen Wassermann. Was sollen die Kinder aus Ihren Geschichten lernen?

Ich bin der Meinung, daß die Kinderliteratur nicht die Fortsetzung der Schule mit anderen Mitteln sein darf. Was ich schreibe, soll zuallererst Spaß machen. Natürlich lernen die Kinder auch etwas dabei, z.B. das Lesen oder gutes Deutsch. Ich möchte den Kindern aber vor allem dadurch helfen, daß ich ihre Phantasie anrege und ihnen Optimismus mit auf den Weg gebe. Welche Wirkung meine Bücher dann letztlich haben, kann ich jedoch nicht kalkulieren. Wenn ich aber aus Briefen erfahre, daß Schüler, die sich in der Schule schwertun, mit Hilfe meiner Bücher Lesen und Schreiben gelernt haben oder daß der Räuber Hotzenplotz einem Kind geholfen hat, ein bißchen leichter über die Zeit im Krankenhaus hinwegzukommen, dann freut mich das sehr.

Es fällt auf, daß in Ihren Büchern Kinder das Phantastische als etwas Natürliches akzeptieren. Die Erwachsenen aber darauf verstört reagieren oder es ablehnen.

Ich halte Phantasie für etwas sehr Wichtiges. Natürlich wird ein Erwachsener viele Dinge nüchterner, kritischer sehen – Menschen aber, die wenig oder gar keine Phantasie haben, tun mir leid.

Als weiterer Text von Otfried Preußler enthält das Lesebuch auf S. 124 das Rollenspiel: "Die Katze schläft ..."

LERNZIELE

- Die Kinder sollen den Text selbständig lesen und dabei Spannung und Spaß empfinden und thematisieren.
- Sie sollen den Begriff "schmökern" kennenlernen und sich gegenseitig Texte und/oder Bücher zum Schmökern empfehlen.
- Sie sollen die Geschichte anderen (eventuell Kindern der 1. Klasse oder der Parallelklasse) vorlesen und aus diesem Anlaß vor allem die wörtliche Rede gestalten lernen.
- Sie sollen die Illustration in den Handlungsablauf einbinden, die entsprechende Textstelle zuordnen und weitere Szenen malen.
- Sie sollen die Geschichte in eine Bildergeschichte oder in ein Theaterspiel umformen.
- Sie sollen im Text Szenen finden, die im Theaterspiel wörtlich übernommen werden und solche, die sich ausgestalten lassen.
- Sie sollen Otfried Preußler als Autor von bekannten und beliebten Geschichten und Büchern kennenlernen.
- Sie sollen das Buch "Die kleine Hexe" lesen.
- Sie sollen Anregungen erhalten, kleine Ausstellungen vorzubereiten; mögliche Themen: Hexen und Hexengeschichten/Bücher von Preußler/Bücher zum Schmökern.

VORSCHLÄGE ZUR UNTERRICHTSGESTALTUNG

Motivation (alternativ):
- Anknüpfung an Erlebnisse des Schneemann-Bauens
- Bezug zum Buch "Die kleine Hexe": Vermutungen zum Stichwort "Hexe", zum Thema "Hexengeschichte" und zu der Frage: "Was tut eine richtig gute Hexe?"

Textbegegnung:
Abschnittweises Erlesen mit Vermutungen zum weiteren Handlungsverlauf oder teilweises Vorlesen und selbständiges Weiterlesen.
Als Zäsuren bieten sich an: S. 83 bis S. 84, Zeile 11, weiter bis S. 84, Zeile 13, weiter bis S. 85 unten.
Bei stillem Fertiglesen Arbeitsaufgaben zum Ausgleich des Lesetempos (alternativ):
- "Suche die Textstelle, die zu dem Bild S. 84 paßt!"
- "Beschrifte auf einem Arbeitsblatt (auf einer Folie) Teile der Zeichnung, verwende dazu Wörter aus dem Text. Du findest sie auf der S. 83 unten und S. 84 oben!" (s. Kopiervorlage S. 83)
- "Zu der Geschichte passen noch mehr Bilder. Zeichne mit einer dunklen Wachskreide (es soll eine schnelle Skizze werden) ein weiteres Bild!"
- "Überlege dir mit deinem Partner, wie man das Lied der Kinder singen könnte!"

Umgang mit dem Text:
- Anknüpfen an die jeweilige Arbeitsaufgabe s.o., Teilszenen in den Handlungsablauf der Geschichte einordnen
- Gemalte Bilder in der Reihenfolge der Handlung anordnen/evtl. Lücken kennzeichnen/Textstellen zuordnen

Otfried Preußler hat sehr viele beliebte Kinderbücher geschrieben.
1993 konnte er seinen 70. Geburtstag feiern. Er lebt in der Nähe von Rosenheim in Oberbayern.
Bis 1970 war er Rektor einer Schule. Er gab seinen Beruf auf, um mehr Zeit für seine Bücher zu haben.
Die ersten Geschichten erzählte er seinen drei Töchtern und später schrieb er sie auf.

Otfried Preußler erzählt, wie er auf die Idee kam das Buch von der kleinen Hexe zu schreiben:
Eines Abends behaupteten unsere kleinen Töchter vor dem Zubettgehen, sie hätten schreckliche Angst.
– Angst wovor?
„Vor den bösen Hexen!"
Ich versuchte ihnen klarzumachen, dass man sich heutzutage vor bösen Hexen nicht mehr zu fürchten brauche, weil es keine mehr gebe.
„Und warum gibt es keine mehr?"
„Ja, warum eigentlich? Ich gestehe, dass ich mir bis dahin keinerlei Gedanken darüber gemacht hatte. Immerhin dauerte es nicht allzu lang, bis die Antwort gefunden war. Auf diese Weise sind die Geschichten von der kleinen Hexe entstanden. Später habe ich sie zur Probe meinen Schulkindern erzählt – und noch später habe ich sie dann aufgeschrieben: für unsere drei kleinen Töchter und für alle Kinder, die wissen möchten, weshalb man sich heutzutage vor bösen Hexen nicht mehr zu fürchten braucht.

Heute lieben Kinder auf der ganzen Welt seine Bücher. Kennst du sie auch? Das Buch „Die kleine Hexe" ist in etwa 40 Sprachen übersetzt. Hier kannst du sehen, wie dieses Buch in anderen Ländern heißt.

auf Englisch:	THE LITTLE WITCH
auf Norwegisch:	DEN VESLE HEKSA
auf Rumänisch:	MICA VRĂJITOARE
auf Italienisch:	LA PICCOLA STREGA
auf Afrikaans:	DIE HEKSIE EN DIE KRAAI
auf Chinesisch:	XIAO WU PO
auf Dänisch:	DEN LILLE HEKS
auf Russisch:	MALEN'KAJA BABA-JAGA

1) aus: H. Pleticha/H. Weitbrecht (Hrsg.), Das Otfried Preußler Lesebuch, dtv Nr. 10959 München 1988. © Thienemanns Verlag, Stuttgart
2) Für das Material danken wir Frau Renate Raab, geb. Preußler, Aschau am Inn

- Vorlesen der Geschichte, wörtliche Reden als Rollen gestalten
- Die Geschichte spielen und dazu aus dem Text Stellen suchen, die wörtlich übernommen werden sollen (z.B. das Lied S. 84)
  sowie Stellen, die man ausgestalten könnte (z.B. den Ärger und die Enttäuschung der Kinder, als der Schneemann zerstört wurde, das Geschrei der frechen Kinder, die aus dem Wald stürmten...)

Kennenlernen des Bestsellerautors Otfried Preußler
- (s. Kopiervorlage S. 82 und Interview S. 80)
- Einordnen der Geschichte in den Gesamtzusammenhang des Buches

Vertiefung (alternativ):
- Finden einer anderen Überschrift (s. Kopiervorlage)
- Die kleine Hexe erzählt die Geschichte in der „Ich-Form" zum Beispiel vor dem Hexenrat
- Die Kinder erzählen den Vorfall ihren Eltern und drücken dabei ihr Staunen über die „seltsame Frau" aus
- Theaterspiel
- Umsetzen der Geschichte in eine Bilderabfolge

Möglichkeiten der Weiterarbeit:
- Vergleich der Geschichte mit der Bildergeschichte von e. o. plauen (s. Karteikarten für die Freiarbeit zu „Überall ist Lesezeit 2")
- Ausstellung von Hexenbüchern, -bildern, -geschichten
- Buchausstellung von Preußler-Büchern
- Lesen (oder Vorlesen) des Buches „Die kleine Hexe"

| Lesebuch | **Fertig** |
| Seite 87 | von Charles M. Schulz |

HINWEISE ZUM TEXT

Die Bildergeschichte stammt aus der Serie der Peanuts des kalifornischen Zeichners Charles M. Schulz (geb. 1922, erstmaliges Erscheinen der Comicstreifen 1950). Der Figurenkreis der Peanuts ist klein, die Hauptrolle spielt meist Charley Brown, der ewige Versager, dem nichts gelingt. Dazu kommen noch Luzy, Linus, Schröder und Beagle Snoopy mit seinen anthropomorphen Ansichten und Wünschen. Die Figuren sind mit wenigen, meisterhaften Strichen gezeichnet, von deutlicher Aussagekraft und oft hintergründigem Humor. In diesen Comics agieren Kinder als Hauptfiguren, sind jedoch oft altklug und spiegeln Handlungsmuster der Erwachsenen wider. Die Pointe dieses Comicstreifens erschließt sich nicht auf den ersten Blick. Aus statischen Einzelbildern, von denen drei nahezu gleich sind, muß sich der Betrachter und der Leser in der Zusammenschau die Handlung suchen und kann erst dann den Witz verstehen.
Im unterrichtlichen Umgang mit dieser Szene bietet es sich an, das Spezifische der Comics zu entdecken und auf diesem Weg den Handlungsinhalt zu finden, z.B.:
- Die Geschichte besteht aus Einzelbildchen, die in der Abfolge eine Handlung beinhalten.

Kopiervorlage (Einzusetzende Textbausteine: 1 Die kleine Hexe / 2 Rabe Abraxas / 3 lange Mohrrübennase / 4 Augen aus Kohlestückchen / 5 Reisigbesen / 6 alter, verbeulter Kochtopf)

- Der Betrachter muß zwischen den Bildchen gedanklich eine Verbindung schaffen, die sich oft erst aus der Pointe erschließt.
- Sprechblasen sind in die Bilder integriert und liefern ergänzend zu den Zeichnungen wichtige Informationen.
- Die Figuren sind mit wenigen Strichen gezeichnet, gleichen sich innerhalb der Comic-Serie und drücken ganz deutlich Stimmungen, Intention und dergleichen aus.

Es bieten sich auch Vergleiche mit der Bildergeschichte "Fliegende Hüte" von Loriot, im Lesebuch S. 71, oder mit "Komm!", im Lesebuch Seite 41, an.

LERNZIELE

- Die Schüler sollen in den vier Bildern eine zusammenhängende Geschichte erkennen und sie erzählen.
- Sie sollen die Rollen der beiden Figuren beschreiben und mit dem "Fertig" in den Sprechblasen in Beziehung setzen.
- Sie sollen die Pointe der Bildergeschichte verstehen.
- Sie sollen das "Fertig" der Einzelszene entsprechend mündlich gestalten und dabei sowohl Satzzeichen als auch die graphischen Ausdrucksmittel (Größe der Schrift, Fettdruck) als Sprechanleitung verwenden lernen.
- Sie sollen den Begriff "Peanuts" kennenlernen und weitere Bilderszenen aus dieser Serie sammeln oder mit anderen Comics vergleichen.

VORSCHLÄGE ZUR UNTERRICHTSGESTALTUNG

Hinführung:
Impuls: *"Im Lesebuch finden wir eine Wintergeschichte von Charley Brown."*

Bild- und Textarbeit:
- Verbalisieren der einzelnen Bildinhalte
  Erzählen der ganzen Geschichte
- Spielen der Szene unter Verwendung der Sprechblasen
  Ausprobieren der mündlichen Gestaltung des Wortes "Fertig"
  Satzzeichen und graphische Wortgestaltung als Sprechanweisungen nützen und gelungene Darstellungen damit begründen
- Sprechen des Wortes "Fertig", wobei die Mitschüler an der Klanggestaltung erkennen sollen, zu welchem Bild es paßt
- Impulse: *"Wie soll die Überschrift gelesen werden?"/"Drei Bilder sind fast gleich gezeichnet."*
  Begründung der gleichen Darstellung, Gestalten der sich aufbauenden Spannung durch das Wort "Fertig"
- Partnerarbeit: *"Wir erfahren auf den Bildern, was die Figuren sprechen, aber nicht, was sie denken."*
  Auswahl und Zuordnen von Denkblasen, z.B.:
  Bild 1: "Gleich geht es los!"
  Bild 2: "Wie lange braucht der denn noch?"
  Bild 3: "Jetzt warte ich nicht mehr länger!"
  Bild 4: "Na, der wird sich wundern!"

- Verdeutlichen, wie in Comics Sprech- bzw. Denkblasen symbolisiert werden
- Die Peanuts als Comic-Serie kennenlernen und aus anderen Comics herausfinden
- Eine Fortsetzung der Geschichte erzählen, zeichnen oder schreiben

Lesebuch Seite 88	Spaß mit Hut

HINWEISE ZU TEXTEN UND BILDERN

Auf zwei Doppelseiten wird ein Projekt vorgestellt, das zur Faschingszeit in einer zweiten Klasse durchgeführt wurde. Im Mittelpunkt von Faschingsbräuchen steht oft das Verkleiden mit seinen unterschiedlichen Wurzeln, z.B. Winteraustreiben. Sicher sind dabei auch die Wünsche impliziert, in andere Rollen zu schlüpfen.
Das Hütefest bietet phantasievolles Verkleiden ohne konsumorientierte Kostümierung, die oft Spielaktionen behindert. Zudem ist das offene Thema "Spaß mit Hut" jahreszeitlich unabhängig und eignet sich als Ideenbörse für jedes Klassenfest.
Die Idee, Phantasiehüte zu basteln, sowie die Anregungen für ihre Ausgestaltung mit einfachen Mitteln lassen sich auf den Seiten 88 und 89 aus Kinderbriefen erlesen. Jeder Beschreibung kann zudem ein Foto zugeordnet weden, nur Annes Hut mit den Federn ist nicht eindeutig erkennbar und bietet so Anreiz zum Unterrichtsgespräch. Bei genauem Lesen ergeben sich als Zusatzinformationen: Beim Hütefest waren auch die Eltern eingeladen, besonderer Spaß bot sich auch beim Hütetanz (s.u.).
Während in den Kinderbriefen die Ausgestaltung von alten Hüten geschildert wird, erfahren die Leser auf den Seiten 90 und 91 Anregungen und Anleitungen zum Basteln von Hüten. Es werden zwei Grundmodelle angeboten: Ein Pappring in Kopfweite als Basis eines Hutes bzw. eine Pappscheibe mit einem Loch als Anfang.
Im direkten und auch im gedanklichen Nachvollziehen der Anleitungen lernen die Kinder Funktion und Form der Textsorte "Anleitungen" kennen und verstehen, z.B. hier:
- Die Texte sind knapp.
- Bilder und Texte ergänzen sich.
- Stichpunkte regen Gedanken an.
Indem sich der Leser aus Materialangaben und den Stichpunkten zur Anleitung den entstehenden Hut bildlich vorstellt, kann auch eine Zuordnung der Fotos gelingen.

VORSCHLÄGE FÜR EINEN HÜTETANZ

Melodie und Text: z.B. "Good night, ladies", s. S. 85

Tanzaufstellung
  Tänzer im Außenkreis
  Tänzerinnen im Innenkreis
  Paare sichten

Tanz

Takt 1: Tänzer verbeugen sich, Tänzerinnen machen einen Knicks strophenweise und individuell in unterschiedlicher Art, je nach Hutgestaltung und persönlichem Temperament

Takt 2: Tänzer gehen in Tanzrichtung weiter zur nächsten Tänzerin

Takte 3 + 4: Wie Takte 1 + 2

Takte 5 + 6: Wie Takte 1 + 2

Takte 7 + 8: Aufstellen zur Kreuzhandfassung mit Blick in Tanzrichtung

Kehrreim: Im großen Kreis in Tanzrichtung hüpfen (Gleitschritt)

In den letzten zwei Takten: Übergang zu Laufschritten und wieder Aufstellen zur Tanzaufstellung (s. S. 84 unten)

Good night, ladies · Gute Nacht, meine Damen
Bonne nuit, mes dames

Gute Nacht, meine Damen, schöne Träume, wir verlassen sie jetzt. Wir stechen in die dunkle, blaue See.

Bonne nuit, mes dames, des beaux rêves, nous devons vous quitter. Nous nous élèverons sur la mer sombre et bleue.

mögliche Textergänzungen:

2. Dream sweet, ladies, dream sweet, ladies, ...
3. We leave you, ladies, we leave you ladies, ...

aus: Hans Bergese, Europa im Lied Heft 2 (Textheft), Möseler-Verlag, Wolfenbüttel

3. Kapitel   Jahreszeiten und Feste

Lesebuch   Frühling
Seite 92 – 99

Die Texte greifen folgendes Brauchtum auf:
Winter austreiben (S. 92 "Der Frühling kommt bald")
Osterhasen und Ostereier (S. 93 "Der tolpatschige Osterhase", S. 94 "Ein Osterhase")
Aprilscherze (S. 96 "April, April")
Muttertag (S. 98 "Liebe Mutter")

Eine Integration mit dem Sachunterricht bietet sich hier an.

Gedichte zum Frühlingserwachen sensibilisieren und regen zu genauem Beobachten an:
S. 92: "Der Frühling kommt bald"
S. 99: "Die Tulpe"

Anreiz zum Lesen eines Kinderbuches kann der Text von Astrid Lindgren "April, April" geben. Er ist aus ihrem Buch "Mehr von uns Kindern aus Bullerbü".

Lesebuch Seite 92	**Der Frühling kommt bald** von Christian Morgenstern

HINWEISE ZUM TEXT

Das Gedicht von Christian Morgenstern (s.a. Lehrerkommentar S. 79) stammt aus einer Zeit, in der die Menschen aufgrund ihrer Lebensbedingungen (Kälte, Dunkelheit, "Winternahrung") den Frühling herbeisehnten und mit verschiedenen Bräuchen den Winter zu vertreiben pflegten. Wie in einem Spottgedicht wird der Winter direkt angesprochen und nach "hinten" geschickt. Die Illustration unterstützt den Bezug zum Brauchtum.
Die Schüler können diese Intention gut nachempfinden, wenn sie versuchen, das Gedicht klanglich zu gestalten (z.B. mit Klanghölzern, Rasseln und dergl.). Bräuche, durch Lärmen den Winter zu vertreiben, sind vielerorts erhalten.
Damit die Kinder die kunstvolle Sprachform bewußt nachempfinden können und sich motiviert fühlen, sich mit dem ungewohnten Sprachduktus zu befassen, ist es günstig, eigenes Gestalten zum Thema der Überschrift an den Anfang zu stellen. Aus einer Gegenüberstellung lassen sich auch die Bilder "Das Eis ist geschwommen" und "Mit jubelndem Schalle" verstehen.
Die Reime des Gedichts kennzeichnen das Ende jeder Zeile. Den Kindern kann so erklärt werden, daß die Zeilen bewußt gesetzt sind und sich daraus der immer große Anfangsbuchstabe zu Zeilenbeginn ableitet.

LERNZIELE

- Die Kinder sollen Überschrift und Illustration zueinander in Beziehung setzen und den Inhalt des Gedichts vermuten.
- Sie sollen sich in ihrer Sprache überlegen, was man dem Winter sagen könnte, worauf man sich im Frühling freut.
- Sie sollen im Text die eigenen Stichpunkte finden und die Gedichtzeilen vergleichend lesen.
- Sie sollen das Gedicht vortragen und Zusammengehörendes über die Zeilenenden hinweg zusammenlesen.
- Sie sollen das Gedicht als Spottlied auf den Winter lesen.
- Das Gedicht soll auswendig gelernt und mit Musikinstrumenten gestaltet werden.

VORSCHLÄGE ZUR UNTERRICHTSGESTALTUNG

Hinführung:
Vermutungen zur Überschrift
Sammeln von Stichpunkten zum Winter und zum Frühling
Betrachten des Bildes: Wo ist der Winter? Wo ist der Frühling?
Freie Aussprache: Was könnte man dem Winter zurufen?

Vortragen des Gedichts
Vorlesen des Gedichts, Schüler lesen leise mit

Textarbeit:
– Lesen des Gedichts als Zuruf an den Winter
– Das Gedicht wie ein Spottgedicht lesen
– Vergleich der Angaben zum Winter bzw. zum Frühling mit den eigenen Worten
– Sprachliche Bilder als Sprachkunst, als Einfall des Dichters darstellen und klären:

  Das Eis ist geschwommen ...

  Dein Reich ist vorbei ...

  Mit jubelndem Schalle ...

  Verkünden den Mai ...

– Vortragen des Textes; z.B. mit Rasseln das Vertreiben, mit Flöten den Frühling darstellen
– Unterrichtsgespräch: *Wo soll denn der Winter hingehen?"* Ergebnis: Der Winter wird wie ein Mensch dargestellt und angesprochen.
  Erklärungen zum Brauchtum des Winteraustreibens und der Sehnsucht der Menschen nach dem Frühling

Textvergleich:
Auch in dem Märchen "Zwölf mit der Post", Lesebuch S. 58, werden Jahreszeiten (Monate) als Personen dargestellt.

1. Herr Win-ter, geh hin-ter, der Früh-ling kommt bald. Das Eis ist ge-
2. Herr Win-ter, geh hin-ter, dein Reich ist vor-bei. Die Vö-ge-lein

schwommen, die Blüm-lein sind kom-men, und grün wird der Wald.
al - le mit ju-beln-dem Schal-le ver-kün-den den Mai.

aus: L. Rockel, Das Liedernest, Fidula-Verlag, Boppard/Rhein und Salzburg 1971

Lesebuch	**Der tolpatschige Osterhase**
Seite 93	von Heinrich Hannover

HINWEISE ZUM TEXT

Die Geschichte handelt vom Osterbrauchtum mit Osterhasen und bemalten Eiern.
Einem kleinen, tolpatschigen Hasen, dem viel Ungeschick passiert, und der von anderen Hasen deshalb verlacht wird, gelingen durch Zufall die schönsten Ostereier. Diese bescheren ihm unerwarteten Ruhm, den er bescheiden, verdeckt durch einen Busch, genießt.

Die lustige und sehr anschauliche Schilderung des Autors ermöglicht es den Kindern, sich mit dem kleinen Tolpatsch zu identifizieren, sich vielleicht in den kleinen Mißgeschicken selbst zu finden und letztlich Triumph auszukosten.
Die Illustrationen der Geschichte bieten Impulse für die beiden Handlungsebenen:
Reale Situation: Die Kinder finden Ostereier (S. 94).
Fiktive Ebene: Ein ungewöhnlicher, bunter Osterhase auf den Kapitelleisten S. 93 und 94 bemalt ebenso bunte Ostereier.

Im Lesen der Geschichte und vor allem an der Stelle, wo die Eier beschrieben werden, können die Kinder erfahren, wie Wörter in der Vorstellung Bilder entstehen lassen. Vielleicht verstehen einige auch den Ausdruck "mit Sprache Bilder malen".

Der Begriff tolpatschig (seit dem 17. Jahrhundert bekannt, war ursprünglich Neckname für einen ungarischen Reiter) kann von den Kindern selbst sehr leicht aus dem Kontext erschlossen werden. Aus den konkreten Beispielen um diesen Begriff finden die Schüler sicher selbst Synonyme (z.B. ungeschickt, unbeholfen, ...).

HINWEISE ZUM AUTOR

s. Lehrerkommentar S. 26
Weiterer Text von Heinrich Hannover:
S. 20 "Von der Fliege, ..."

SACHHINTERGRUND ZUM OSTERBRAUCHTUM

Osterhase: Die Figur des eierlegenden Hasen ist erst seit dem 16. Jahrhundert bekannt. Früher besaß er noch "Mitbewerber". So brachten in Holstein und in Sachsen der Hahn, im Elsaß der Storch, in Hessen der Fuchs und in der Schweiz der Kuckuck den braven Kindern Eier. Man nimmt an, daß der Hase das Rennen gewann, weil er unter allen Tieren der heimischen Wiesen und Wälder das fruchtbarste war und so das beste Frühlingssymbol darstellt.
Andere Quellen führen den Osterhasen auf ein Mißverständnis zurück. Schon im Mittelalter hat man zu Ostern ein Lamm aus Teig gebacken. Man nimmt an, daß manche Bäcker ihre Lämmer so ungeschickt formten, daß sie mehr einem Hasen denn einem Lamm glichen. So soll eine mythologische Verbindung zum Hasen verstärkt worden sein.
Es mag auch sein, daß der Osterhase, genau wie das Christkind und der Weihnachtsmann, im reformatorischen Sinn die katholischen Vorstellungen verdrängen und die Kinder für sich einnehmen sollte.

Ostereier: Bei diesem Brauch mischen sich christliches und heidnisches Brauchtum. Nach altdeutschem Eiergesetz mußte früher der Grund- und Bodenzins in Form von Eiern erbracht werden. Die Eier wurden bis zum Mittelalter gleich gekocht, weil sie dann länger hielten und besser transportiert werden konnten. Da der Stichtag für die Zinseier Ostern war, wird angenommen, daß der Begriff Osterei und der Brauch, zu Ostern Eier zu verschenken, auch auf diese Tatsache zurückzuführen ist.

Ursprünglich wurden bei uns die Eier ungefärbt verschenkt. Erst im 12. und 13. Jahrhundert treten bemalte Eier auf, vorzugsweise in Rot und Gold. Schon vor fünftausend Jahren jedoch sollen die Chinesen, ebenso wie die Ägypter, buntverzierte Eier zum Frühlingsanfang verschenkt haben.

Das Ei gilt als Symbol der Fruchtbarkeit und der ewigen Wiederkehr des Lebens. Die Sitte, Eier als christliche Ostersymbole zu verschenken, läßt sich bis in die frühesten christlichen Jahrhunderte zurückführen. Sie stehen als Zeichen für das neue Leben, für die Auferstehung Christi. Die Schale soll an das Grab erinnern, aus dem Leben hervorgeht.

aus: S. Schönfeldt, Das große Ravensburger Buch der Feste und Bräuche, Ravensburg 1980

LERNZIELE

- Die Kinder sollen die Geschichte lesen und an der Phantasie Spaß empfinden.
- Sie sollen zur Figur des Osterhasen und zum Brauch des Eierfärbens bzw. -suchens eigene Erlebnisse erzählen.
- Sie sollen sich mit dem kleinen Tolpatsch identifizieren.
- Die Bildchen zur Zeilenmarkierung sollen die Schüler mit dem Textinhalt in Beziehung setzen und dazu passende Stichworte oder Sätze finden.
- Sie sollen der Illustration Textstellen zuordnen.
- Bei den Bildern sollen die Kinder unterscheiden zwischen möglicher Handlung des Eiersuchens und der fiktiven Welt von Osterhasen, die Eier bemalen.
- Sie sollen, indem sie eigene Vorstellungen mit Beschreibungen vergleichen, verstehen, daß man mit Sprache "Bilder im Kopf malen" kann.

VORSCHLÄGE ZUR UNTERRICHTSGESTALTUNG

Hinführung:
Betrachten der Illustration auf den Kapitelleisten
Vermutungen zum Textinhalt
Vermutungen zur Überschrift

Textbegegnung:
- gemeinsames lautes Lesen oder
- stilles Lesen
  Arbeitsaufgabe für schnellere Leser: *"In der Geschichte werden die Ostereier genau beschrieben. Welche gezeichneten Eier passen?"*

Textarbeit:
1. Inhaltliche Klärung:
   - Klärung des Begriffs "tolpatschig" durch Vorlesen von Beispielen
     Unterrichtsgespräch über eigene Erfahrungen mit gehäuftem Mißgeschick
   - Impuls/Tafelanschrift:

   (aus)lachen   weinen   lachen

     Erklären der Reihung,
     Vorlesen der Textstellen
     Impulse: *"Hättest du den tolpatschigen Hasen*

auch ausgelacht?"/"Was könnte sich der kleine Hase wohl denken?"
- Erklären der Bildchen zur Zeilenmarkierung, evtl. schriftliche Partnerarbeit: Notieren von passenden Stichworten (unterstrichen s.u.) oder Sätzen aus dem Text, z.B.:
  S. 93 1. Bildchen: Es war einmal ein kleiner tolpatschiger Osterhase.
       2. Bildchen: Er hatte ein grünes Ohr.
       3. Bildchen: Zum Schluß fiel ihm der ganze Farbtopf um.
       4. Bildchen: Alle Eier fielen in die bunte Pfütze.
       5. Bildchen: Er sammelte die Eier in einem Korb ein.
  S. 94 1. Bildchen: Die anderen Hasen sahen, wie schön die Eier geworden waren.
       2. Bildchen: Die Kinder wollten am liebsten die bunten Eier des kleinen Hasen.
- Nacherzählen anhand der kleinen Bildchen; bei jedem Bild kommt ein anderes Kind an die Reihe
- Vergleich der gezeichneten Eier mit dem Text S. 93 unten
2. Gehalt:
   - Impulse: *"Ist die Geschichte wahr?"/"Warum erzählt man vom Osterhasen?"*
   - *"Wie sieht ein Osterhase aus?"* Vergleich mit den Zeichnungen auf der Kapitelleiste
     Ergebnis: Diese Hasen passen zur Geschichte, sind bunt und ähneln einem Ei. Einen Osterhasen kann man sich ausdenken, es hat ihn noch niemand gesehen.
   - Impuls: *"Auf S. 94 siehst du etwas, das an der Geschichte doch wahr sein könnte."* Ergebnis: Ostereier-Suchen
     Einbringen eigener Erlebnisse

Vertiefung:
Impuls: *"War der kleine Hase klüger als die anderen Hasen?"* Ergebnis: Der Zufall half ihm.
Unterrichtsgespräch über Beispiele, wo der Zufall manches noch schöner gemacht hat, als es geplant war.

Lesebuch	**Ein Osterhase**
Seite 95	von Mira Lobe

HINWEISE ZUM TEXT

Wie schon aus der äußeren Gestalt des Textes zu schließen ist, handelt es sich hier um Sprachspielerei, an der die Leser Vergnügen empfinden sollen.
Der Textinhalt ist banal und in der Illustration der Kapitelleiste wiederzufinden: Ein Osterhase holt sich ein Ei und zwar aus einem roten Dreieck. Dieses wehrt sich zwar ("rühr mich nicht an!"), wird aber seines "ei" beraubt und übrig bleibt "Dreck".
Die Idee, das "ei" als reales Ei darzustellen oder es wie der Osterhase aus einem Wort zu stehlen, läßt sich weiterspielen.

Die dreieckige Anordnung der Zeilen bietet zudem gute Gelegenheit, Blickspannübungen mit unterschiedlich langen Zeilen zu üben. Die Fähigkeit, vorausschauend zu lesen, ist ein wichtiges Lernziel des weiterführenden Lesens und kann so trainiert werden.

LERNZIELE

- Die Schüler sollen den Inhalt des Textes verstehen und ihn mit der Illustration in Beziehung setzen.
- Sie sollen die Handlungspartner entdecken und die wörtliche Rede gestalten.
- Sie sollen zeilenübergreifend lesen lernen und die Satzzeichen als Ziel für die Augen nützen.
- Sie sollen das "Eierklauen" am Wort Dreieck nachspielen und graphisch gestalten.
- Sie sollen den Sprachwitz verstehen und daran Spaß empfinden.
- Sie sollen die Idee übernehmen und an anderen Beispielen anwenden.

VORSCHLÄGE ZUR UNTERRICHTSGESTALTUNG

Hinführung:
Vermutungen zur Illustration
Erfinden einer Geschichte zu den Reizwörtern aus dem Bild: Auto – Warndreieck – Osterhase

Textbegegnung:
Stilles Erlesen des Textes
Arbeitsaufgabe für schnelle Leser: *"Was ist an der Geschichte anders als in den Vermutungen, die die Kinder zur Illustration erfanden?"*

Textarbeit:
1. Inhaltliche Klärung:
   – Der Illustration aus dem Text Wörter zuordnen Tafelanschrift:
   parkendes Auto, rotes Dreieck, Landstraße, Osterhase
   – Handlung nachvollziehen, aus der Tafelanschrift das "ei" herauswischen oder als Ei darstellen:

   Dr (ei) eck

   – Spielen der wörtlichen Rede, das "Ei, ei!" als Verwunderung oder als Locken stimmlich gestalten
2. Eigene Sprachspielereien:
   – Arbeitsaufgabe: *"Was bleibt übrig, wenn der Osterhase Eier klaut?"* Bäckerei, Brautschleier, Eisweiher, Kinderheim, Eierbecher Unterrichtsgespräch/Ergebnis: Das Beispiel im Buch "Dreieck" ist besonders schön!
   – Arbeitsaufgabe: *"Finde heraus, wie diese Wörter richtig heißen!"*

Dreck	Fertag
Fruchts	Rhenhaus
Blaumse	Lerkasten
Bügelsen	Schuhnlagen

   – Textvergleiche:
   Lesebuch S. 7: *"Hier wurde aus Wörtern "Mensch" geklaut."* (Nur sinnvoll, wenn der Text bereits besprochen wurde!)
   Lesebuch S. 166: *"Auch hier wird aus Wörtern etwas geklaut."*

Lesebuch Seite 96 **April, April** von Astrid Lindgren

HINWEISE ZUM TEXT

Der Text stammt aus dem Kinderbuch "Mehr von uns Kindern aus Bullerbü" von Astrid Lindgren (vgl. Lehrerkommentar S. 29). Die Geschichte erzählt, wie Ole auf einen Aprilscherz hereinfällt. Auf der Kapitelleiste sind Phasen des Aprilscherzes dargestellt. Ole soll einem Lumpensammler Steine verkaufen, was er auch versucht. Die Figur eines Lumpensammlers sollte vor dem Lesen der Geschichte den Kindern in Wort und Bild (s. S. 97: Illustration) nahegebracht werden: Menschen von ungepflegtem Äußeren, mit Trödelkram, sie sammelten und kauften von Leuten wenig geachtete Dinge, um sie wieder zu verkaufen. Die Geschichte bietet auch Anlaß, über den Brauch des "in den April Schickens" zu sprechen. Dabei sollen die Kinder sensibilisiert werden, was lustige Streiche sind, wann sie schlimm oder gemein werden. Eine weitere Geschichte von Astrid Lindgren: Lesebuch S. 22, "Lisa erzählt eine Spukgeschichte"

SACHHINTERGRUND ZUM BRAUCHTUM

Der 1. April ist in der ganzen Welt der "Narrentag": "Am ersten April schickt man die Narren, wohin man will." Die Römer haben um diese Zeit ein Narrenfest gefeiert, in Indien werden an diesem Tag Leute auf alle mögliche Weise zum Narren gehalten, die Franzosen behaupten, an diesem Tag sei Judas geboren. In Deutschland gibt es das Aprilschicken etwa seit dem 30jährigen Krieg. Ursprünglich wurde dieser Spaß auf Kosten der Schwächeren getrieben, was Anstoß zum Nachdenken geben kann. Eltern haben ihre Kinder in den April geschickt, Meister ihre Lehrlinge, Herren ihre gerade eben eingestellten Knechte. Schadenfreude und Spott standen im Mittelpunkt. Also gar kein so "guter" Ursprung.

aus: S. Schönfeldt, Das große Ravensburger Buch der Feste und Bräuche, Ravensburg 1980

LERNZIELE

- Die Kinder sollen die Geschichte erlesen, eigene Erfahrungen mit dem Inhalt verknüpfen und den Text spannend vorlesen.
- Sie sollen dem Bild vom Lumpensammler Informationen über diese Figur entnehmen.
- Sie sollen sich um das Brauchtum zum 1. April Gedanken machen und sensibilisiert werden, zwischen Spaß und Schadenfreude zu unterscheiden.
- Sie sollen erfahren, daß die Geschichte aus einem Kinderbuch von Astrid Lindgren stammt.

VORSCHLÄGE ZUR UNTERRICHTSGESTALTUNG

Hinführung:

Bildbetrachtung S. 97

Unterrichtsgespräch über die Figur eines Lumpensammlers: Woher kommt der Name? Was sammelt er? Welche Rolle spielte er früher?

Impuls: *"Was hat die Überschrift mit einem Lumpensammler zu tun?"*

Textbegegnung:
– Gemeinsames lautes Erlesen oder
– stilles Erlesen
  Arbeitsaufgabe für schnellere Leser: *"Überlege dir zu jeder Zeichnung am Seitenrand einen Satz!"*

Textarbeit:
1. Inhaltliche Klärung:
   – Absatzweises Lesen und dabei jede Zeichnung zur Zeilenmarkierung mit Textbausteinen erklären
   – Erklären der Illustrationen an der Kapitelleiste mit dem Inhaltsverlauf/Vorlesen und mitzeigen
   – Klären des Begriffs "verzückt aussehen" an der Illustration
     "verzückt schauen" mimisch darstellen
   – Lesen mit verteilten Rollen und Erzähler
   – Lesen mit verteilten Rollen und die Erzählteile pantomimisch spielen
   – Klären des Begriffs "jemanden anführen"
     Synonyme suchen, z.B. täuschen, an der Nase herumführen, hereinlegen, anschmieren, für dumm verkaufen, ...
     Lesen des Textes ab Zeile 15 und dabei jeweils ein anderes Wort für "... aber schön angeführt, ..." verwenden
2. Textgehalt
   – Unterrichtsgespräch über den Brauch "jemanden in den April schicken"/eigene Erfahrungen einbringen/Informationen über diesen seltsamen Brauch
   – Partnerarbeit: *"Was dachte sich wohl Ole, als er nach Hause ging?"*
     Unterrichtsgespräch: *"Warum sagte er kein Wort?"*
   – Andere Aprilscherze sammeln, z.B.:
     "Haumiblau" (Hau mich blau), "Ibidumm" (Ich bin dumm) oder Stecknadelsamen kaufen lassen
     Szenen spielen

Vertiefung:
Wen darf man in den April schicken?
Was ist kein lustiger Aprilscherz?
Was ist lustig?

Weiterführendes Lesen:
– Geschichten und Bücher von Astrid Lindgren ausstellen
– ein Buch als Klassenlektüre lesen
– vgl. Lehrerkommentar S. 29

Lesebuch	**Liebe Mutter!**
Seite 98	von Ursula Wölfel

HINWEISE ZUM MUTTERTAG

Der Brauch, den Muttertag zu feiern, entstand 1914 in Amerika. In Deutschland wurde 1922/23 die Idee aufgegriffen, und seit 1933 gilt der zweite Sonntag im Mai als Muttertag.
Die ursprüngliche Intention, die Bedeutung und Leistung der Frau als Mutter aufzuwerten und zu würdigen, ist heute weitgehend überdeckt von merkantilen Interessen, die Geschenke aufdrängen und oft Alibi-Handlungen auslösen. Die Vermarktung hat eine Form angenommen, daß es fast nicht mehr möglich ist, ihm ganz zu entfliehen. Auch an das Kind werden von der Familie oft Erwartungen herangetragen. Deshalb ist es nötig, dieses Thema, wenn auch kritisch, in den Unterricht aufzunehmen.
Im Mittelpunkt dieser Besinnung sollte jedoch nicht ausschließlich die belastete Mutter stehen. Manche Schüler erleben ihre Mutter anders, sie wachsen bei Großeltern auf, leben mit dem Vater allein u.ä. Werden anläßlich dieses Jahrestages die Mutterrolle und eine heile Familie zu sehr in den Mittelpunkt gestellt, entstehen manchen Kindern zusätzliche Konflikte. Wesentlich besser ist es, den Gedanken an die Fürsorge einer Bezugsperson zu zentrieren und daran weitere Aktionen anzuschließen.

HINWEISE ZUM TEXT

Dieses Gedicht von Ursula Wölfel (Hinweise zur Autorin s. Lehrerkommentar S. 24) hebt sich von anderen Muttertagsgedichten dadurch ab, daß die lieben Gedanken für die Mutter nicht auf einen Tag im Jahr fixiert werden. "Denn Muttertage, das ist klar, die sind an allen Tagen." Das Geschenk an die Mutter ist im Lesebuch ein Bild mit Wasserfarben und das Gedicht, wie ein Brief an die Mutter geschrieben. Die Mutter erhält Glückwünsche, die Bestätigung "Ich hab Dich lieb das ganze Jahr" und das Versprechen "So gut ich kann und allezeit will ich Dir Freude machen." Falls nötig, läßt sich das Gedicht auch für andere Bezugspersonen umformulieren. Indem die Kinder vor dem Lesen ihre Gedanken an die Mutter frei formulieren, wird ihr Blick geöffnet für die kunstvolle Sprache des Gedichts. Neben dem Entdecken der Reime sollen die Kinder das sprachliche Bild "die Sonne soll dir lachen!" konkretisieren und übertragen.
Das Gedicht und seine Darstellung im Lesebuch sollen anregen, es auswendig zu lernen und/oder es in einem Briefchen aufzuschreiben.

LERNZIELE

– Die Kinder sollen das Gedicht wie eine Anrede an die Mutter lesen.
– Sie sollen verstehen, daß das Gedicht Glückwünsche, ein Versprechen und als Geschenk die Versicherung der Liebe enthält.
– Im Vergleich mit eigenen Sprachversuchen sollen sie spüren, daß das Gedicht kunstvoll in Sprache gesetzt ist.
– Sie sollen Reime als Hilfe beim Auswendiglernen nützen lernen.
– Den Rhythmus sollen sie beim flüssigen Aufsagen, evtl. auch im Umsetzen in eine Melodie, spüren.
– Die Kinder sollen das übliche Muttertagsgeschehen kritisch sehen.
– Sie sollen die Idee übernehmen und einen Brief an die Mutter gestalten.
– Sie sollen aus dem Gedicht herausfinden, was die Autorin über den Muttertag denkt.

VORSCHLÄGE ZUR UNTERRICHTSGESTALTUNG

Hinführung:
– Unterrichtsgespräch über den Muttertag s.o.
– Freie Aussprache zur Illustration an der Kapitelleiste im Sinne von "alle Dinge erinnern uns an die Mutter ...".

Eigene Gestaltungsversuche:
"Statt irgendein Geschenk einfach zu kaufen, wollen wir der Mutter ... zu diesem Tag schreiben, was wir über sie denken."
Partnerarbeit: Sammeln von Stichpunkten
Tafelanschrift, z.B.:

Liebe Mutter!

Ich danke dir!
Ich wünsche dir alles Gute!
Ich verspreche dir ...

Zielangabe:
Ursula Wölfel hat sich für den Muttertag ein Gedicht ausgedacht.

Textbegegnung:
Lautes bzw. leises Erlesen
Freie Aussprache in bezug auf die Vorarbeit
Impuls: *"Denkst du, daß sich die Mutter über dieses Gedicht freuen würde?"*

Textrezeption:
– Vergleich der Gedichtinhalte mit den eigenen Stichpunkten/Zuordnen von Zeilen, falls sie passen
– Konkretisieren der Aussagen:
   Glück ...
   die Sonne soll dir scheinen ... Provokation: *"Wünschen wir der Mutter nur Sonnentage?"* Sonne bedeutet ...
   Freude für die Mutter ...
– Provokation zur 2. Strophe: *"Im Kalender steht der Muttertag nur einmal im Jahr."*
– Warum soll ich Mutter sagen, daß ich sie lieb habe? Weiß sie das nicht?

Vertiefung:
"Ist Ursula Wölfel für oder gegen den Muttertag?"

Textproduktion (alternativ):
– Abschreiben und Gestaltung des Gedichts für die Mutter
   Eventuell umformulieren, falls der Adressat eine andere Bezugsperson ist
– Das Gedicht als Brief abschreiben und dabei die zusammengehörenden Reime mit gleicher Farbe nachmalen
– Den Namen der Mutter oder einer anderen Person nehmen und dazu Dinge assoziieren, die an ihr wichtig sind
   vgl. Renate Welsh: "Wie buchstabiere ich mich heute?", Lesebuch S. 196

Lesebuch	Die Tulpe
Seite 99	von Josef Guggenmos

HINWEISE ZUM TEXT

Guggenmos beschreibt in dem Gedicht, wie die Natur im Frühling erwacht. In poetischer Weise läßt er den Leser nachempfinden, wie er sich über die Schönheit der Tulpe im Frühling freut und über ihr Wachsen staunt: Lange schlief die Zwiebel tief in der dunklen Erde, durch Frühlingsstimmen wurde sie plötzlich geweckt. Und nun wechselt der Dichter in die Gegenwart: Die Zwiebel macht einen langen Hals, mit einem hübschen Tulpengesicht blickt sie in den Frühling. Der Augenblick seines Erlebnisses wird deutlich.
Drei Strophen mit unterschiedlicher Klangfärbung schildern das Wachsen der Tulpe: Dunkle Töne beschreiben die Zwiebel in der Erde, während mit ihrem Erwachen Unruhe spürbar wird und hellere Töne anklingen, die die letzte Strophe bestimmen: Die Freude am Durchbruch des Tulpengesichts in den Frühlingstag kommt zum Ausdruck. Die Illustration greift diesen Augenblick auf.

Da das Gedicht seine Wirkung vor allem durch die lautmalerischen Mittel erhält, sollte das Gestalten des Vortrags im Mittelpunkt des Unterrichts stehen und die Erschließung tragen. Wird der Inhalt parallel dazu mit Bewegungen pantomimisch dargestellt, kann die Stimmung individuellen Charakter bewahren.

Die anthropomorphisierende Beschreibung der Tulpe kommt Kindern entgegen und erleichtert das Identifizieren: Die Tulpe schlief, sie erwachte, sie denkt, fühlt und stellt Fragen, um zuletzt mit einem Gesicht um sich zu blicken.

Leicht lassen sich die Endreime finden, sie zeigen Kindern ebenfalls, wie gekonnt der Dichter seine Stimmung vermittelt. Auffällig ist die Häufung der Endreime auf –acht, von der ersten bis zur letzten Strophe. Sie begleiten gleichsam das Erwachen der Pflanze: Nacht, erwacht, gemacht, –gelacht
Falls es sich anbietet, kann man die Kinder darauf aufmerksam machen, daß mit dem Wachsen der Tulpe auch die Zeilenlängen zunehmen. Und wo ist die längste Zeile? Dort, wo geschrieben steht, es "hat die Zwiebel einen langen Hals gemacht."

HINWEISE ZUM AUTOR
Josef Guggenmos, geboren 1922, lebt heute als freier Schriftsteller im Allgäu. Er kam über das Übersetzen von Kindergedichten und -geschichten zum eigenen Schreiben. Viele wichtige Preise begleiten sein literarisches Schaffen. In fast jedem Lesebuch und in jeder zeitgenössischen Anthologie finden sich Gedichte von ihm. Guggenmos greift oft Themen aus der Tier- und Pflanzenwelt auf, befaßt sich aber auch gerne mit Gegenständen und Geschehnissen aus der alltäglichen Umwelt der Kinder, um sie phantasievoll, heiter, oft mit Situationskomik und Witz zu pointieren. Viele seiner Verse sind auch Wort- und Sprachspiele, originell und voll naivem Zauber.

Als weitere Texte von Guggenmos enthält das Lesebuch: S. 122: "Gerettet"
S. 137: "Zwei Meisen fanden ein A"
S. 167: "Das Waldhaus"
S. 180: "Mein Ball"

LERNZIELE

- Die Kinder sollen das Gedicht hören und mit zunehmendem Staunen eine Tulpe betrachten.
- Sie sollen erkennen, daß in dem Gedicht das Wachsen der Tulpe beschrieben wird und als Höhepunkt das Erwachen der Blüte im Frühling gestaltet ist.
- Sie sollen die drei Strophen des Gedichtes als zusammengehörende Einheit erfassen.
- Über das Zuhören, Nachsinnen und eigenes Ausprobieren sollen sie die lautmalerische Wortwahl mit der inhaltlichen Aussage in Beziehung setzen.
- Sie sollen den Inhalt pantomimisch nachspielen und die Bewegung mit dem Gedichtvortrag begleiten.
- Sie sollen erkennen, daß der Dichter Wortwahl, Reime und Strophen gekonnt gesetzt hat, um uns sein Empfinden zu vermitteln.

VORSCHLÄGE ZUR UNTERRICHTSGESTALTUNG

Arbeitsmaterial: Tafelzeichnungen oder Bilder von den Stadien der Tulpe: Zwiebel, Zwiebel mit Sproß, erblühte Tulpe/echte Tulpenpflanze im Topf/dunkle Decke, grüne Handschuhe, grüner Pullover, rote Mütze oder dergl. für "Tulpengesicht"

Hinführung:
Betrachten einer echten Tulpe/Freie Äußerungen/
Impuls: *"Könnten wir über die Tulpe ein Gedicht machen? Was könnte man zum Ausdruck bringen?"*

Textbegegnung:
Vortragen des Gedichts durch den Lehrer, dabei die Tulpe betrachten
Freie Aussprache

Textarbeit:
1. Inhalt des Gedichts
   - Noch einmal ausdrucksstark vorlesen (um einem Leiern von Anfang an entgegenzuwirken), die Kinder lesen leise mit

- Wiederholtes Lesen, Vergleich der Aussagen des Gedichts mit der echten Tulpe
- Darstellen des Wachsens der Tulpe durch Bilder an der Tafel
  Zuordnen der einzelnen Strophen (mündlich)

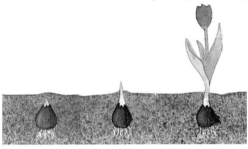

- Klangproben, Unterrichtsgespräch: Was klingt als "Tafeltext" besser, eine sachgemäße Beschreibung wie "Tief in der Erde schlief die braune Zwiebel." oder die erste Strophe des Gedichts? Analog dazu: "Plötzlich hörte die Zwiebel die Vögel und erwachte." oder die zweite Strophe des Gedichts?
  Dritter Teil: "Aus der Zwiebel kommt ein langer grüner Sproß und dann öffnet sich die Blüte." oder die dritte Strophe des Gedichts?
  Ergebnis: Mit dem Wortlaut des Gedichts kann man sich die einzelnen Phasen viel besser vorstellen.
  Der Dichter hat die Wörter ausgesucht und sie in eine bestimmte Reihe gestellt.
- Er hat an die Zeilenenden auch Reimwörter gesetzt. Finden der Endreime: tief – schlief, droben – toben/Impuls: *"Eine Reimendung wächst mit der Tulpe direkt mit."*
  Ergebnis den Bildern an der Tafel zuordnen:
  Nacht   erwacht   gemacht   gelacht
- Vortragen des Gedichts mit Klanggestaltung und dabei die Phasen an der Tafel mitzeigen.
  Impuls: *"Der Dichter stand sicher nicht einige Monate im Garten. Wann, denkst du, hat ihm die Tulpe so gefallen, daß ihm ein Gedicht einfiel?"*
  Lehrervortrag, dabei vor allem in der Betonung die Gegenwart der letzten Strophe hervorheben
  Tafelbild: Zur erblühten Tulpe ein Symbol für den Betrachter skizzieren
2. Nachgestalten des Gedichts
   - Vorzeigen der Requisiten (s.o.)
     Partnergespräch: *"Wie könnten wir das Gedicht spielen?"*
   - Mit Bewegungen und Pantomime jede Strophe spielen, vorher die beabsichtigte Wirkung besprechen
     1. Strophe: Ein Kind kauert ruhig, eingehüllt unter dunkler Decke
     2. Strophe: Unter der Decke regt es sich, grüne Fingerspitzen schauen hervor
     3. Strophe: Der "Hals" wird immer länger, befreit sich von der Decke
     Schluß: Das hübsche Tulpengesicht (Mütze, Tuch ...) tritt in den Frühling/Vergleich mit der Illustration

– Das Gedicht wechselweise vortragen und mit
lautmalerischen Mitteln parallel zur Pantomime
gestalten:
dunkel, langsam, getragen
Bewegung kommt auf/Die Neugierde in den Fragen zum Ausdruck bringen
klanglich deutlich werden soll das Strecken, die
Freude und die Befreiung in der letzten Zeile

Vertiefung:
– Betrachten des Gedichts: *"Welches ist die längste
  Zeile? Paßt das zum Inhalt?"*
– Impuls: *"Wir erfahren in dem Gedicht, wie die Tulpe
  wächst, schau dir die Zeilenlängen an!"*

3. Kapitel   Jahreszeiten und Feste

Lesebuch   **Sommer**
Seite 100 – 105

Die in diesem Kapitel zusammengefaßten Texte
passen zwar besonders gut zu Erlebnissen in der
Sommerzeit, können jedoch auch zu anderen Zeit-
punkten behandelt werden.
Das "geistige Band" dieses Kapitels, die Illustration
auf der Kapitelleiste stellt eine eigenständige Geschichte dar, die jedoch zu jedem Textschwerpunkt
paßt. Sie bietet Impulse zum genauen Lesen, zum
vergleichenden Lesen und regt auch zu eigenem
Sprachgestalten an, wobei durchaus Sprachbausteine
und Ausdrücke, die in den Texten nachempfunden
wurden (z.B. beim Gewitter, bei der Beschreibung der
Müdigkeit ...) angewendet werden können.
Das Schwierigkeitsniveau dieser Texte ist gering,
lediglich die Textlänge von "So sehen heute die
Pferde aus" stellt etwas höhere Anforderungen an die
Leser. Durch Anlesen und Portionieren der Geschichte kann jedoch dem Leistungsstand entsprechend
und für jedes Niveau interessant differenziert werden.

Lesebuch	**Beim Gewitter**
Seite 100	von Eva Rechlin

HINWEISE ZUM TEXT

Gewittererlebnisse sind für Kinder sehr beeindruk-
kend und lösen oft auch Angst aus. Das Gedicht
beschreibt in zwei Strophen Regen (er schießt aus
den Wolken), Blitz und Donner ("Krachpengrollerbollerbumm") und erinnert durchaus daran, daß ein Blitz
auch einschlagen kann ("Und der schöne Baum –
oder du fällst um").
Diese Szene stellt sich auch in dem ganzseitigen Bild
(S. 101) dar, wobei hier vor allem, im Gegensatz zum
Text, das Bedrohliche zum Ausdruck kommt.
An die beiden ersten Strophen schließen sich im Text
vorwiegend heitere Zweizeiler an, die den Rat geben,
beim Gewitter nicht unter Bäumen Schutz zu suchen,

wohl im Anklang zu dem falschen, althergebrachten
Spruch: "Vor Eichen sollst du weichen, Buchen sollst
du suchen." Die im Gedicht aufgezählten Bäume sind
in ihrer Auswahl zum großen Teil durch mögliche
Endreime ausgewählt, so z.B. Föhren ... Nur für
dumme Gören, Pappel ... Gezappel, Palmen ... Qualmen. Das wird auch für Kinder nachvollziehbar, vor
allem dann, wenn sie mit anderen Bäumen versuchen,
sich reimende Zweizeiler zu finden.
In Verbindung mit dem Text ist es wichtig, als Sachhintergrund Regeln für richtiges Verhalten bei einem
Gewitter zu besprechen. Hier kann den Kindern, auch
von der Funktion her, die unterschiedliche Form eines
Sachtextes und eines Gedichtes deutlich werden.
Weitere altersstufengerechte Sachinformationen zum
Gewitter s. Lehrerkommentar S. 93.
Bilderszenen auf der Kapitelleiste erzählen ebenfalls
eine Gewittergeschichte. Es bietet sich an, diese
mündlich oder schriftlich zu erzählen, wobei einige
Ausdrücke aus dem Gedicht verwendet werden
können.

LERNZIELE

– Die Kinder sollen sich an Gewittererlebnisse erinnern und damit Text und Bildinformationen vergleichen.
– Sie sollen erkennen, daß das Gedicht in den
  beiden ersten Strophen Elemente des Gewitters
  beschreibt und dann Regeln in Zweizeilern gibt.
– Die Schüler sollen an der lautmalerischen Darstellung des Donners Spaß empfinden und mit der
  Stimme nachgestalten.
– Sie sollen zusammengehörende Endreime finden.
– An den Reimpaaren der Zweizeiler sollen sie verstehen, daß diese wohl die Auswahl der Bäume
  mitbestimmten.
– Die Kinder sollen empfinden, daß das Gewitter-
  gedicht keine Angst auslösen will, sondern durch
  Spiel mit Sprache (Donner, Zweizeiler) heiter stimmen will.
– Sachliche Informationen über richtiges Verhalten
  bei einem Gewitter sollen die lustigen Regeln
  bestätigen und ergänzen.
– Die Kinder sollen den Unterschied der beiden
  Textsorten Gedicht und Sachtext erkennen und
  von ihrer Verwendung her begründen können.

VORSCHLÄGE ZUR UNTERRICHTSGESTALTUNG

Tafelanschrift, die die Kinder im Entstehen mitverfol-
gen:

Krachpengrollerbollerbumm !

Vermutungen

Textarbeit:
1. Antizipation:
   – Betrachten des Bildes S. 101
     Freie Aussprache/Einbringen eigener Erfahrun-
     gen/Festhalten von Stichworten an der Tafel, z.B.:
     Unwetter, Gewitter
     Wolken

Regen
Blitz, getroffener Baum
- Gewitter-Erscheinungen akustisch nachgestal-
ten, z.B.
Prasseln des Regens: Fingerspitzen klopfen
Donner: s.o.
2. Gedichtbegegnung:
- Vortragen des Gedichts
Bei den Zweizeilern das letzte Wort der zweiten
Zeile etwas verzögern, damit die Kinder den Reim
suchen
- Lautes Lesen des Gedichts, den Donner lesen
alle
3. Gedichtaussage:
- Lautes Lesen und dabei die Stichworte der Tafel
mitzeigen, die Namen der Bäume an der Tafel
ergänzen
- Ergänzen der Tafelanschrift durch Textzitate
Regen: gießt, schießt aus allen Wolken
Blitz: schlägt ein
- Unterrichtsgespräch über Funktion der Strophen
Ergebnis: beschreiben Gewitter
             geben Ratschläge: Meide Bäume!
4. Spracharbeit:
- Partnerarbeit:
Zu den Bäumen die Reimwörter finden
Tafelanschrift: Linden – verschwinden
                Eichen – weichen
                Palmen – qualmen
                Föhren – Gören
                Pappel – Gezappel
Evtl. Bäume in der Umgebung lokalisieren
- Unterrichtsgespräch: *"Warum nennt die Autorin
wohl ausgerechnet diese Bäume? Warum wohl
die Föhren?"*
Ergebnis: Vielleicht wollte sie mit "Gören" rei-
men.
Den Wortinhalt "weichen" durch Spielen akti-
vieren

Textvergleich:
Sachtext:

Ein Blitz sucht stets die höchste
Erhebung. Deshalb gehe auf freiem
Feld mit geschlossenen Füßen in
die Hocke und suche keinen Schutz
unter einzeln stehenden Bäumen.
Du solltest bei einem Gewitter auch
nicht schwimmen. Im Auto dagegen
bist du sicher.
So kannst du schätzen, wie weit
das Gewitter entfernt ist:
Zähle die Sekunden zwischen Blitz und
Donner und teile die Zahl durch 3.
Hörst du den Donner zum Beispiel
nach 6 Sekunden, so ist das Gewitter
zwei Kilometer entfernt.

- Vergleich der Informationen
- Provokation: *"Wo sind in diesem Text die Reimwörter?"/"Wo sind die Strophen?"*
Ergebnis: Es ist ein Text, der nur etwas erklärt. Er
könnte auch in einem Sachbuch stehen. Es ist
kein Gedicht.

Textproduktion:
Reimen auf andere Bäume
Schülerversuche:

Auch unter einem Pflaumenbaum
findest du die Rettung kaum.

Auch unter Buchen
darfst du den Schutz nicht suchen.

Auch unter einer Tanne
haut's dich in die Pfanne.

Anschlußtext oder Textvergleich:
Lesebuch S. 30: "Angst und Mut"

Sprachgestalten:
Bildszenen der Kapitelleiste in einer Geschichte erzählen
Lesen des Gedichts: *"Welche Ausdrücke könnte ich
dabei verwenden?"*

Tafelbild:

Krachpengrollerbollerbumm!

Gewitter
Wolken
Regen: gießt, schießt aus allen Wolken   } Erlebnis
Blitz, getroffener Baum, schlägt ein   Gewitter
Donner

Linden   –   verschwinden
Eichen   –   weichen
Palmen   –   qualmen   } Ratschläge
Föhren   –   Gören
Pappel   –   Gezappel

Meide beim Gewitter Bäume!

Lesebuch	**So sehen heute**
Seite 102	**die Pferde aus**
	von Renate Welsh

HINWEISE ZUM TEXT

Die Geschichte erzählt von einer Familie, die einen
Urlaub auf dem Bauernhof plant und antritt. Mit
Erwartungen aus einem Bauernhof-Bilderbuch trifft
Sonja mit ihren Eltern auf dem Hausnerhof ein.
Ausführlich schildert Renate Welsh die "Begrüßung"
des Kindes durch den Hofhund und sehr einfühlsam
seine erste Begegnung mit einem Kälbchen. Wie
jedoch schon aus der Überschrift zu vermuten ist,
präsentiert sich der Bauernhof von heute anders. Statt
der erwarteten Pferde im Stall stehen Traktoren im

Schuppen, die der Sohn des Hauses etwas neckend: "Hast du ihnen Zucker mitgebracht?" zeigt.

Die Länge des Textes erfordert differenzierendes Lesen, wobei die klare Struktur Abschnitte leicht ausgliedern läßt und diese doch für den Gesamtinhalt bedeutsam bleiben. Da der Textinhalt keine großen Emotionen weckt, eignet sich die Geschichte auch gut zum sogenannten Übungslesen, zum Aufsuchen von Textzitaten und zum Üben im Umgang mit der Zeilennumerierung.

Zu Renate Welsh s. Lesebuch S. 190

LERNZIELE

- Die Schüler sollen den Textinhalt verstehen und mit der Überschrift in Beziehung setzen.
- Sie sollen sich mit den Kindern identifizieren und die geschilderten Erlebnisse aus deren Sicht nacherzählen.
- Sie sollen den Textinhalt mit der Illustration S. 103 und den Skizzen auf der Kapitelleiste vergleichen.
- Sie sollen die Geschichte spannend vortragen und die wörtlichen Reden gestalten.
- Die Kinder sollen aus dem Gedächtnis abschätzen, wo Textzitate zu suchen sind: Am Anfang, in der Mitte oder gegen Ende der Geschichte.
- Sie sollen sich im Suchen und Zitieren nach Zeilenangaben üben.

VORSCHLÄGE ZUR UNTERRICHTSGESTALTUNG

Arbeitsmaterial: Evtl. Kinderbücher über einen Bauernhof "alter" Prägung

Hinführung:
Betrachten eines Bildes bzw. eines Bilderbuchs von einem Bauernhof
Lehrererzählung: Sonja wohnt in einer Stadt. Sie kennt Bauernhöfe nur aus ihrem Bilderbuch. Mit den Eltern darf sie in den Ferien Urlaub auf einem Bauernhof machen. Worauf wird sie sich wohl freuen?
Stichpunkte an der Tafel notieren
Überschrift an der Tafel vorstellen

Textbegegnung:
- Vorlesen bis S. 102, Zeile 18
  Vermutungen zum weiteren Verlauf
  Stilles Weiterlesen
  Arbeitsaufgabe für schnelle Leser: *"Was findet Sonja auf dem Bauernhof? Vergleiche mit den Stichworten an der Tafel!"*
- Für langsame Leser weiter vorlesen bis S. 104, Zeile 5 ("... anzuschauen.") oder bis S. 104, Zeile 20
  Selbständig fertig lesen

Textarbeit:
1. Vergleich mit den Erwartungen:
   Wiederholtes Lesen, dabei die angetroffenen Erwartungen im Tafelbild unterstreichen, evtl. ergänzen, Falsches durchstreichen
2. Herausgreifen der "Hunde-Szene":
   - Impuls/Tafelanschrift: Riesenhund
     Riesen-Hunde-Maul
     Riesen-Hunde-Zunge

Freie Aussprache, Wiederholen der Szene aus dem Gedächtnis
- Vorlesen der Textstelle, dabei vorher abschätzen: Wann passierte die Begegnung? Am Anfang der Geschichte, am Ende?
  An der Tafel markieren, wie oft "Riesenhund" genannt wird (4 mal)
- Unterrichtsgespräch: *"Warum wird immer von einem Riesenhund gesprochen?"/"Was denkt Sonja?"/"Was tut der Hund?"/"Was will er?"/ Was weiß, bzw. was denkt Peter?"*

Tafelanschrift: "Barry"

Spielen der Szene, Begriffsklärung: hecheln
Lehrerinformation: Wie geht man mit einem fremden Hund um?
Auf keinen Fall weglaufen!
Körpersprache beachten!
Bei einem freundlichen Hund:
Schwanz: wedelt, "fegt hin und her",
Ohren: nicht angelegt,
Fell: nicht gesträubt

3. Herausgreifen der Szene mit dem Kälbchen:
   - Impulse: *"Was sieht Sonja, was fühlt sie?"/"Wie empfindet sie diese Begegnung?"*
   - Spielen der Szene mit den Pferden:
     Impuls: *"Wo finden wir sie im Text?"* Suchen gegen Ende des Textes/Vorlesen
     Unterrichtsgespräch: Was sagen Sonja und Peter? Was denken sie?
   - Impuls: *"Eigentlich hätten wir aus der Überschrift diesen Schluß vorausahnen können."*
     Unterstreichen des Wortes "heute" an der Tafel.

4. Bild- und Textvergleiche:
   - Impuls: *"Passen die Bilder?"* Ergebnis: Die Illustration S. 103 paßt, die Szenen auf der Kapitelleiste erzählen die Geschichte etwas anders
   - Textstellen suchen
     Bild S. 103: Text S. 103, Zeile 4 mit 9
     Bild Kapitelleiste S. 102: Text S. 102, Zeile 13 mit 18: Die Ankunft ist anders
     Bild Kapitelleiste S. 103: Text S. 102, Zeile 19 bis S. 103, Zeile 3: Der Hund jagt die Familie nicht in die Flucht
     Bild Kapitelleiste S. 104: Text S. 104, Zeile 4 mit 18: Kühe sind im Stall

Übungslesen:
1. Lesen des Textes/Einzelszenen suchen/der Klasse vorspielen: Die Klasse errät die Textstelle
   Gemeinsam suchen, wo sie zu finden ist: vorlesen
2. Stillarbeit: Suchbild (s. Kopiervorlage S. 95)
   Arbeitsaufgabe: *"Welche Darstellungen stimmen nicht mit der Geschichte überein? Notiere Seite und Zeilen zum Nachlesen!"*
3. Aufgaben zum genauen Lesen
   (s. Kopiervorlage S. 95)
   Lösungswort: URLAUB

Kopiervorlage

1. Der Bauernhof hat einen Namen.
   Notiere den dritten Buchstaben.

2. Der Riesenhund hat einen Namen.
   Notiere seinen vierten Buchstaben.

3. Die Bauersfrau packt den Hund an
   einem Band.
   Notiere den dritten Buchstaben.

4. Im Stall flitzt ein Vogel über
   Sonjas Kopf.
   Notiere seinen fünften Buchstaben.

5. Sonja will nicht so gern den
   Schwanz eines Tieres im Gesicht
   haben.
   Notiere den zweiten Buchstaben
   des Tieres.

6. Neben dem roten Traktor steht
   noch ein anderer.
   Notiere den letzten Buchstaben
   seiner Farbe.

Wenn du jetzt die Buchstaben liest,
erhältst du ein Wort, das etwas mit
Sonjas Familie und mit Familie
Hausner zu tun hat.

| Lesebuch | **Vor Müdigkeit umfallen** |
| Seite 105 | von Hans Manz |

HINWEISE ZUM TEXT und
LEITFRAGEN ZUR ERSCHLIESSUNG

– Auch dieser Text ist ein Gedicht, wenn auch ohne
Reime, ohne Strophen. Es ist ein „modernes"
Gedicht. Sehr kurz, mit wenigen Worten wird ein
Zustand beschrieben, den wohl jedes Kind kennt.
Im Vortrag können die Kinder erkennen, in dem
Gedicht steckt „Melodie", der beschriebene
Moment wird deutlich spürbar.
– Im Unterrichtsgespräch gilt es, den scheinbaren
Widerspruch zwischen „einem langen langen Tag"
und „der viel zu kurz war" aufzuklären und mit
eigenen Beispielen zu erweitern.
– Auch die Bedeutung der Überschrift sollte hier
besonders bedacht werden. In diesem Gedicht ist
sie zum Verständnis wesentlich, was ausprobiert
werden kann.
Wie ist es mit den Überschriften zu anderen
Gedichten? Z.B. bei „Beim Gewitter" (S. 100),
„Liebe Mutter" (S. 98) oder „Die Tulpe" (S. 99)

Eigentlich ist bei diesem Text die Überschrift schon
das ganze Gedicht. Oder erfahren wir noch mehr?
– Der Autor hat gut beschrieben. Jede Gedichtzeile
aktualisiert Erfahrungen und schafft Vorstellungen.
Was ist ein „reicher" Tag?
– Der Vergleich zwischen Textaussage und Bildinhalt
zeigt eine Möglichkeit, was an diesem langen
langen Tag, der viel zu kurz war, so erfüllen konnte.
Die Redewendung „Vor Müdigkeit umfallen" wird
zudem wörtlich dargestellt.
– Als Textvergleich bieten sich auch andere Ein-
schlaftexte an.
S. 16: „Was uns die Angst nimmt"
S. 22: „Lisa erzählt eine Spukgeschichte"
S. 30: „Angst und Mut"
S. 33: „Gute Nacht"
– Auch die Szene an der Kapitelleiste von S. 100 bis
S. 105 zeigt einen langen, reichen Tag, nach dem
man vor Müdigkeit umfallen könnte.
– Als weitere Texte von Hans Manz enthält das Lese-
buch
S. 7: „Wo sich die Menschen doch überall ver-
stecken"
S. 32: „Pech"
Hinweise zum Autor s. Lehrerkommentar S. 9

4. Kapitel   Andere Länder, andere Menschen

Lesebuch
Seite 106 – 114

Interkulturelle Erfahrungen bestimmen die Lebenswirklichkeit der Kinder schon seit Jahren. Die Schule steht in der Pflicht, diese aufzugreifen und an einer Basis für tolerantes Miteinander mitzuwirken sowie gegenseitige Lernchancen bewußt zu machen. Nach Untersuchungen zur politischen Sozialisation scheinen Einstellungen und affektive Beziehungen, die in der frühen Kindheit erworben wurden, relativ konstant zu bleiben, obwohl sie sich durch schulisches und außerschulisches Lernen kognitiv differenzieren.
Ein Einblick in wichtige Lebensumstände der Kinder in unterschiedlichen Nationen kann Verständnis und Achtung für das Anderssein vermitteln. Es sollte jedoch nicht die Exotik im Vordergrund stehen. Situationen des Familienalltags und des kindlichen Spiels sollten die Vergleiche und Gemeinsamkeiten eröffnen.
Manche Kinder haben vielleicht auch schon selbst im Ausland erlebt, daß sie, obwohl Deutsche, als Ausländer galten, sich fremd fühlten und auf Hilfe angewiesen waren.

Die Texte Seite 108: "Das ist doch alles verkehrt"
　　　　　　　110: "Spielzeugerfinder"
　　　　　　　112: "Straßenspiel"
　　　　　　　113: "Figuren im Sand"
　　　　　　　114: "Fünf Finger im Schnee"
thematisieren das Anders- und Ähnlichsein, Vorurteile und die Gefahr des Mißverstehens aus der Distanz. Indem sich Kinder mit anderen Sprachen befassen, zumindest mit den wichtigsten kommunikativen Strukturen, z.B. der Höflichkeit, verstärkt sich auch ihre Beziehung zu ihrer eigenen Muttersprache. Im Sinne eines life-long-learnings können die Kinder spontan einen natürlichen Zugang zu fremden Sprachen finden.

Die Texte Seite 106: "Guten Morgen!" und
　　　　　　　107: "Menschennamen"
dienen diesem Anliegen und sollten auch zusammenhängend behandelt werden.
Bei ausländischen Mitschülern in der Klasse sollte deren Muttersprache als Prinzip den Schulalltag begleiten, wobei sich elementare kommunikative Situationen besonders anbieten.

| **Lesebuch**　**Guten Morgen!** |
| **Seite 106** |

HINWEISE ZUM TEXT

Viele Kinder verfügen bereits über erste Erfahrungen mit einer mehrsprachigen Wirklichkeit, die in der Zukunft sicher noch an Bedeutung gewinnen wird.

Möglichst früh sollten sie deshalb auch im Unterricht einfache fremdsprachliche Kommunikationselemente kennenlernen. Im Umgang mit einer anderen Sprache zeigt sich für die Kinder ein Weg, das Fremde als selbstverständlich, als Bestandteil der eigenen Welt anzunehmen. Gerade der Grußformel kommt dabei eine besondere Bedeutung zu.
Im Anschluß bieten sich die "Menschennamen aus zweiundzwanzig Ländern", Lesebuch S. 107, an.

LERNZIELE

– Die Kinder sollen den Gruß "Guten Morgen" in verschiedenen Sprachen kennen, aussprechen, lesen und anwenden lernen.
– Sie sollen ihre Muttersprache als eine Form unter vielen verstehen.
– Die Zuordnung des Grußes zum Herkunftsland kann auch mit den Hoheitszeichen der Staaten (in der Kapitelleiste) verbunden werden.
– Die Kinder sollen die Bedeutung des Grußes in der Begegnung mit anderen verstehen lernen.

VORSCHLÄGE ZUR UNTERRICHTSGESTALTUNG

Arbeitsmaterial:　Papier und Stäbchen für Fähnchen, evtl. Tonbandaufnahme

Hinführung: (Alternativen)
– Sind in der Klasse Kinder mit ausländischer Muttersprache, sollte der muttersprachliche Gruß am Morgen bereits selbstverständlich sein. Der Übergang zum Betrachten der Lesebuchseite ergibt sich daraus ganz natürlich.
– Der Lehrer weicht vom üblichen "Guten Morgen" ab und begrüßt die Kinder in einer anderen Sprache.
– Tonband: Lehrer spricht *"Guten Morgen"*, Kinder antworten in fremden Sprachen.

ARBEIT MIT DER LESEBUCHSEITE

1. Aussprechen der verschiedenen Grußformeln:
Vorsprechen/Nachsprechen
Verbinden mit dem Schriftbild
Entdecken des Herkunftslandes
Spielen des Grußes, Herkunftsland raten
Unterrichtsgespräch: Einbringen eigener Erfahrungen
Impuls: *"Kann man den abgebildeten Kindern ihren Gruß zuordnen?"*
Unterrichtsgespräch/Ergebnis: Vom Aussehen läßt sich nur bedingt auf die Nationalität schließen.
Hinweis: Der Begriff "Neger" sollte wegen seines heute diskriminierenden Inhalts nicht verwendet werden. Besser: schwarzes Kind
2. Herkunftsländer der Kinder:
– Lehrerinformation/Unterrichtsgespräch (evtl. in Verbindung mit dem Sachunterricht): Warum leben und arbeiten bei uns Ausländer? Was bedeutet das für deren Kinder?
Hilfen zur Identifikation kann auch das Gedicht auf Seite 97 (Kopiervorlage) leisten.

– Fahnen der Titelleiste:

1 Island	5 Senegal	9 Dänemark	13 Ungarn
2 Indien	6 Großbritannien	10 Bolivien	14 Deutschland
3 Polen	7 Niederlande	11 Frankreich	15 Israel
4 Schweden	8 Tschechische Republik	12 China	16 Italien

Für folgende Kinder sind die Fahnen abgebildet:

England:	Nr. 6	Israel:	Nr. 15
Frankreich:	Nr. 11	Italien:	Nr. 16
China:	Nr. 12	Deutschland:	Nr. 14
Island:	Nr. 1		

Es fehlen: Spanien, Schweiz, Türkei, Rußland, Griechenland (s. Kopiervorlage)

– <u>Bastelanleitung</u>:
Fähnchen basteln, in den richtigen Farben ausmalen. Auf der Rückseite den entsprechenden Gruß schreiben

3. Bedeutung des Grußes:

Unterrichtsgespräch: „Warum ist es wichtig, einander zu begrüßen?"/„Was bedeutet es für einen anderen,

den Gruß in der Muttersprache zu hören?"
– Spiel mit den Fähnchen: Grüßen und begrüßt werden
– Welche Ausdrücke sollte man in einem fremden Land noch sprechen können?
Z.B. bitte und danke:

Spanien	por favor	gracias
England	please	thank you
Schweiz	bitti schön	merci vielmal
Frankreich	s'il vous plaît	merci
Türkei	buyurun	teşekkür
China	qing	xièxiè
Israel	bewakashah	todah
Griechenland	parakaló	efcharistó
Italien	per favore	grazie
Rußland	poschaluista	spasibo

Kopiervorlage

	rot			weiß
	gelb	Spanien		blau	Russland
	rot			rot

Ausländer

Mein Papa ist Ausländer.

Und meine Mama ist Ausländerin.

Klaus und ich, wir sind auch Ausländer,

eben jetzt, obwohl wir Deutsche sind.

Denn eben jetzt sind wir in Dänemark.

Ha ha!

Daran hast du nicht gedacht, was?

Dass Deutsche auch Ausländer sind –

im Ausland.

Siv Widerberg

rot
Kreuz weiß   Schweiz

rot
Mond und Stern weiß   Türkei

blau
weiß   Griechenland

Anschlußstoff:

Text und Melodie: Frederik Vahle

In Pau–le Puh–manns Pad–del–boot, da pad–deln wir auf
See. Wir pad–deln um die hal–be Welt. A – lo–ha–ho–ha – hee!
Gu–ten Tag, auf Wie–der–sehn! Gu–ten Tag, auf Wie–der–sehn!

2. In Portugal, da winkt uns
die Anabela zu.
Die fragte: „Darf ich mit euch mit?"
„Na klar, was denkst denn du!"
Bom dia, Adeus!
Guten Tag, auf Wiedersehn! (2 x)

3. In Spanien war es furchtbar heiß,
da stieg der Pedro zu.
Der brachte Apfelsinen mit,
die aßen wir im Nu.
Buenos dias, hasta la vista!
Guten Tag, auf Wiedersehn! (2 x)

4. Und in Italien war'n wir auch,
da kam die Marinella.
Die brachte Tintenfische mit
auf einem großen Teller,
Buon giorno, Arrivederci!
Guten Tag, auf Wiedersehn! (2 x)

5. Als wir in Jugoslawien war'n,
kam einer angeschwommen,
und der hieß Janko Jezovsek.
Wir ham ihn mitgenommen.
Dobar dan, dovi dschenja!
Guten Tag, auf Wiedersehn! (2 x)

6. Und rund um den Olivenbaum,
da tanzten wir im Sand.
Wir nahmen den Wasili mit,
das war in Griechenland.
Kali-mera, jassu, jassu!
Guten Tag, auf Wiedersehn! (2 x)

7. Dann fuhr'n wir weiter über's Meer
bis hin in die Türkei.
Von da an war'n auch Ahmet und
die Ayse mit dabei.
Merhaba, güle, güle!
Guten Tag, auf Wiedersehn! (2 x)

8. Und als wir dann nach Hamburg kamen
stand Paule Puhmann da
und rief: „Verflixt und zugenäht!
Mein Paddelboot ist da!"
Guten Tag, auf Wiedersehn!
Bom dia, Adeus!
Buenos dias, hasta la vista!
Buon giorno, Arrivederci!
Dobar dan, dovi dschenja!
Kali-mera, jassu-jassu!
Merhaba, güle, güle . . .

aus: Der Friedensmaler, Verlag Aktive Musik, Dortmund

Mein Freund Abdullah

Musik und Text:
Rolf Zuckowski

Rock'n Roll

1.-4. Mein Freund Ab – dul – lah,__ mein Freund Ab – dul – lah,__
1.-4. der ist kein Scheich und auch kein Mul – lah.__
1.-4. Mein Freund Ab – dul – lah,__ der wohnt ganz ein – fach ne – ben –
1.-4. an, und er freut sich, wenn er __ mit mir spie – len kann.
1. Er sagt: „Gel oyn uya–lim," und ich sag': „Spie – len."
1. Er sagt: „Ne – şe – lene – lim," und ich sag': „Fröh – lich
1. sein." Er sagt: „İşte bu gü – zel," und ich sag':
1. „Das macht Spaß!"__ 2. Mein Freund Ab –

2. Er sagt: „Arkadaşiz",
und ich sag': „Freunde".
Er sagt: „Bana gel",
und ich sag': „Komm zu mir!"
Er sagt: „Çok hoş olacak",
und ich sag': „Das wird schön!"

Mein Freund Abdullah . . .

3. Er sagt: „Okul",
und ich sag': „Schule".
Er sagt: „Öylese mecburuz",
und ich sag': „Muß wohl sein."
Er sagt: „Nerdeyse bitecek",
und ich sag': „Bald ist Schluß!"

Mein Freund Abdullah . . .

Arkadaslik cok güzel!
(Freunde sein ist schön!)

Vorschlag: Die letzte Refrain-Zeile
abwechselnd so singen: „. . . und ich freu'
mich, wenn *ich* mit *ihm* spielen kann".

Namen aus verschiedenen Ländern

1. Aus welchen Ländern kommen diese Namen?
   Schreibe das Land neben die Namen.

Abraham

Isabel

Augustin

Lan-Fang

Fatma

Mario

2. Suche auf der Seite 106 im Lesebuch, wie diese Kinder „Guten Morgen!"
   sagen und schreibe es in die zweiten Zeilen.

Lesebuch Seite 107	Menschennamen aus zweiundzwanzig Ländern von Evelyn Hardey

HINWEISE ZUM TEXT

Namen wecken bei Kindern immer wieder Interesse. Vor allem der Vergleich mit dem eigenen Namen, das Entdecken von bekannten Namensträgern und auch das Spiel mit Wörtern fasziniert.

Neben dem spielerischen Umgang mit dem Angebot, eignet sich die Sammlung vor allem als Weiterführung der vorhergehenden Seite „Guten Morgen".

LERNZIELE

- Die Kinder sollen ungewohnte Namen lesen und sprechen.
- Sie sollen Ähnlichkeiten und Unterscheidendes entdecken.
- Sie sollen die Namen mit den Grußformeln auf der Lesebuchseite 106 in Verbindung bringen.
- Sie sollen, falls in der Vorarbeit behandelt, die Namen mit dem Fähnchenspiel koppeln.
- Sie sollen in den Liedern S. 98 die neuen Namen einsetzen.

VORSCHLÄGE ZUR TEXTARBEIT

- Namen lesen und aussprechen lernen
- Lieblingsnamen heraussuchen
- Für die Kinder (Lesebuch S. 106) Namen finden, grüßen spielen

- Bekannte Namen entdecken, z.B.: Jasmin (Ägypten), Maria, Carmen, Claudia (Argentinien)...
- Welche Namen gibt es in der Klasse?
- Gleiche Namen finden:
  Claudia (Argentinien, Italien)
  Maria (Argentinien, Griechenland, Italien, Mexiko, Spanien) Warum ist Maria wohl so verbreitet?
- Rätselspiel: Namen nennen, Buchseite schnell überfliegen, Land suchen
- Namen in den Liedern S. 98 ersetzen, evtl. neue Strophen erfinden

Lösungen zur Kopiervorlage:
Aufgabe 1: Abraham – Israel, Augustin – Frankreich, Fatma – Türkei, Isabel – Mexiko, Lan-Fang – China, Mario – Italien
Aufgabe 2:

Abraham:	Schalom!	Isabel:	Buenos dias!
Augustin:	Bonjour!	Lan-Fang:	Pin on!
Fatma:	Merhaba!	Mario:	Ciao!

Lesebuch Seite 108	Das ist doch alles verkehrt von Ilse Kleberger

HINWEISE ZUM TEXT

In klar faßbaren Textabschnitten werden unterschiedliche Sitten und Gewohnheiten aus Japan und Deutschland gegenübergestellt. Mit scharfer Beobachtung und einer Liebe zu Details greift die Autorin kleine Selbstverständlichkeiten aus dem Alltag auf.

Sie macht in der Kontrastierung unaufdringlich deutlich, wie sehr das kulturelle Umfeld prägt, daß Fremdes nicht als falsch oder richtig gewertet werden kann, sondern einfach anders ist. Manche Gesten können sogar nur mit dem nötigen Wissen um die Sitten des Landes richtig verstanden werden wie z.B. das Winken oder das Schlürfen von Tee bzw. Suppen. Der provokante Titel "Das ist doch alles verkehrt" führt die Kinder auch im selbständigen Erlesen zur Einsicht im Sinne von "andere Länder, andere Sitten". Eigene Gewohnheiten und Erfahrungen können so relativiert werden.

Der Text kann zwar auch in Spalten gelesen werden, erhält aber seine Pointe dadurch, daß die einzelnen Abschnitte einander gegenübergestellt werden. Diese Lesart können die Kinder selbst entdecken. Auffällig ist auch die nahezu gleiche Wortwahl, wobei lediglich das Unterscheidende variiert.

Die Illustrationen greifen die einzelnen Vergleichspunkte wieder auf. In ihrer Interpretation eignen sie sich dazu, das Textverständnis zu überprüfen und Inhalte unter verändertem Aspekt wiederzugeben. Im gemeinsamen Drachenspiel an der Kapitelleiste sind Japan und Deutschland mit Nationalfahnen symbolisiert. Im Spiel wird Gegensätzliches wieder vereint.

LERNZIELE

- Die Kinder sollen die Situation verstehen, aus der heraus Peter und Take erzählen.
- Sie sollen den Texten Informationen entnehmen und entdecken, daß die einzelnen Abschnitte parallel gelesen werden sollen.
- Sie sollen die unterschiedlichen Gewohnheiten pantomimisch nachspielen und an den Illustrationen erklären können.
- Die Kinder sollen entdecken, daß der Wortlaut der beiden Kinder fast gleich ist und nur das Unterscheidende abweicht.
- Die Provokation in der Überschrift soll erkannt werden. Die Kinder sollen verstehen, daß in anderen Ländern andere Sitten herrschen.
- Sie sollen Interesse für andere Länder und für die Gewohnheiten der Menschen entwickeln.
- Sie sollen beim Beobachten von Andersartigem vorsichtig mit der Klassifizierung "falsch" bzw. "richtig" umgehen lernen.

VORSCHLÄGE ZUR UNTERRICHTSGESTALTUNG

Arbeitsmaterial: Folie zum Auflegen auf die Buchseite, abwaschbarer Folienstift

Hinführung:
Lehrererzählung zur Klärung der Ausgangssituation: Peters Vater hat eine Reise durch Japan gemacht und ihm davon erzählt. Peter erzählt davon seinem Freund Klaus.
Takes und Yukis Onkel war eine Zeit lang in Deutschland und hat ihnen davon erzählt. Take sagt zu Yuki.

Tafelanschrift:

Japan   Deutschland
Peter erzählt: Take sagt:

Freie Aussprache: "Was könnten die beiden über die zwei Länder erzählen?"
Impuls/Textzitate: "Die Japaner müssen ..."
               "Die Deutschen müssen ..."
                      (s. zweite Abschnitte)

Tafelanschrift:

Das ist doch alles verkehrt

Textbegegnung:
- Stilles Erlesen
- Zusatzaufgabe für schnelle Leser: "Versuche mit einem Partner die Abbildungen zu erklären!"
- Differenzierung: Anleitung zum halblauten Partnerlesen, wobei die entsprechenden Abschnitte gleich gegenübergestellt werden.

Textarbeit:
1. Textinhalt:
- Impuls: "Ein Gespräch findet in Deutschland statt."
  Lautes Lesen der ersten Spalte
  "Das andere Gespräch findet in Japan statt."
  Lautes Lesen der zweiten Spalte
- Impuls: "Eigentlich müßte man die Gespräche anders lesen!"
  Abschnittweises Lesen mit verteilten Rollen
- Stillarbeit mit aufgelegter Folie: "Unterstreiche die Wörter, die in den gegenüberliegenden Abschnitten anders sind!"
- Erklären der Illustrationen, Textstellen zuordnen
- Zusammenfassung und Gliederung an der Tafel:

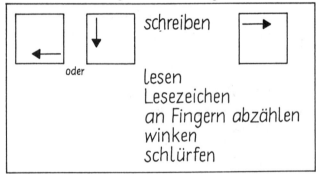

schreiben
oder
lesen
Lesezeichen
an Fingern abzählen
winken
schlürfen

- Ein Kind spielt pantomimisch eine "deutsche" Geste vor, ein anderes Kind zeigt die Szene "japanisch".
2. Textgehalt:
- Provokation: "Wer hat nun recht?"
  Unterrichtsgespräch/Ergebnis: Jedes Kind ist an Dinge in seinem Land gewöhnt, daß es meint, nur so ist es richtig.
- Impuls: "Manchmal könnten sich ein japanisches und ein deutsches Kind sogar falsch verstehen."
  Es ist wichtig, daß sie etwas über das fremde Land wissen.
  Mißdeutbare Situationen:
  Buch öffnen
  winken
  Tee schlürfen
  Spielen einer mißverstandenen Kommunikation
- Hinweis auf die Illustration an der Kapitelleiste: Die Kinder verstehen sich, sie spielen miteinander. Provokation: "Ist das möglich?"

Die beiden Fahnen in das Tafelbild einzeichnen
(s. Drachen).
– Impuls/Hinweis auf die Überschrift

Tafelanschrift:

Nichts ist verkehrt
Andere Länder haben andere Sitten

3. Textproduktion:
Nachgestalten von japanischen Schriftzeichen

犬	Hund	聞	zuhören
日	Tag	家	Haus
貝	Muschel	草	Gras
冬	Winter	春	Frühling

Lesebuch	Spielzeug–Erfinder
Seite 110	von Dagmar Binder

HINWEISE ZU TEXT UND BILDERN

Auch an kleinen Kindern gehen die vielen, oft bedrük-kenden Bilder aus der sog. Dritten Welt nicht vorüber, deshalb sollte diese Thematik auch im Unterricht aufgegriffen werden. Zu Recht wird die Darstellung extremer Formen von Elend und Krankheiten für Kinder dieser Altersstufe als zu belastend einge-schätzt: zu früh, zu fern, zu traurig. Kinder brauchen eine konkrete Perspektive. Aus diesem Grund führt die Lesebuch-Doppelseite den Schülern zwar die Armut der Kinder Afrikas vor Augen, jedoch nach dem Prinzip der sozialen Nähe: Über die Thematik Spielen kann Solidarität entstehen. Diese Kinder besitzen kein Spielzeug. Phantasievoll basteln sie sich Gegenstän-de nach Vorbildern der Wirklichkeit aus Müll, spielen damit und sind stolz darauf. Nicht wohlwollende Toleranz, schon gar nicht Mitleid sind emotionales Ziel dieser Einheit, sondern Solidarität. Vielleicht entsteht sogar der Wunsch, ähnliches zu versuchen.
Bilder und Texte bieten Informationen auf drei Ebe-nen:
Am augenfälligsten informieren die Fotos über das Spielzeug und die verwendeten Materialien. Die

Kleidung der Kinder (es sind nur Jungen – warum wohl?) und der Hintergrund der Fotos bieten Einblick in die Wohn- und Lebenssituation der afrikanischen Kinder. Gezielte Angaben zum Spielzeug lassen sich den kurzen Texten über den Bildern entnehmen, während der allgemeine Text den Zusammenhang herstellt. Ein Vergleich der Informationsgehalte bietet sich an.
Hinweis: Der heute diskriminierende Begriff "Neger" sollte durch "afrikanische" bzw. "schwarze" Kinder ersetzt werden.
Die Kapitelleiste zeigt selbstgefaltete Schiffchen und Helme mit Spielanregungen. Faltanleitungen dazu finden sich in jedem Bastelbuch.

Zur Information für den Lehrer:
Es sind folgende Fahnen dargestellt:
S. 110 von links nach rechts: Kenia, Äthiopien, Togo,
    Gabun;
S. 111: Großbritannien, Japan, Deutschland, Däne-
    mark, Elfenbeinküste, Niederlande.

Als weiterführende Literatur (Klassenlektüre) zum All-tagsleben von Kindern in Entwicklungsländern bieten sich u.a. an:

Schmidt, V.: Ich bin Paco, Ein Junge aus den Anden
    erzählt, Jugenddienst Verlag, Wuppertal 1980
Lutz, Ch.: Muraho, Zu Besuch bei der Familie
    Sibomona, Jugenddienst Verlag, Wuppertal 1981

Zur Thematik der einfachen, selbst hergestellten Spiele passen auch die folgenden Texte im Lese-buch: S. 112: "Straßenspiele" und
    S. 113: "Figuren im Sand".
Der Text "Muraho", im Lesebuch S. 53, vermittelt weitere Informationen über den Alltag.

LERNZIELE/
VORSCHLÄGE ZUR UNTERRICHTSGESTALTUNG

– Die Kinder sollen den Fotos Informationen über das
  selbstgebastelte Spielzeug entnehmen.
– Sie sollen ihre Wahrnehmungen mit dem Text über
  den Bildern vergleichen.
– Aus der Kleidung der Kinder sowie aus dem im
  Hintergrund sichtbaren Lebens- und Wohnumfeld
  sollen die Kinder Informationen über den Alltag der
  afrikanischen Kinder entnehmen.
– Aus dem allgemeinen Text sollen sie weitere Infor-
  mationen erlesen und Leitfragen ("Interviewfragen")
  finden, z.B.:
  Warum basteln die Kinder ihr Spielzeug selbst?
  Was basteln sie?
  Woraus basteln sie?
  Sind sie traurig, weil sie nichts kaufen können?
– Als Sprachproduktion sollen die Schüler die
  "Interviewfragen" anhand des Textes beantworten.
– Die Kinder sollen Anregungen aufgreifen und selbst
  Spielzeug erfinden.
  Hinweis: Afrikanische Kinder besitzen keinen Kleb-
  stoff, sie arbeiten mit Draht, Schnur ...
– Schiffchen und Helme der Kapitelleiste sollen wei-
  tere Anregungen zu kostengünstigem Spiel geben.
  Spielinhalte können aus den Abbildungen abge-

leitet werden, z.B.:
Wettschwimmen; unterschiedliche Nationen
(Helme) sprechen miteinander.

Anschlußstoff:
Ein kleiner Sprachkurs in Kinyarwanda

Kopiervorlage

Ein kleiner Sprachkurs in Kinyarwanda

In Afrika werden über 500 Sprachen
und 300 Dialekte gesprochen.
In Ruanda spricht man Kinyarwanda
und Kisuaheli. In der Schule lernen
die Kinder auch französisch.

Guten Tag!	muraho
Antwort auf den Gruß	yego yee
Auf Wiedersehen!	murabeho
Wie heißt du?	wi twande
Ich heiße Marco.	nitwa Marco
Ich heiße Sabine.	nitwa Sabine
Wie geht es dir?	umeze ute
Mir geht es gut.	meza neza
Was ist das?	iki ni iki
ja	yee
nein	oya
danke	murakoze
eins	limwe
zwei	kabili
drei	gatatu
vier	kane
fünf	gatanu
sechs	gatandatu
sieben	kalindwa
acht	umunani
neun	ischenda
zehn	ischumi

Mögliche Aufgaben zur Kopiervorlage:
- Rechenaufgaben
  z.B.: kabili + gatanu =
        ischumi – ischenda =
  Lösungen: kalindwa
            limwe
- Den Partner in afrikanischer Sprache begrüßen, ihn fragen, wie es ihm geht ... Der Partner antwortet in dieser Sprache.

Lesebuch **Seite 112**	**Straßenspiele** von Utta Wickert
Lesebuch **Seite 113**	**Figuren im Sand**

HINWEISE ZU DEN TEXTEN/
VORSCHLÄGE ZUR UNTERRICHTSGESTALTUNG

Beide Texte beschreiben einfache Kinderspiele mit Naturmaterialien (Steinchen, Stock, Sand), die zum Nachvollziehen reizen.
Die Spielanleitungen können in der Klasse arbeitsteilig gelesen werden. Daraus ergibt sich eine natürliche Situation, den anderen Spielidee und –regeln zu erklären.
Der Text "Straßenspiele" ist etwas schwieriger zu lesen, da er neben der Spielbeschreibung auch Informationen über die Lebenssituation der Mädchen Indah und Aminah in Indonesien gibt:
- Indah muß den Verkaufsstand der Mutter hüten.
- Der Sonnenstand (nicht die Uhr) zeigt die Zeit der Ablösung an.
- Die Straßen zwischen den Häusern sind schmal.
- Es fährt kein Auto und kaum ein Motorrad auf diesen Straßen.
- Die Kinder spielen auf der Straße.

Das Zeichenspiel aus Zaire kann mit einer Deckfolie auf der Buchseite leicht nachvollzogen werden. Der jeweilige Anfangspunkt ist gekennzeichnet.
Beide Spiele sollen, nachdem die Spielidee im Unterrichtsgespräch geklärt wurde, im Freien gespielt werden.

Sprachproduktion:
Es bietet sich an, eine Anleitung für beide Spiele zu schreiben, z. B. nach folgendem Muster:
- Wie heißt das Spiel? (Name für "Straßenspiel" muß erfunden werden)
- Was braucht man dazu?
- Wie viele Kinder können mitspielen?
- Wie geht das Spiel?
- Wer gewinnt?

Klassenprojekt: Sammeln von Spielen, die wir im Freien spielen (s. a. Anregung in der Kapitelleiste). Weitere Spielideen aus fremden Ländern s. Karteikarten für die Freiarbeit zum Lesebuch "Überall ist Lesezeit 2".
Ergänzende Literatur:
Mal, Matthias: Komm und spiel mit uns! Das unicef-Buch der Kinderspiele, Arena Verlag, Würzburg 1983.

Weiterführende Spielidee:
Kinder versuchen, sich durch Zeichen zu verständigen. Z.B.:
- Sie fordern ein "ausländisches" Kind zum Mitspielen auf,
- sie fragen nonverbal, ob sie mitspielen dürfen,
- oder sie erklären einem anderen Kind, das eine andere Sprache spricht, ein Spiel wie z.B. "Blinde Kuh" mit Gesten und Mimik.

Zur Information für den Lehrer:
Es sind folgende Fahnen dargestellt:
S. 112: Jamaika, Indien, El Salvador, Nigeria, Chile,
        Bolivien;
S. 113: Gambia, Niger, Sudan, Dahomey, Guinea,
        Uganda.

Ergänzung:

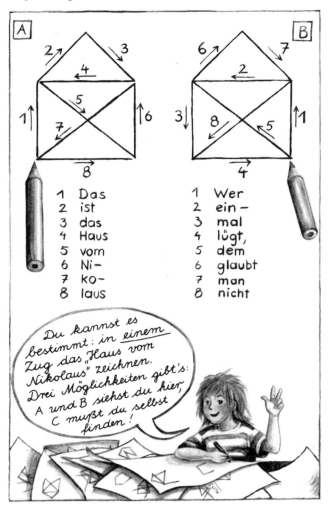

aus: H. Gärtner, Lesespiele, Duden-Schülerhilfen,
Bibliographisches Institut, Mannheim 1986

Lesebuch	**Fünf Finger im Schnee**
Seite 114	von Gudrun Mebs

HINWEISE ZUM TEXT

Die Geschichte lehnt sich inhaltlich eng an das bekannte Gedicht "Kinderhände" von Hans Baumann
an.
Den ersten Teil des Textes bestimmen jedoch unre-
flektierte, z.T. bösartige Vorurteile über den neuen
"Negerjungen" in der Nachbarschaft. Sie sind als Gedanken des gleichaltrigen Ich-Erzählers aneinandergereiht. Erst die unbefangene Kontaktaufnahme des
schwarzen Kindes und das gemeinsame Spiel im
Schnee bringen im letzten Drittel der Geschichte fast
übergangslos die Wende: "Jetzt weiß ich alles über
den Neger! Lorenz heißt er ... Wir rodeln jetzt zusammen ..."
Die klar ausformulierten Vorurteile in den Gedanken

des weißen Kindes sowie deren Häufung wirken
etwas unkindlich und konstruiert. Allerdings wird die
Thematik dadurch greifbar und läßt sich gut und
altersgerecht aufarbeiten.
Es empfiehlt sich, im Unterricht die negative Intention
der Gedanken über den neuen Nachbarjungen sowie
die verletzende sprachliche Diktion – "Neger" gilt
heute als Schimpfwort – von vorne herein als solche
zu kennzeichnen. Die dadurch etwas gesteuerten
Emotionen bei der sich entwickelnden Geschichte
sind sicher günstiger, als ein Umdenken von der
Pointe der Erzählung her einzuleiten.
Möglichkeiten dazu bieten sich z.B. in der Hinführung:
Die Kinder könnten einstimmend gleich erfahren, daß
das Wort "Neger" beleidigend wirkt und durch
"schwarzes" Kind ersetzt werden muß.
Günstig wirkt sicher auch ein Anlesen des Textes,
wobei der Lehrer durch entsprechendes Betonen und
Denkpausen das rechte Verständnis bei Textbeginn
steuern kann.
In der Besprechung sollte den Kindern deutlich
werden, wie sehr Vorurteile eine Kontaktaufnahme
erschweren. Sie können im Spiel versuchen, nach all
den negativen Gedanken des weißen Kindes ein
erstes Wort zu finden. Da bekanntermaßen Vorurteile
nicht auf falschem Tatsachenwissen beruhen, muß
die erlösende Feststellung "Jetzt weiß ich alles über
den Neger! ..." in Zusammenhang mit dem verbin-
denden Spiel gesehen werden. Nicht das Wissen über
andere führt zu Toleranz und Friedfertigkeit, sondern
die Fähigkeit des "Herzverstehens".
Beim Erlesen könnten die Aneinanderreihung der
Gedanken des Ich-Erzählers und die manchmal nicht
ausformulierten Handlungsübergänge, die der Leser
selbst gestalten muß, etwas Schwierigkeiten bereiten.
Auch hier bietet es sich an, die Geschichte in Handlung umzusetzen. Wird z.B. das Geschehen in Pantomime gespielt, zeigt sich, daß lediglich die Einleitung
und der zweite Teil (S. 115 ab Zeile 6) Handlung
beinhalten. Die Gedanken des Jungen im Text der
ersten Seite (S. 114) lassen sich zum großen Teil
entweder in Selbstgespräche umformulieren oder
graphisch in Denkblasen stichpunktartig darstellen.
Der Schluß des Textes (S. 115 ab Zeile 23) bietet sich
dafür an, das nur angedeutete Gespräch zwischen
den beiden Kindern zu erfinden.
In einer Identifikation könnte dieser Teil auch als
Sprachproduktion im Dialog gestaltet werden. Informationen über das schwarze, fremde Kind können
dem Text entnommen werden und jedes Kind spricht
oder schreibt in der Ich-Rolle über sich selbst. Wird
für jede Person eine eigene Farbe verwendet, werden
Rede und Gegenrede besser vorstellbar.

Zum vergleichenden Lesen eignet sich gut die Ge-
schichte "Von einem Jungen, vor dem alle Angst
hatten", Lesebuch S. 46.
Auch zu den folgenden Texten gibt es einen gemein-
samen Nenner:
S. 13: "Anja"
S. 15: "Sabine"
S. 40: "Leicht und schwer"
S. 50: "Meine Lehrerin mag mich nicht".

Falls die Texte im Unterricht bereits gelesen worden sind, können die Kinder arbeitsteilig herausfinden, ob und wie die Geschichte zu "Fünf Finger im Schnee" paßt.

LERNZIELE

– Die Kinder sollen Inhalt und Intention der Geschichte erfassen.
– Sie sollen den Begriff "Vorurteile" im Konkreten verstehen und werten lernen.
– Sie sollen erfahren, daß das Wort "Neger" absichtlich und negativ gebraucht wird.
– Sie sollen die Rolle des Ich–Erzählers verstehen und seine Gedanken in Selbstgespräche umformulieren.
– Sie sollen sich mit dem Ich–Erzähler identifizieren und die Begegnung mit dem fremden Kind spielen.
– Sie sollen Schluß und Vorgeschichte der Erzählung richtig zueinander in Beziehung setzen.
– Sie sollen das gemeinsame Spiel als Schlüssel zur Vertrautheit benennen und Beispiele aus eigenem Erfahrungsbereich finden.
– Sie sollen im vergleichenden Lesen verbindende Inhalte erkennen.

VORSCHLÄGE ZUR UNTERRICHTSGESTALTUNG

Arbeitsmaterial: Schablonen von Kinderhänden an der Tafel, leeres Zeichenblatt

Hinführung:
– An der Tafel werden Kinderhände aus weißem Papier präsentiert: Freie Aussprache/Vermutungen
– Anschreiben der Überschrift/Vermutungen der Kinder
– Vorlesen der Einleitung bis Zeile 7, dabei das Wort "Neger" entsprechend betonen
  Lehrerinformation über das Wort "Neger" (s. Hinweise zum Text)

Textbegegnung:
Abschnittweises Erlesen oder Vorlesen durch den Lehrer mit dazwischengeschobenen Antizipationen
Folgende Abschnitte bieten sich an:

S. 114 bis Zeile 15 "Endlich!"
S. 114, Zeile 16 bis S. 115, Zeile 5
S. 115, Zeile 6 bis 21 "Schön!"
Als Differenzierung kann den Schülern auch unterschiedlich weit vorgelesen werden.
Arbeitsaufgabe für schnelle Leser:
"Zeichne ein Bild, das zu den Zeilen 20 und 21 auf S. 115 paßt!" (Muster mit Händen)

Textarbeit:
1. Textinhalt:
  – Bezug zur Hinführung; aus den Schablonen der Hände Muster gestalten, den Zusammenhang zur Geschichte klären
  – Klären der Überschrift
  – Handlungsablauf spielen: dazu wiederholtes abschnittweises Lesen, parallel dazu Pantomime (s. Hinweise zum Text)
    Unterrichtsgespräch/Ergebnis: *"Auf der ersten*

Seite passiert fast gar nichts, der Erzähler denkt vor sich hin."
– Klären des Satzes S. 115, Zeile 23 "Jetzt weiß ich alles ... "
  Stichpunkte in Partnerarbeit notieren, an der Tafel zusammenfassen, z.B.:
    Er heißt Lorenz.
    Er spricht wie ich.
    Er ist hier geboren.
    Er war im Waisenhaus. (Evtl. Begriffserklärung)
    Er hat keinen Schlitten.
    Er rodelt mit mir.
– Spielen der Szene: Lorenz erzählt von sich. Wiederholen der Szene: Ein Kind fragt, Lorenz gibt Antwort. Variation der Szene: Beide Kinder erzählen einander von sich.
2. Gehalt:
– Spielen der Gedanken der ersten Seite
  Impuls an der Tafel: Kind–Schema und Denkblase

– Abschnittweises Lesen; Umformulieren der Gedanken in Selbstgespräche; kurze Sätze an der Tafel festhalten, z.B.:
    Heißt er Neger?
    Er kennt keinen Schnee.
    Er kommt aus Afrika.
    Man versteht ihn nicht.
    Ist er schwarz angemalt?
    Vielleicht färbt er ab.
– Unterrichtsgespräch: *"Warum denkt das Kind so?"/"Wer könnte der Ich–Erzähler sein?"*
– Widerlegen der Vorurteile im Dialogspiel
– Spielen der Begegnung, dabei sich selbst in die Geschichte einbringen

Sprachproduktion:
Schreiben eines Dialogs zur letzten Szene (s. Hinweise zum Text)

Vertiefung:
– Bezug zur Illustration an der Kapitelleiste: Vielleicht entdecken einige Kinder die Symbolik, sicher verstehen sie diese nachvollziehend:
  Schwarz und weiß, alle Kinder spielen miteinander. Miteinander spielen ist schön. (Tafelanschrift)
– Lehrer wiederholt "lesend" die Einleitung:
  "Neben uns wohnt ein Kind, das nicht laufen kann. Ein behindertes Kind! So groß wie ich." (oder dergleichen)
  "Wie könnte die Geschichte weitergehen?"
– Vergleich mit der Geschichte S. 46: "Von dem Jungen, vor dem alle Angst hatten" *"Passen die beiden Geschichten zueinander?"*
Vergleichendes Lesen s. Hinweise zum Text

Anschlußstoff:

Das Lied vom Anderswerden und vom Bleiben

Text: Joachim Schmahl / Jürgen Tamchina
Melodie: Jürgen Tamchina

1. Du bist du, und das find' ich gut!
2. Wir sind wir, und da - rauf kommt's an!

gut! / an!
Ich bin ich, und du bist du, und

das kann auch so blei - ben. Denn ganz ge - nau so

wie wir sind, mö - gen wir uns lei - den.

aus: Dorothee Kreusch-Jakob, Das Liedmobil, München 1991

5. Kapitel   Natur

Lesebuch   **Tiere**
Seite 116 – 139

Kinder haben mit Tieren vielfältige Erfahrungen gemacht, sie sind für sie stets von großem Interesse. Abgesehen von der emotionalen Bedeutsamkeit ist es auch aus folgenden Gründen wichtig, dieses Thema aufzugreifen:

- Über Texte können die Erfahrungen zur Sprache kommen, geklärt und erweitert werden.
- Interessen zum Weiterlesen und zur selbständigen Informationssuche lassen sich hier besonders gut anregen.
- Das Lesen über Tiere kann aber auch die Augen öffnen für bisher unbeachtete Lebewesen oder Zusammenhänge, aber auch für Mißstände. Neben der Grundlegung eigener Wertmaßstäbe und einer altersgerechten Handlungsbereitschaft können dadurch von Kindern auch wichtige Impulse an die Umwelt ausgehen.

Die Texte dieses Kapitels, vielfältig in ihrer Form, lassen sich schwerpunktmäßig auch in kleine Projekte einbinden. Es ergeben sich auch stets Anlässe zum Vergleichen und Ergänzen.

Schwerpunkt: Fremde Tiere aus fernen Ländern
Texte S. 116, 117, 118, 119, 130
Schwerpunkt: Katze
Texte S. 120, 122, 123, 124
Schwerpunkt: Haustiere
Katzentexte s. o. und
Texte S. 127, 128, 130
Schwerpunkt: Tierschutz
Texte S. 128, 130

Schwerpunkt: Kleine Tiere (Fliegen, Schmetterlinge, Ameisen)
Texte S. 133, 134, 136, 137, 138, 139
Schwerpunkt: Sprachspielereien
Texte S. 116, 117, 118, 127, 133, 136, 137, 138

Lesebuch	**Tierverwandlungen**
Seite 116	von Detlev Kersten

HINWEISE ZUM TEXT

In dem Text wird Sprache als veränderbar aufgezeigt, wobei die begleitenden Bilder das schrittweise Austauschen von Buchstaben veranschaulichen. Die Gesetzmäßigkeit der Umgestaltung bleibt weitgehend offen, das Kind wird zum eigenen Handeln, zur eigenen Textproduktion aufgefordert.
Die ungewohnten Tiernamen zwingen zum genauen, synthetisierenden Lesen, eine wichtige Übung für Leseanfänger. Der Spaß an den Sprachspielereien und an eigenen Gestaltungen motiviert zum wiederholten Lesen und zum Ausprobieren von Klanggestaltungen.

LERNZIELE

- Die Kinder sollen die ungewohnten Tiernamen synthetisierend erlesen und klanggestaltend vorlesen.
- Sie sollen mit Hilfe der Zeichnungen das Prinzip der Wortverwandlungen verstehen.
- Sie sollen entdecken, daß Sprache veränderbar ist.
- Der Spaß an Sprachspielereien soll sie anregen, ähnliche Tier- bzw. Wortverwandlungen selbst zu versuchen.

VORSCHLÄGE ZUR UNTERRICHTSGESTALTUNG

Arbeitsmaterial: Bilder von Zebra und Tiger, Buchstaben für die Wandtafel für die Wörter Zebra, Tiger, Känguruh, Kakadu (evtl. jedes Wort in eigener Farbe), Schere

Hinführung:
Bilder von Zebra und Tiger werden an die Tafel geheftet.
Die Kinder bringen zu den Tieren ihr Vorwissen ein, aus Buchstaben wird unter jedes Bild der Name gesetzt.
Zielangabe: Heute geht es um Tierverwandlungen.
Vermutungen der Schüler/Begriffserklärung: "Verwandlung"

Textbegegnung:
Stilles Erlesen/Freie Aussprache
- Unterrichtsgespräch über "Verwandlungen" Zebra – Tiger
  Zwischenstation anhand der Bilder beschreiben: Teile von Zebra bzw. Tiger verbalisieren, ebenso Känguruh – Kakadu
- Vorlesen der senkrechten Namenreihen/Namenreihe als Zauberspruch vortragen/Namenreihe

"geheimnisvoll" vorlesen: vor dem Endzustand kurze Pause/Namenreihe singen usw.

Textarbeit:
– Das Verwandeln der Tiernamen durch Austauschen von Buchstaben an der Wandtafel nachvollziehen, wobei die unterschiedliche Farbigkeit die zunehmende Verwandlung in ein anderes Tier veranschaulicht, z.B.: Ziber   Zibra

– "Regel" für die Tierverwandlungen versprachlichen
– Partnerarbeit: Schüler schreiben ein Tierpaar auf Buchstabenkärtchen (kariertes Papier) und suchen durch Austauschen neue Tierverwandlungen. Neue Namen klanglich ausprobieren. Was klingt gut? Welche Namen kann man nicht aussprechen?
– Sammeln der gefundenen Wortschöpfungen an der Tafel/Verbalisieren der Verwandlungsregeln, z.B.: Vertauschen der Anfangsbuchstaben: Zebra: Tebra Vertauschen des Wortendes: Zeber/Zeger Vertauschen des Selbstlautes: Zibra

Textproduktion: (Alternativen)
– Auf einem Arbeitsblatt Felder vorbereiten, die Namen der Tiere eintragen und die Veränderungen in zwei Schritten durchführen. Zu den Namen die entsprechenden Tiere zeichnen. Geeignete Tierpaare: Löwe – Kamel, Krokodil – Elefant Es können auch Gegenstände verwandelt werden, da diese leichter zu zeichnen sind, z.B.: Löffel – Gabel, Hammer – Zange
– Füreinander Rätsel erfinden: Kinder zeichnen ein verwandeltes Tier und/oder schreiben dessen Namen auf. Welche Tiere wurden verzaubert? Z.B.: (Hamster) Hamsuin (Pinguin); (Elefant) Nilfant (Nilpferd)
– Bei folgenden Tieren geht das Verzaubern sehr schnell: Fliege/Ziege; Möwe/Löwe; Meise/Ameise

Zu Textvergleichen bieten sich an:
S. 117: "UDAKAK"
S. 137: "Zwei Meisen fanden ein A"

Leitfrage: Wie gelingt die Verwandlung dort?

| Lesebuch | **UDAKAK** |
| Seite 117 | von Paul Maar |

HINWEISE ZUM TEXT

Paul Maar zeigt in seinem Gedicht die Veränderbarkeit von Sprache. Die Gesetzmäßigkeit der Verwandlung von Tiernamen nimmt er zugleich zum Inhalt seines Textes: rückwärts gelesene Tiernamen stehen in Zusammenhang mit Tieren, die rückwärts gehen bzw. sich nicht rückwärts bewegen wollen. Die im Gedicht beschriebenen Vorgänge lassen sich von Satz zu Satz im szenischen Spiel oder als zeichnerische Darstellung nachvollziehen, dies dient dem Leseverständnis. Schrittweises Erlesen ermöglicht Sinnantizipation und macht überraschende Einfälle des Autors und phantasievolle Abläufe bewußt. Der

Spaß am Spiel mit der Sprache soll im Mittelpunkt des Erlesens stehen und motivieren mitzuspielen, Ideen aufzugreifen und weiter zu gestalten.

Die Großschreibung der Zeilenanfänge weist die Schüler optisch darauf hin, daß Paul Maar ein Gedicht anbietet. Reime und intuitiv empfundener Rhythmus lassen erleben, daß es sich um kunstvollen Text mit ausgesuchter Wortwahl handelt. Die Reimwörter fallen vor allem beim Vorlesen ins Ohr, sie unterstützen das Kind beim Auswendiglernen.

Lesetechnisch müssen die Kinder lernen, einen Satz über das Zeilenende zu verfolgen, d.h. vorausschauend muß das Auge die Satzzeichen suchen. Dadurch kann der Vortrag gesteuert, die Satzmelodie gefunden werden. Läßt man die Sätze wie Prosa aufschreiben, zeigt sich die Korrespondenz: lange Sätze für das "Ungetüm", kurze Sätze für den kleinen Kakadu.

Gut läßt sich an diesem Gedicht auch erarbeiten, daß ungeläufige Wörter aus dem Kontext verstanden werden können, d.h. der nachfolgende Satz liefert die Erklärung.

Als Querverbindungen und zum vergleichenden Lesen bieten sich die Texte mit ähnlichen Wortverwandlungen an:

"Tierverwandlungen"; Lesebuch S. 116 und "Zwei Meisen fanden ein A"; Lesebuch S. 137.
Der Text stammt aus Paul Maars Kinderbuch: "Eine Woche voller Samstage", Friedrich Oetinger Verlag, 1973. Es eignet sich besonders gut für das regelmäßige Vorlesen (z.B. beim Schulfrühstück, zum Wochenabschluß etc.). Im Handel sind dazu auch Tonkassetten bzw. Schallplatten erhältlich.

Weiterer Text von Paul Maar im Lesebuch:
S. 33: "Gute Nacht"

LERNZIELE

– Die Kinder sollen die ungewohnten Tiernamen lautlich richtig vorlesen und klanggestaltend aussprechen.
– Sie sollen das Prinzip für die Veränderung der gewohnten Namen finden und auf neue Wörter anwenden.
– Sie sollen den Textinhalt in Verbindung mit der "Geheimsprache" setzen.
– Im szenischen Spiel und in der zeichnerischen Darstellung sollen sie den Textinhalt nachvollziehen und verstehen.
– Sie sollen am Spielcharakter des Gedichtes Freude empfinden und sich angeregt fühlen, ähnliches selbst zu versuchen.
– Sie sollen üben, Sätze über das Zeilenende hinweg flüssig zu lesen.
– An der Großschreibung am Zeilenanfang sollen sie erkennen, daß Paul Maar Zeilenlänge, Reime und Wortauswahl bewußt gestaltete.
– Der Sprachrhythmus soll über Bewegung nachvollzogen werden können.
– Die Kinder sollen als Geheimschrift die Spiegelschrift kennenlernen.
– Sie sollen aus immer wieder neuen Anlässen das Gedicht oder Abschnitte wiederholt lesen und auswendig lernen.

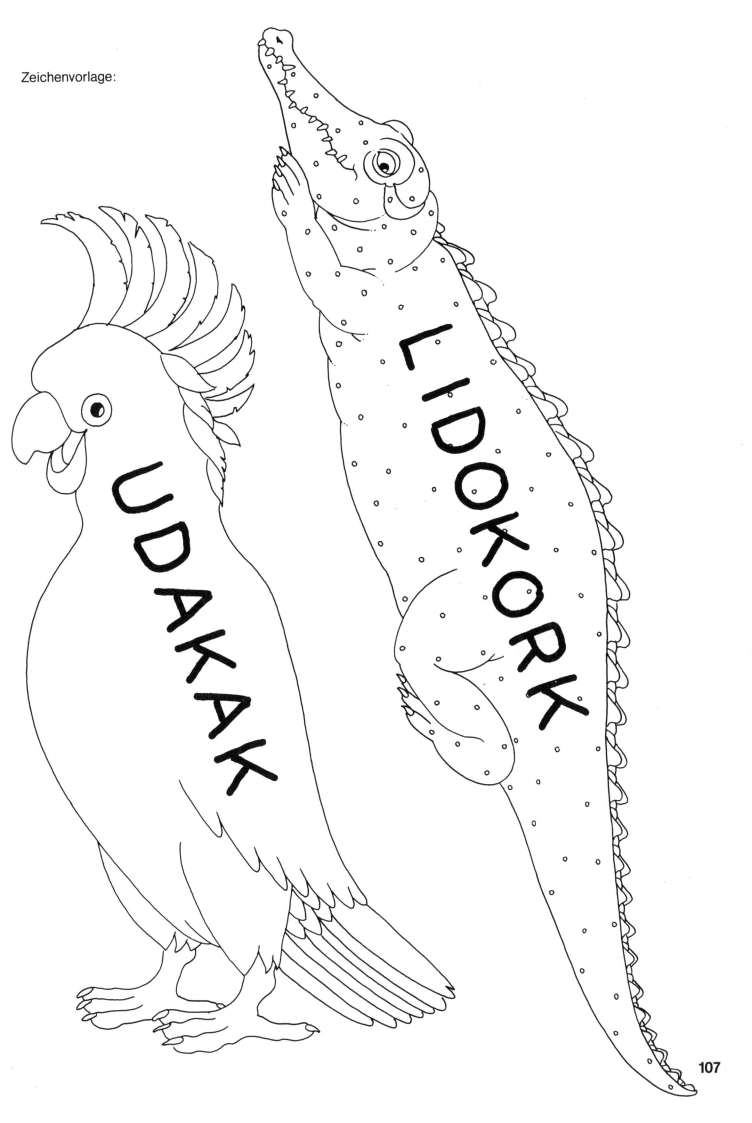

VORSCHLÄGE ZUR UNTERRICHTSGESTALTUNG

Arbeitsmaterial: Schablonen für Krokodil und Kakadu (s. Vorlage S. 107), Tonpapier blau und grün, Spiegel, Kohlepapier (für Spiegelschrift)

Hinführung:
Ankündigung: "Ich lese euch ein Gedicht vor – von einem LIDOKORK." (Wort langsam an der Tafel entstehen lassen und aufbauend lesen)
Vermutungen der Schüler

Textbegegnung: (Alternativen)
– Text langsam vorlesen, vor den überraschenden Pointen kurze Pausen
  Text ohne Über- und Unterschrift auf Folie
  Zeile für Zeile aufdecken, kurze Antizipation
– Freie Aussprache/Text im Buch lesen/Freie Aussprache zu der Über- und Unterschrift
– Impuls: "Seltsame Tiere kommen in dem Gedicht vor."

Tafelanschrift: **UDAKAK**

– Schüler lesen das Gedicht Zeile für Zeile und Satz für Satz vor, eine Schülergruppe spielt parallel dazu den Textinhalt.
  Schwierige Wörter werden im Spiel geklärt und dargestellt:
  Nil = Fluß
  Ungetüm = Darstellung eines großen wilden Tieres
  ungestüm befehlen = Am Satz "Flieg rückwärts ..." sprachlich darstellen

Textarbeit:
Impuls: "Lidokork und Udakak waren natürlich keine Kinder."
Unterrichtsgespräch/Arbeit an der Wandtafel (s.u.):
– Anheften einer Krokodilschablone mit dem Namen LIDOKORK/Vorlesen der ersten vier Textzeilen

Tafelanschrift: Eigenschaften: [groß] und [grün]

Textinhalt an der Tafel nachvollziehen:
Lidokork wird mit blauem Papier (= Fluß) abgedeckt
Tier oder Wort wird nach rechts aus dem Versteck gezogen, so daß Buchstabe für Buchstabe synthetisierend gelesen wird: Krokodil
– Lesen des restlichen Textes

Eigenschaften: [klein] und [faul] an der Tafel festhalten (s. Tafelbild).
Ausprobieren: UDAKAK wird rückwärts (nach rechts) durch den Wald gezogen/Lesbar wird "Kakadu"/aber leider:
Lesen der letzten drei Zeilen im Chor
– Regel der Veränderungen/Impuls: "Ein Wort im Gedicht verrät dir den Trick für die Verwandlung der Tiernamen!"
Einzelarbeit: "Schreibe die Zeilen mit dem Wort ab und unterstreiche es!"
Ergebnis: Dann stieg es rückwärts aus dem Fluß ...
Flieg rückwärts aus dem Wald heraus!
– Lesen des Gedichtes, die Lösungen der Verwandlungen (Krokodil, Kakadu) werden mit hm-hm-hm ersetzt.
– Betrachten des Tafelbildes: Texte von LIDOKORK und UDAKAK entsprechend der notierten Tiereigenschaften lautlich gestalten:
  groß – klein; Ungetüm – faul
– Verweis auf Textunterschrift: "Steht hier ein neues Tier?" Spiegel zum Lesen verwenden/UDAKAK mit Hilfe des Spiegels in Spiegelschrift aufschreiben
– Unterrichtsgespräch: "Wie könnte das Land heißen, in dem diese Geschichte spielt?" (Wunderland, verkehrte Welt ...)
Ergebnis: Es ist ein Spaßgedicht. Paul Maar spielte mit Wörtern.

Kreativer Umgang mit dem Text:
– Gedicht in drei arbeitsteiligen Gruppen auswendig lernen:

Tafelbild:

LIDOKORK   KROKODIL   UDAKAK

groß, grün
grünes Ungetüm

klein
faul

Zeilen zum Krokodil: 1 mit 4
Zeilen zum Kakadu: 9 mit 12
Zeilen zum Kontakt: 5 mit 8
Hinweis: Die Reime helfen beim Auswendiglernen!
- Verwandle Tiere nach dem gleichen Trick, schreibe die Namen auf: Wer kann rückwärts aus dem Fluß steigen, aus dem Wald kommen! Mitschüler raten nach dem Wortklang (ohne Schriftbild).
- Tiernamen oder Geheimbotschaften im Spiegelbild aufschreiben: dazu Durchschlagpapier so unter ein Blatt legen, daß sich die Schrift auf der Blattrückseite abdrückt.
Wer kann es lesen?

Lesebuch	**Wovon träumen Giraffen?**
Seite 118	von Irina Korschunow

HINWEISE ZUM TEXT

Im Mittelpunkt des Leseinteresses steht hier sicher die graphische Gestaltung des Textes: Die Antwort auf die Frage in der Überschrift läßt sich in der Form einer Giraffe entdecken: "Giraffen träumen von Bäumen, nicht höher als ihr Hals."
Die Kinder lernen eine weitere Möglichkeit kennen, mit Sprache zu spielen und können in eigenen Textproduktionen die Idee aufgreifen.
Ein Vergleich bzw. eine Zusammenschau von sprachspielerischen Mitteln besonders in diesem Kapitel (vgl. S. 105) bieten sich an.
Weitere Lesebuchtexte von Irina Korschunow:
S. 24: "Jörg lernt kochen"
S. 50: "Meine Lehrerin mag mich nicht"
Hinweise zur Autorin s. Lehrerkommentar S. 32.

LERNZIELE

- Die Schüler sollen sich selbständig mit Inhalt und Form des Textes auseinandersetzen.
- Sie sollen den Textinhalt in gewohnter Form aufschreiben und dabei den Reim entdecken.
- Sie sollen die Textaussage als irreal einordnen können, den Spielcharakter von Inhalt und Form verstehen und daran selbst Spaß empfinden.
- In eigenen Textproduktionen sollen sie die Idee aufgreifen und ähnliches versuchen.
- Sie sollen in einer Zusammenschau und in Textvergleichen Möglichkeiten finden, mit Sprache zu spielen.

VORSCHLÄGE ZUR UNTERRICHTSGESTALTUNG

Hinführung:
Bild von einer Giraffe/Bei geschlossenem Lesebuch freie Aussprache und Einbringen des Vorwissens
Bekanntgabe der Überschrift/Vermutungen

Textarbeit:
- Betrachten der Lesebuchseite
Unterrichtsgespräch über Aussage und Form des Textes
- An der Tafel die Giraffen-Form skizzieren, die Leserichtung eintragen:

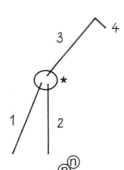

- Impuls: An der Tafel (*)  eintragen, den Wörtern zuordnen: träume(n), Blätterbäume(n), (n)icht
- Schriftliche Einzelarbeit: Text fortlaufend aufschreiben, Reimwörter unterstreichen
- Text zerschneiden und die Zeilen in gewohnter Gedichtform aufkleben:
    Giraffen träumen
    von Blätterbäumen
    nicht höher als ihr Hals
- Unterrichtsgespräch: Warum denkt die Autorin, daß Giraffen davon träumen? Stimmt das wirklich? Welche Träume könnten wir erfinden?

Textproduktion:
1. Rätsel in entsprechender Form schreiben:

    Sie bleibt das ganze Jahr zu Haus
    und geht doch alle Tage aus.

Eventuell als graphische Hilfe vereinfachte Schneckenform anbieten:

2. Selbst kurze Tiertexte erfinden und graphisch gestalten
   Differenzierung: Tiere, die sich leicht zeichnen lassen: Fisch, Schlange ...
3. Buchstabenbilder lesen und der Lösung entsprechend farbig gestalten (s. Kopiervorlage S. 110)

Lesebuch	**Wenn sich**
Seite 119	**zwei Walrosse küssen**
	von Mira Lobe

HINWEISE ZUM TEXT

Den Spaßcharakter des Textes können die Kinder auch beim selbständigen Lesen nachempfinden. Da vielleicht nicht jeder Schüler ein Walroß aus eigener Anschauung kennt, empfiehlt es sich, evtl. durch eine Lehrererzählung vor der Textbegegnung Vorstellungen zu schaffen bzw. zu aktualisieren. Wird vorbereitend die Situation der Autorin ins Gespräch gebracht, läßt sich in der Textbetrachtung leichter Distanz gewinnen. Die Funktionen des Gedankenstriches sowie der weiterführenden Pünktchen können ebenfalls aus der Sicht der Autorin Inhalt gewinnen und aus dieser Vorstellung heraus stimmlich gestaltet werden.

Kopiervorlage

Der Gegensatz – die riesengroßen Tiere mit den gewaltigen Hauern, die sich zart beschnuppern – kann Anreiz sein, dies im Vortrag zum Ausdruck zu bringen.

Weitere Lesebuchtexte von Mira Lobe:
S. 95: "Ein Osterhase"
S. 136: "Der verdrehte Schmetterling"
Es sind heitere Texte, in denen mit Sprache gespielt wird. Auf dieser Basis lassen sie sich auch miteinander vergleichen.

HINWEISE ZUR AUTORIN

Mira Lobe (geb. 1913 in Görlitz) ist eine österreichische Schriftstellerin, die auch zahlreiche Kinder- und Jugendbücher geschrieben hat. Für ihr Werk wurde sie mehrmals ausgezeichnet.
Neben vielen sozialen und sozialkritischen Inhalten versteht sie es ausgezeichnet, humorvoll mit Sprache zu spielen.

LERNZIELE

- Die Kinder sollen sich in die Situation der Autorin hineindenken.
- Sie sollen die Textaussagen als Gedanken eines Betrachters nachempfinden und mit den Illustrationen in Beziehung setzen.
- Sie sollen die gute Laune der Autorin spüren und selbst Spaß am Erlesen haben.
- Aus der Situation der Autorin heraus sollen sie Gedankenstrich und die weiterführenden Pünktchen verstehen.
- Im Vortrag sollen die Schüler das Gedicht gestalten, d.h. Pausen bewußt setzen und den Kontrast zum Ausdruck bringen.
- Sie sollen das Gedicht auswendig vortragen und dabei die Reimwörter als Gedächtnishilfen erfahren.

VORSCHLÄGE ZUR UNTERRICHTSGESTALTUNG

Hinführung:
Lehrererzählung (Vorwissen zum Walroß, Identi-

fikation mit der Autorin) z.B.: "Eine Frau (evtl. Name: Mira Lobe) besuchte einen Zoo. Ganz besonders lange blieb sie bei den Walrossen stehen. Es sind riesengroße Tiere, die im Wasser gewandte Schwimmer sind. Auf dem Land watscheln sie mit flossenähnlichen Beinen ... Die Männchen haben hauerartige Eckzähne. So ein Zahn kann etwa 75 Zentimeter lang und drei Kilogramm schwer werden ...
Zwei der Tiere schwammen und spielten immer eng beisammen ...
Waren sie vielleicht verliebt?
Was die Frau ... dabei dachte, hat sie in einem Gedicht aufgeschrieben."

Textarbeit:
- Selbständiges Erlesen des Textes/Freie Aussprache
- Betrachten der Illustration:
  Großes Bild: riesige Eckzähne
                Zuwendung der Tiere
                romantischer Mond
  Bildleiste: Ein Walroß taucht auf und unter
- Lautes Lesen des Gedichts
  Wiederholtes Lesen als "Gedanken der Autorin, die vor den Tieren steht"
  Unterrichtsgespräch/Ergebnis: Die Autorin war sicher gut gelaunt, wollte den Lesern Spaß bereiten.
- Hinweis auf Gedankenstrich/Beim wiederholten Lesen als Pause gestalten
  Hinweis auf Pünktchen/Gedachte Konsequenzen ausformulieren lassen
  Unterrichtsgespräch/Ergebnis: So kann sich jeder selbst Möglichkeiten denken.
- Sammeln von Walroß-Wörtern:
      Walroßbart
      -zahn
      -kuß
      -flossen
- Reimwörter suchen: Vorlesen des Gedichts, das Reimwort wird im Chor ergänzt.
      "Wenn sich zwei Walrosse küssen –
      wie die sich in acht nehmen ..."

Lesebuch Seite 120	**Eine Handvoll Katze** von Gina Ruck-Pauquèt und Eckhard Hoffmann

HINWEISE ZUM TEXT

Sicher verfügt jedes Kind über Vorerfahrungen im Umgang mit Katzen oder in der Beobachtung derselben. Allerdings werden Katzen oft mißverstanden und aus Unwissenheit falsch behandelt.
Der Sachtext vermittelt den Kindern einerseits Informationen, soll aber auch Impulse geben, sich Wissen über sein Tier anzueignen, damit man es artgerecht und verantwortlich behandeln kann.

Der Sachtext ist ein Ausschnitt aus dem gleichnamigen Kindertaschenbuch (Verlag Otto Maier, Ravensburg 1979, Nr. 59).
Weiterführende Lektüre:

– für Kinder (u.a.):

"Die Katze", Verlag Cornelsen, Berlin 1992 (ein altersgemäßes Heftchen aus der Reihe "Klassenbibliothek" mit Informationen, Bildern, Fragen und Impulsen)

Cole, J.: "Eine Handvoll Hund", Otto Maier Verlag, Ravensburg 1991

– für Lehrer:

Morris, Desmond: Warum machen Katzen einen Buckel? Heyne Sachbuch Nr. 19/183, München 1993

LERNZIELE

– Die Schüler sollen dem Text Informationen entnehmen und diese für ein Frage- und Antwortspiel genau lesen und durchdenken.
– Sie sollen Bild- und Textinformationen einander zuordnen.
– Sie sollen ihre eigenen Erfahrungen mit den Textaussagen vergleichen.
– Sie sollen erkennen, daß die Überschrift bewußt gewählt wurde und auf den Inhalt neugierig macht.
– Sie sollen erfahren, daß der Text aus einem Kinderbuch stammt und Interesse entwickeln, selbst Informationen zu suchen, nachzulesen und diese der Klasse zu präsentieren.
– Sie sollen nach Seiten- und Zeilenangaben Textstellen möglichst schnell finden und vorlesen.

VORSCHLÄGE ZUR UNTERRICHTSGESTALTUNG

Arbeitsmaterial: Kärtchen für Quizfragen

Hinführung: (alternativ)
– Stummer Impuls durch Katzenbilder, Schüler bringen eigene Erfahrungen ein.
– Vorlesen der Kurzinformation auf der Rückseite des Taschenbuches durch einen Schüler:

Zu diesem Band

Wovon diese Geschichte erzählt:

Sie erzählt von Nasi, einem Katzenkind. Wisst ihr, wie viel so eine Katze bei der Geburt wiegt? Nur 85 Gramm, etwa so viel wie dieses Buch. Nasi wächst heran, von der Mutter behütet, von den Menschen gepflegt. Wie sie ihre Umwelt erkundet, wie aus einem weichen, blinden Knäuel eine kräftige junge Katze wird – davon erzählt diese Geschichte

Gina Ruck-Pauquet / Eckhard Hoffmann
Eine Handvoll Katze

– Bekanntgabe der Überschrift, Vermutungen zum Textinhalt oder
– Präsentation des Fotos auf dem Taschenbuch (siehe links unten), Aktualisierung des Vorwissens, Antizipation zum Inhalt
– Bekanntgabe der Überschrift, Bezug zum Foto, Vermutungen

Zielangabe:
– Aus diesem Buch finden wir im Lesebuch einen Ausschnitt
– Text im Lesebuch suchen

Textbegegnung:
– Stilles Erlesen
Differenzierung: *"Wähle einen oder zwei ... Textabschnitte aus!"*
– Arbeitsaufgabe für schnelle Leser: *"Betrachte die Bilder und notiere Seite und Zeilenzahl, die sie erklären!"*
– Freie Aussprache

Arbeit am Textinhalt:
– Erklären der Bilder, Textstellen benennen und suchen, vorlesen
– Erklären der Überschrift
Partnerarbeit: Suchen einer anderen Überschrift
– Partnerarbeit schriftlich: Zu ausgewählten Textabschnitten (arbeitsteilig) "Interview-Fragen" finden. Die Fragen auf Kärtchen schreiben. (Auf der Rückseite Lesebuchseite und Zeilennummern als Lösungshilfen notieren)
– Besprechen der Fragen, Kärtchen mischen, in der Gruppe Interview-Spiel durchführen (evtl. Regeln erfinden, z.B. bei richtiger Antwort darf das Kärtchen behalten werden).
Zur Leseübung sollte die jeweilige Antwort schnell im Text gesucht und vorgelesen werden.
– Rätselfragen zum Textinhalt s. Karteikarten für die Freiarbeit zu "Überall ist Lesezeit 2".

Arbeit am Textgehalt:
– Warum ist es wichtig, daß wir über Haustiere viel erfahren?
– Wer eine Katze hat oder will, muß Verantwortung übernehmen: Wiederholtes Lesen/Partnerarbeit: dazu Textstellen suchen oder Stichwörter notieren.
Z.B.:
– Katzenmutter und Junge in Ruhe lassen (S. 120, Zeilen 1 mit 6)
– Kleinen Katzen Milch, erwachsenen Katzen immer frisches Wasser geben (S. 120, Zeilen 7 mit 9)
– Katze nicht baden (S. 120, Zeilen 10 und 11)
– Bei Flöhen Tierarzt fragen; kein Pulver ins Fell, da sich Katzen lecken (S. 120, Zeilen 12 und 13)
– Katzentoilette bereitstellen und sauberhalten (S. 120, Zeile 14 bis S. 121, Zeile 3)
– Mit Katzen spielen und sich für sie Zeit nehmen (S. 121, Zeilen 4 bis 10)
– Schutzimpfen lassen (S. 121, Zeilen 11 bis 15)
– Man kann ein Tier besser verstehen, wenn man es beobachtet und sich informiert:
evtl. Ausstellungswand, Büchertische gestalten, Befragungen planen ...

Vertiefung und Zusammenfassung:
- Szenisches Spiel: Pflegeanleitung und Tips bei der Übernahme eines Kätzchens einholen bzw. geben
- Lesen des Buches „Eine Handvoll Katze"; Informationen zum Lesebuchtext ergänzen

Textproduktion: (alternativ)
- Eigene Katzengeschichten schreiben und in einem Katzenbuch sammeln
- Pflegetips aufschreiben
- Katzenbücher oder -geschichten vorstellen

Ergänzung:

Katzen-Kanon

Text: *Lieselotte Holzmeister*　　Melodie: *Aus Frankreich*

Mi - au, mi - au, hörst du mich schrei - en? Mi - au, mi - au,

ich will dich frei - en. Folgst du mir aus den Ge - mä - chern,

sin - gen wir hoch auf den Dä - chern. Mi - au,

komm, ge - lieb - te Kat - ze, mi - au, reich mir dei - ne Tat - ze!

aus: Der Zündschlüssel, Fidula-Verlag, Boppard/Rhein u. Salzburg

Weiterführende Sachinformation: s. Kopiervorlage

Lesebuch	**Gerettet**
Seite 122	von Josef Guggenmos

HINWEISE ZUM TEXT

In dem Gedicht schildert Guggenmos eindrucksvoll und gut nachvollziehbar Angst und Flucht einer Maus, die von einer Katze gejagt wird. Bereits in der Überschrift wird deutlich, auf welcher Seite der Autor steht.

Kopiervorlage

Das Gedicht läßt sich gut in eine Spielhandlung umsetzen. Im Spielen eröffnen sich auch sprachliche Gestaltungselemente wie
- das Sprechen in verteilten Rollen sowie die Kennzeichnung im Text durch Redezeichen und Sprechblase
- die Hast und Angst der Maus, die durch die Aneinanderreihung der sprachlich knappen Fluchtetappen: „ein Tisch, ein Stuhl,..." zum Ausdruck kommen. Die bewußte Gestaltung dieser Wirkung kann dem Kind über einen Kontrast deutlich werden. Z.B.: Wie wirken statt diesen Aufzählungen Reihensätze?

Sicher verfügen die Kinder über eigene Erfahrungen und vielleicht auch schon Einstellungen zum Thema Mäusefangen. Je nach Zusammensetzung der Klasse werden sich beide Positionen darstellen: zum einen das Mitleid mit dem Mäuslein, zum anderen das Mäusefangen als nützliche und artgerechte Instinkthandlung.
Die Anthropomorphisierung: „Die Katze ist böse und grausam" muß im Unterrichtsgespräch aufgegriffen und eingeordnet werden.

Weitere Texte von Guggenmos im Lesebuch:
S. 99: „Die Tulpe"
S. 137: „Zwei Meisen fanden ein A"
S. 167: „Das Waldhaus"
S. 180: „Mein Ball"
Hinweise zum Autor s. S. 91

LERNZIELE
- Die Schüler sollen das Gedicht selbständig erlesen und die verschiedenen Sprechrollen finden.
- Sie sollen das Gedicht in eine Spielhandlung umsetzen und sich mit den Tieren identifizieren.
- Im Vortrag sollen unterschiedliche Sprecherrollen hörbar sowie Angst, Hast und Erleichterung der Maus stimmlich gestaltet werden.

So kannst du eine Katze besser verstehen:

Beobachte ihre Körperhaltung.

Der Katze geht es gut.

Die Katze hat Angst.

Die Katze droht und wird sich verteidigen.

Beobachte ihre Ohren.

Merke:

1. Warte immer, bis eine Katze auf dich zukommt, erst dann kannst du sie streicheln.

2. Hat eine Katze Angst oder ist sie in Verteidigungsstellung, sollst du sie nicht anfassen.

– Die Kinder sollen an der Überschrift und durch den Schluß die Position des Autors entdecken und ihre eigenen Meinungen einbringen.
– Sie sollen das Gedicht mit der Bildergeschichte S. 123 vergleichen.
– Sie sollen ein ähnliches Gedicht aus der Sicht der Katze versuchen.
– Zu der Kapitelleiste sollen sie sich eine Geschichte ausdenken.

VORSCHLÄGE ZUR UNTERRICHTSGESTALTUNG

Hinführung:
Erfahrungsberichte der Kinder zum Thema: Eine Katze fängt Mäuse
Dabei bewußt die beiden Pole stehen lassen: Mitleid mit dem Mäuslein; eine Katze soll Mäuse fangen.
Zielangabe: Ein Schriftsteller (Josef Guggenmos) hat Katze und Maus beobachtet.

Textbegegnung:
– Selbständiges Erlesen/Freie Aussprache
Was beobachtete der Schreiber?

Textarbeit:
– Wiederholtes stilles Lesen/Arbeitsauftrag: *"Wer spricht in dem Gedicht?"*
– Lautes Lesen mit verteilten Rollen
– Bezug zur Hinführung: *"Steht der Schreiber des Gedichts auf der Seite der Maus oder auf der Seite der Katze?"*
Unterrichtsgespräch/Ergebnis: Überschrift und Schluß zeigen die Parteinahme für das Mäuslein
– Lautes Lesen und dabei die Stimme variieren, so daß die unterschiedlichen Sprecher hörbar werden
– Gedicht vorlesen und dazu die Handlung spielen
– Worterklärung: "Trumm" wird heute in der Hochsprache nur im Plural (Trümmer) gebraucht. Trumm kann ersetzt werden durch "großes Stück", "Klotz" oder im Gedicht durch einen konkreten großen Gegenstand auf dem Fluchtweg.
– An der Spielfigur Maus die Zustandsformen *erschreckt – atemlos – erleichtert* als "Spielanleitung" erarbeiten, an der Tafel festhalten
– Lesen des Gedichts, o.g. Zustandsformen mit der Stimme zum Ausdruck bringen

Spracharbeit:
– Vortragen des Gedichts, dabei die Sprünge der Maus mit Handbewegungen unterstützen
Kontrast: Gedicht vortragen, dabei statt der Wörter Sätze einfügen und schwerfällig lesen:
"Sie hüpft auf den Tisch.
Sie hüpft auf den Stuhl ...″
Unterrichtsgespräch über die Wirkung
– Impuls: *"Warum seufzt die Maus wohl 'och, och, och'?"*
Ergebnis: Reime: Loch, doch
Anfang und Ende der Jagd sind gekennzeichnet
– Überschriften suchen, wenn der Dichter auf der Seite der Katze stünde, z.B.: Die freche Maus/ Schade ...

Vergleichendes Lesen:
Bildergeschichte Lesebuch S. 123

Lesebuch	**Wau**
Seite 123	von Hermann Altenburger

HINWEISE ZUR BILDERGESCHICHTE

Während die beiden ersten Bilder dem Erfahrungswissen der Kinder entsprechen, stellt sich mit dem dritten Bild eine überraschende Wende ein. Diese gibt der Geschichte ihre witzige Pointe, die sich gut in Szene setzen läßt. Allerdings können die Abkehr vom erwarteten Rollenverhalten und der Schluß auch Anlaß bieten, im Transfer über ernstere Themen nachzudenken, wie z.B. über Zivilcourage. In einer Übertragung auf reale Situationen müssen jedoch stets der Horizont und die Möglichkeiten eines Kindes verantwortlich bedacht werden.
Es bietet sich an, im Unterricht diese Bildergeschichte dem Gedicht S. 122 und/oder dem Spiel S. 124 vergleichend gegenüberzustellen.

LERNZIELE

– Die Kinder sollen die Handlung der Bildergeschichte verstehen, nachspielen und Spaß empfinden.
– Sie sollen überlegen, warum die "so einfache" Wende als Witz empfunden wird.
– Sie sollen die Bildergeschichte erzählen und dabei die Positionen wechseln: Erzähler, Maus, Katze.
– Sie sollen im Nachspielen die Gefühle der Tiere formulieren.
– Die Schüler sollen die Geschichte aufschreiben und eventuell eine andere Überschrift finden.
– Sie sollen die Pointe auf andere Situationen übertragen.
– Zu der Szene in der Kapitelleiste können sich die Kinder einen Anfang ausdenken.

VORSCHLÄGE ZUR UNTERRICHTSGESTALTUNG

Hinführung:
Gedicht S. 122 (auswendig) vortragen
Zielangabe: Im Lesebuch steht noch eine Geschichte von Katze und Maus.

Arbeit mit der Bildergeschichte:
Schrittweises, antizipierendes Aufdecken der Bilder, um der Pointe noch mehr Wirkung zu verleihen, ist sicher nicht möglich, da diese Lesebuchseite den Kindern bereits bekannt sein dürfte. Springt sie doch bereits beim Durchblättern ins Auge.
– Die Geschichte nach den Bildern im Vergleich zum hinführenden Gedicht bzw. zum Erfahrungswissen erzählen.
– Nachspielen der Mäusejagd, dabei die Pointe als plötzliche Wende in einer vorher spannend gestalteten Flucht und Verfolgung darstellen, Möglichkeiten der Körpersprache ausprobieren.
– Gedanken für Katze und Maus vor bzw. nach der Wende suchen (als schriftliche Aufgabe s. Kopiervorlage S. 114).
– Geschichte spielen und die Gedanken als Selbstgespräche einbringen.

1. Was könnten Katze und Maus denken? Verbinde die Sprechblasen mit den Tieren.

Einmal jagte ich eine große Maus.

Die fange ich gleich.

Wo ist das Loch?

Gleich hat sie mich!

Ich bin schneller.

Oh Schreck, das ist ja ein Hund.

Ich muss mich retten.

Nichts wie weg.

Jetzt verjage ich sie für immer.

Einmal rannte ich vor einer wilden Katze davon

2. Zu welchem Bild der Geschichte im Lesebuch S. 123 passen die Sprechblasen? Schreibe zu jeder die Nummer des Bildes: 1, 2, 3 oder 4.

– Erzählen der ganzen Geschichte aus unterschiedlicher Perspektive: als „Reporter", als Maus und als Katze. Als Hilfe evtl. Anfang vorgeben (OHP).
– Partnerarbeit: alternative Überschriften finden

Vertiefung:
Stell dir vor, die Geschichte handelt von zwei Kindern. Eines verfolgt ein anderes. Was könnte statt „WAU" in der Sprechblase stehen? Wie könnte die Geschichte dann ausgehen?

| Lesebuch Seite 124 | **Die Katze schläft, die Katze schläft** von Otfried Preußler |

HINWEISE ZUM TEXT

Das Kreisspiel lehnt sich an das altbekannte Kinderspiel „Katze und Maus" an: Die Katze in der Kreismitte fängt nach anfänglichem Zögern eine Maus, die dann die neue Katze spielt.
Neben dem Fangen erhält in Preußlers Spiel das Necken der Katze durch die Mäuse eine wesentliche Rolle. Die Mäuse umtanzen die Katze und singen mit etwas variierten Refrains ihr Mäuselied.
Dazwischen unterhält sich die Mäusefamilie über die „böse Katze". Ob sie wirklich schläft? „Die hört nichts und sieht nichts, die schläft ja! Hörst du nicht, wie sie schnarcht?" Schließlich werden die Mäuse kecker, verspotten, necken und ärgern die Katze, bis die wilde Jagd beginnt.
Unter dem Anreiz des Nachspielens erfahren die Kinder, wie sich ein dramatischer Text lesen und umsetzen läßt. Alle Spielanleitungen sind blau gedruckt und heben sich so deutlich von den Liedern und Sprechrollen ab.
Das Kreisspiel kann auch als Hörgeschichte insze-

niert werden, wobei ein entsprechender Schluß gefunden werden muß.
Beim Umsetzen der Spielanleitungen lassen sich auch folgende Wortfelder konkretisieren, abgrenzen und darstellerisch ausprobieren (Reihenfolge wie Textverlauf):
– singen, fragen, beruhigen, sagen, rufen, feststellen, warnen, erklären, piepsen, fauchen;
– schmatzen, nagen, knabbern, einen Schmaus halten.
Eventuell im Zusammenhang mit den anderen Texten zur Mäusejagd (Lesebuch S. 122, 123) sollte auch hier thematisiert werden, daß das Spiel Vorurteile festigt: Die böse Katze und die armen, niedlichen Mäuse.
Ohne die spielerische Freude zu trüben sollte geklärt werden: Jedes Tier hat in der Natur seine Bestimmung und ist danach weder lieb noch böse.
Das Spiel läßt sich auch umkehren: Entsprechend der Bildergeschichte (Lesebuch S. 123) umtanzen Katzen eine „wilde Maus". Sie singen „Das Mäuslein schläft, ... die Katzen gehn zum Tanze!" usw.

LERNZIELE

– Die Kinder sollen die Form des Rollentextes verstehen, d. h. Spiel- und Sprechanleitungen von den Redetexten unterscheiden.
– Sie sollen ausprobieren, wie man die Anweisungen still, nur mit den Augen liest und in der Folge die Sprechrolle gestalten kann.
– Sie sollen die Mäuselieder lernen und gleiche Textteile erkennen.
– Die Sprechanleitungen sollen sie ausprobieren und dadurch ihren passiven und aktiven Wortschatz erweitern (s. Hinweise zum Text).
– Die Schüler sollen Spielideen entwickeln.
– Sie sollen zwischen den Texten Geräusche gestalten.
– Im Rückblick sollen die Kinder den Text auch kritisch betrachten:
Ist die Katze wirklich böse? (s. Hinweise zum Text)

Lesebuch	**Sofie hat einen Vogel**
Seite 127	von Peter Härtling

HINWEISE ZUM TEXT

Die Doppeldeutigkeit der Aussage Sofies ist bereits in der Textüberschrift enthalten.

Sofie erregt ungewollte Heiterkeit, läßt sich dadurch aber nicht verunsichern, sondern sie wird wütend, wohl über die Reaktion der anderen, aber mehr über sich selbst, weil sie bei sich auch die Ursache für das Lachen der anderen sieht. ("Ich muß das anders sagen.")

Die Doppeldeutigkeit der Aussage wird zum Schluß wieder aufgegriffen, diesmal von der Lehrerin. Sofie kann jetzt mitlachen, weil sie weiß, daß sie richtig verstanden worden ist.

Die meisten Sätze dieses Textes sind kurz und gehen nicht über die Zeilen hinaus. Die direkte Rede ist ein wesentliches Gestaltungsmerkmal. Der Text bleibt auch dann verständlich, wenn nur die Redeausschnitte gelesen werden.

Formal auffällig sind – bedingt durch die häufige direkte Rede – die große Anzahl von Ausrufe-, Frage- und Redezeichen.

Der Text bietet eine gute Möglichkeit, flüssiges und sinngestaltendes Lesen zu üben. Dabei muß bei wiederholendem Lesen immer darauf geachtet werden, daß ein inhaltlicher oder kommunikativer Aspekt die Wiederholung erfordert und formales "Noch einmal" nicht langweilt.

Der Text entstammt Peter Härtlings Buch "Sofie macht Geschichten", Beltz & Gelberg Verlag, Weinheim 1980. Dazu liegt auch eine Ausgabe in lateinischer Ausgangsschrift vor. Im vorliegenden Lesebuch finden sich noch die folgenden Texte von Sofie:
S. 27: "Sofie vergißt eigentlich nichts"
S. 54: "Sofie ist ängstlich"
S. 55: "Sofie hat einen neuen Pullover".

Die Mehrdeutigkeit von Wörtern wird im Lesebuch u.a. auch beim Text "Fliegen" (S. 133) aufgegriffen.

Die Erfahrung, ausgelacht zu werden, wird im Lesebuch mehrmals thematisiert. Bei der Besprechung wird es immer wichtig sein aufzuzeigen, wie der Betroffene selbst durch eigenes Handeln die Situation verändert. Häufig entspringt die Reaktion der anderen nicht aus der Absicht, den Betroffenen zu ärgern oder zu verletzen, sondern ergibt sich lediglich aus der Komik der Situation. Erst gekränktes Verhalten kann dann die Situation zuspitzen.

LERNZIELE

- Die Schüler sollen Inhalt und Pointe des Textes verstehen.
- Sie sollen ihre Aussagen über den Inhalt mit Textstellen begründen.
- Im überfliegenden Lesen sollen sie entsprechende Zitate schnell auffinden.
- Sie sollen die inhaltliche Bedeutung von Satzzeichen erkennen und im Vortrag als Steuerung

beachten.
- Sie sollen die wörtliche Rede im Text an Redezeichen und Textangaben erkennen und in verteilten Rollen vorlesen.
- Sie sollen am Mißverständnis durch die Doppeldeutigkeit von Sätzen und Wörtern Spaß empfinden und weiterspielen.

VORSCHLÄGE ZUR UNTERRICHTSGESTALTUNG

Hinführung:
Vermutungen und freie Schüleräußerungen zur Überschrift

Textbegegnung:
- Stilles Erlesen/Arbeitsaufgabe für schnelle Leser: *"Wo spielt die Geschichte? Schreibe die Sätze (Wörter) auf, an denen du es merkst!"*
  Ergebnis: Sofie streckt den Finger ...
      Die ganze Klasse lacht
- Schüler mit großen Leseproblemen lesen mit dem Lehrer den ersten Abschnitt der Geschichte. Der Lehrer liest den Rest vor.
  Freie Aussprache/Unterrichtsgespräch/Besprechung der Arbeitsaufgabe der Leser
  Impuls: *"Hat nun Sofie einen Vogel?"*
  Zur Klärung der Frage wird der Text noch einmal gemeinsam gelesen.

Inhaltliche Textarbeit:
- Impuls: *"Wir lesen im Chor die 3., 6., 10. und drittletzte Zeile!":* "Die ganze Klasse lacht."
      "Jetzt lachen nur noch ein paar."
      "Endlich kann Sofie mitlachen."
  Wiederholtes Lesen der ausgewählten Sätze, wobei der Gesamtinhalt entsprechend betont wird.
- Unterrichtsgespräch: Klärung der "Lachreihe", wobei der Inhalt der Geschichte wiederholt wird, Unverstandenes geklärt werden kann.

Verständnis der Pointe:
- Impuls: *"Sofie ist wütend, und dann lacht sie doch."*
  Vorlesen der beiden Textstellen (mit Zeilenangabe)
  Unterrichtsgespräch: Klären der Ursachen und der Entwicklung
  Ergebnis: Doppeldeutigkeit "Sofie hat einen Vogel"
- Unterrichtsgespräch: Situationen suchen, wo die Bedeutungen eindeutig sind. Wie reagieren die Personen auf diesen Satz?
  Impuls: *"Auch Frau Heinrich spricht über 'Vogel-Haben'."*
  Textstelle vorlesen/Ergebnis: doppelte Bedeutung nebeneinander

Leseübung:
a) Beachten der wörtlichen Rede
- Unterrichtsgespräch: Woran erkennt man, was Personen direkt sprechen?
  Ergebnis: Redezeichen, Angaben in vorausgehenden oder folgenden Sätzen: Sofie ... sagt/ Frau Heinrich fragt/usw.
- Partnerarbeit: Wie viele Personen sprechen direkt?/Besprechung/Lesen mit verteilten Rollen
- Einzelarbeit: Sätze direkter Rede untereinander aus

dem Text schreiben, dabei für jede Person eine
eigene Farbe verwenden
Einzeln/in Gruppen vorlesen
b) Hinweis auf Satzzeichen
- Impuls: *"Da steht nun zweimal 'Wirklich' unter-
einander."*
Unterrichtsgespräch: Bedeutungsunterschied
durch Gestalten der Satzmelodie ausprobieren.
Sätze mit Ausrufezeichen bzw. Fragezeichen suchen
und Sprechproben gestalten.
- Welche Sätze sind wichtig für die Erzählung?
- Text mit verteilten Rollen lesen, Satzzeichen in
Sprachmelodie deutlich machen

Textvariationen:
- Kinder, die in ihrer Umgebung einen Vogel haben,
übernehmen die Rolle von Sofie und verändern die
Textstelle "Ein Muskatfink ..." frei z.B. durch "Ein
Wellensittich ..."
- Impuls: *"Sagt Sofie: 'Ich habe einen Vogel', kann es
Mißverständnisse geben. Was passiert, wenn sie
von ihrer Tante lernt, wie man ein Spinnrad be-
dient?"*
Unterrichtsgespräch: Vorlesen des Textes:
"Sofie streckt den Finger und sagt:
'Frau Heinrich, ich spinne jetzt!'..."
- Weitere Mißverständnisse sind möglich bei:
Ich bekam zum Geburtstag ein Schloß.
In unserem Zimmer ist ein Hahn.

| Lesebuch | **Hund ausgesetzt** |
| Seite 128 | von Ursula Fuchs |

HINWEISE ZUM TEXT

Die Geschichte konfrontiert die Kinder zwar mit trauri-
gen Mißständen unserer Gesellschaft – das Tier als
"Wegwerfware" – endet aber versöhnlich: mit interes-
sierten Eltern, einer hilfreichen Polizei und einem
Tierheim, das den Hund rasch in gute Hände vermitteln kann. Da gerade Kinder sich meist sehr innig und
spontan ein Tier wünschen, ist es wichtig, die damit
verbundene Verantwortlichkeit gegenüber dem
Lebewesen zu thematisieren und Wertmaßstäbe
grundzulegen. Diesem Anliegen dient auch der Text
"Die Schildkröte", im Lesebuch S. 130.
Die Kinder Tobias und Ines übernehmen in der
Geschichte Verantwortung, indem sie den fremden
Hund in seiner Not wahrnehmen und versuchen, für
ihn Hilfe zu finden.
Im Unterricht lassen sich in der Besprechung unter-
schiedliche Schwerpunkte setzen, die je nach Inter-
esse und Vorerfahrungen der Kinder ausgewählt
werden müssen:
- Was kann ein Kind tun, wenn es auf einen schein-
bar herrenlosen Hund aufmerksam wird?
Als Sprachproduktion kann mit den Angaben im
Text auch ein Inserat aufgesetzt werden.
- Warum dürfen Kinder einen Hund nicht behalten?
Rollenspiele und Umfragen zeigen Gründe und
Gegengründe auf, wobei zum Wohle eines Tieres
das Ziel nicht heißt "sich durchzusetzen".

- Woran erkennt Tobias die Wünsche und Bedürfnisse des Hundes? Wie macht sich ein Hund verständlich? Informationen lassen sich über Erfahrungsberichte von Hundehaltern, durch Beobachten eines Tieres und durch Nachlesen beschaffen.
- Was muß man bedenken, *bevor* der Hund ins Haus
kommt?
Dabei sollte auch deutlich werden, daß ein Kind in
diesem Alter noch nicht die alleinige Verantwortung
für ein Tier übernehmen kann. Möglich wäre ein
Besuch in einer Tierhandlung, wobei Abgabe-
bedingungen erfragt werden.
Schriftlich könnte ein Fragenkatalog für zukünftige
Hundehalter zur Selbstprüfung entstehen.
Das spontane Interesse der Kinder an Tiergeschich-
ten sowie ihre Identifikation mit dem Schicksal des
Hundes: "Das ist eine große Gemeinheit!" unterstützen sicher das Durchhaltevermögen beim Lesen
dieses langen Textes. Zudem können Anlesen oder
abschnittweises Erlesen mit Antizipationen helfen, den
Spannungsbogen aufrechtzuerhalten sowie die
wörtlichen Reden in den Kontext einzubinden.
Die Vignetten am Zeilenrand dienen als Orientie-
rungshilfen beim Beleglesen und sind zudem Symbole
für den Handlungsverlauf, an denen sich auch der
Inhalt rekapitulieren läßt.

LERNZIELE

- Die Kinder sollen den Handlungsverlauf verstehen
und die wörtlichen Reden im Text als solche erkennen.
- Sie sollen die Illustrationen am Zeilenrand und an
den Kapitelleisten mit Textstellen in Beziehung
setzen.
- Je nach gewähltem Schwerpunkt der Besprechung
sollen sie eigene Erfahrungen einbringen und mit
Textaussagen vergleichen.
- Sie sollen altersgerechte Handlungsmöglichkeiten
zum Schutz von Tieren finden.
- Die angedeuteten Gespräche sollen als Rollenspiele ausformuliert werden.
- Die Kinder sollen an der Wirkung, die der Text bei
ihnen auslöst, Intention und Position der Autorin
entdecken.
- Sie sollen sich, je nach Schwerpunkt, kreativ mit
dem Text auseinandersetzen.

VORSCHLÄGE ZUR UNTERRICHTSGESTALTUNG

Hinführung:
Vermutungen zur Überschrift, Einbringen eigener
Erfahrungen zum Thema. (Auf Erklärungen sollte
verzichtet werden, da sie sich aus der Geschichte
ergeben.)

Textbegegnung/Differenzierung:
- Selbständiges Erlesen (evtl. auch ab S. 128,
Zeile 19)
Arbeitsauftrag für schnelle Leser: *"Besprich mit
deinem Partner, was die Bildchen am Zeilenrand
bedeuten!"*
- Abschnittweises Erlesen, Antizipation des weiteren
Verlaufs

Abschnitte: S. 128 bis Zeile 18 ("Ausgerissen")
weiter bis S. 129, Zeile 4 ("... und trägt ihn nach
Hause")
weiter bis Zeile 23 ("Das ist eine große Gemeinheit!")
Selbständig fertig lesen

Arbeit am Textinhalt:
- Wiederholtes Lesen, absatzweise die Bildchen am
  Rand erklären, evtl. passende Textzitate suchen
- Zu den Bildern in der Kapitelleiste Textstellen
  suchen:
  S. 128: Zeile 10 mit 18
  S. 129: Zeile 13 mit 23
  Der große Hund trägt ein Halsband, paßt also zum
  Ende des Textes.
- Sprache des Hundes/Impuls: *"Tobias versteht den
  Hund gut."*
  Unterrichtsgespräch/Ergebnis:
      Der Hund schiebt seinen Kopf auf das Knie
      er schnüffelt
      er stupst
      er schnauft
      er beschnuppert ihn
  Spielen der Szenen, was meint der Hund? Was
  versteht Tobias?
- Struktur des Textes/Impuls: *"Könnte man zu der
  Geschichte ein Bilderbuch gestalten? Welche
  Bilder sind nötig? Was könnte man unter sie
  schreiben?"*

Arbeit am Textgehalt:
- Freie Aussprache über die eigenen Gefühle, die
  beim Lesen entstanden sind/*"Was fühlte wohl
  Tobias?"*
  Ergebnis: Er hat Mitleid, er ist traurig, er ist wütend,
  er ist erleichtert.
  Textstellen zuordnen
- Wie denkt wohl die Autorin über das Aussetzen von
  Tieren?
  Warum hat sie diese Geschichte geschrieben?
- Spielen der Gespräche:
  vorgegeben: Tobias und Ines
               Tobias und Mutter
  angedeutet: Im Bäckerladen
               Ines und ihre Eltern
               Auf der Polizei
               Tobias und die neue Besitzerin

Kreative Textarbeit: (alternativ)
- Andere Überschriften finden
- Die Geschichte spielen
- Der Geschichte einen anderen Verlauf geben, z.B.:
  Der Hund hat sich verlaufen ...
  Die Eltern reagieren anders ...
  Der Hund bleibt im Tierheim ...
- Aus den Textinformationen eine Anzeige aufsetzen:
  Klosterstraße/sandfarben/ohne Halsband/sehr
  zutraulich
- Ideen entwickeln, wie man das Aussetzen von
  Tieren zur Urlaubszeit einschränken könnte
- Textvergleich mit "Die Schildkröte", Lesebuch
  S. 130

Lesebuch	**Die Schildkröte**
Seite 130	von Gina Ruck-Pauquèt

HINWEISE ZUM TEXT

Wie im Text S. 128 "Hund ausgesetzt" wird in dieser
Erzählung der verantwortungslose Umgang mit Tieren
angeklagt. Oft werden sie aus einer Laune heraus
angeschafft: "Sie kostet nur drei Mark", "sie ist so
süß". Sie fungieren leider auch noch allzu oft als
Spielzeug für Kinder, das, nachdem der erste Reiz
verflogen ist oder sich die unrealistischen Ansprüche
nicht erfüllen ("Die tut ja nichts"), vernachlässigt und
einfach abgelegt wird ("In diesem Laden haben sie
jetzt Zwerghasen ... Die sind viel lustiger ...").
Dieses Thema eignet sich von der Interessenlage der
Kinder, aber auch von seiner pädagogischen Bedeutsamkeit her gut als Projekt, in das auch Eltern einge-
bunden werden sollen. Texte aus dem Lesebuch
(besonders im Tierkapitel, S. 116 bis 139) bieten
Impulse zur Weiterarbeit. Z.B.:
- Warum wünschen sich Kinder ein Haustier?
- Welches Tier paßt in welche Familie?
- Was braucht das Tier, um sich wohl zu fühlen? Oft
  werden nicht die artgerechten Bedürfnisse beachtet, sondern in anthropomorphisierender Weise Bedingungen verordnet.

Wissen und Vorüberlegungen spielen bei der Auswahl
eines Tieres eine wichtige Rolle. So ist z.B. ein nacht-
aktives Tier wie ein Hamster völlig ungeeignet für ein
Kind. Auch bedeutet die übliche Vereinzelung von
Sittichen oder Papageien in einem Käfig Leid und
Streß für das Tier. Schildkröten gehören, auch wenn
sie auf den ersten Blick nicht den Eindruck erwecken,
zu den Tieren, die am schwierigsten artgerecht zu
halten sind. Die hilflosen Kommentare des Vaters in
der Erzählung deuten dies an. Sehr oft bedeutet für
sie die Gefangenschaft ein langsames, lautloses
Sterben.
Ein Kind in diesem Alter sollte mit der Versorgung
eines Tieres nicht allein gelassen werden. In diesem
Sinne gibt auch das Verhalten der Eltern im Text: "Du
wolltest das Tier, nun versorge es" oder "Das ist nicht
auszuhalten!" Anlaß, Alternativen zu finden.

Der lange Text kann durch Anlesen oder abschnittweises Lesen erleichtert werden.

LERNZIELE

- Die Schüler sollen den Handlungsverlauf verstehen
  und die wörtlichen Reden im Text als solche erkennen.
- Sie sollen die Illustrationen am Zeilenrand und an
  den Kapitelleisten mit Textstellen in Beziehung
  setzen.
- Je nach gewähltem Schwerpunkt der Besprechung
  sollen sie eigene Erfahrungen einbringen und mit
  Textaussagen vergleichen.
- Sie sollen altersgerechte Handlungsmöglichkeiten
  zum Schutz von Tieren finden.
- Die angedeuteten Gespräche sollen als Rollenspiele ausformuliert werden.

- Die Kinder sollen an der Wirkung, die der Text bei ihnen auslöst, seine Intention und die Position der Autorin entdecken.
- Sie sollen sich, je nach Schwerpunkt, kreativ mit dem Text auseinandersetzen.

VORSCHLÄGE ZUR UNTERRICHTSGESTALTUNG

Arbeitsmaterial: Bild auf OHP, Informationen über Schildkröten (s. Karteikarten für die Freiarbeit zu "Überall ist Lesezeit 2")

Hinführung:
- Betrachten des Bildes auf der Kapitelleiste S. 132, freie Aussprache
- Informationen über Schildkröten als Haustiere

Textbegegnung/Differenzierung:
- Anlesen bis S. 130 unten: "Schildkröten machen alles langsam."
  Arbeitsaufgabe für schnelle Leser: *"Seite 132 unten sagt der Vater einen wichtigen Satz. Schreibe ihn ab!"* ("Man sollte die Tiere in den Ländern lassen, in die sie gehören!")
- Abschnittweises Erlesen mit Vermutungen zum Fortgang der Erzählung
  Abschnitte:
  S. 130: Einleitung "... und sie ist so süß")
  S. 130: bis Seitenende
  S. 131: bis Zeile 7 ("... an den Wänden ihres Gefängnisses")
  weiter bis Zeile 19 ("... kann man richtig spielen")
  selbständiges Fertiglesen/Arbeitsaufgabe s.o.

Textarbeit:
1. Inhalt:
   – Wiederholtes lautes Lesen
   Impuls: *"Warum wollte Christof ein Tier?"*
   – Wiedergabe des Inhalts/Impuls an der Tafel:

Schildkröte - Zwerghasen - Hund

- Arbeitsteilige Partnerarbeit: Was erfahren wir über die Schildkröte:
  Wie sieht sie aus? Was frißt sie? Was tut sie?
  Wie wird sie gehalten?
2. Gehalt
   – Fühlte das Tier sich wohl?
   Aneinanderreihung der Zitate auf OHP
   "Susi war nicht gerne in der Wanne. Sie versuchte hinauszuklettern und scharrte mit den kralligen Füßchen unermüdlich an den Wänden ihres Gefängnisses."
   "Stunde um Stunde kratzte die kleine Schildkröte am Wannenrand."
   "Im Winter muß sie erfrieren."
   Unterstreichen der "Signalwörter"
   – *"Was möchtest du Christof sagen?"*
   – Was tragen Vater und Mutter zur Tierhaltung bei?
   Mutter: "Du hast sie doch haben wollen ... Mach wenigstens die Wanne sauber."
   Vater: klagt, schüttelt den Kopf, erzählt von Schildkröten in ihrer natürlichen Umgebung.

Rollenspiele: Wie könnten die Eltern auf Christof einwirken? Was sollten sie selbst tun?

Vertiefung:
- *"Was meint der Vater, wenn er sagt: 'Man sollte die Tiere in den Ländern lassen, in die sie gehören!'"*
- Vorlesen einer Sachinformation über Schildkröten (s. a. Karteikarten für die Freiarbeit zu "Überall ist Lesezeit 2")
- Unterrichtsgespräch: *"Wie ist das mit Tieren im Zoo, im Zirkus, bei Tierschauen?"*
- *"Warum steht der Text wohl im Lesebuch?"*
- Textvergleich mit "Hund ausgesetzt", S. 128

Weiterarbeit:
Umfrage: Welches Tier haben Kinder?
Welches Tier wünschen sich Kinder?
Was erwarten sie von dem Tier?
Informationen zu artgerechter Tierhaltung bieten folgende Kontaktstellen: gute Zoohandlungen, Deutscher Tierschutzbund.

Sachinformation:
Die Schildkröte
Landschildkröten gibt es nur in warmen Ländern der Erde. Die griechische Landschildkröte hat einen festen Rückenpanzer. Er kann bis zu 28 cm lang werden. Der Panzer ist in der Mitte schwarz–gelb gefleckt. Er schützt die Schildkröte vor Angreifern. Bei Gefahr verteidigen sich die Schildkröten selten. Sie ziehen sich meist in den Panzer zurück. Schildkröten sind sehr langsame und schwerfällige Tiere. Sie fressen vor allem Gras und andere niedrige Pflanzen. Sie haben keine Zähne, sondern an den Kiefern harte Hornränder. Manchmal fressen sie auch Würmer und Schnecken.
Schildkröten brauchen sehr die Wärme der Sonne. Sie fallen meist schon im Herbst in eine lange und tiefe Winterstarre. Dazu graben sie sich in Sand ein. Eine freilebende Schildkröte kann 90 bis 100 Jahre alt werden. In Gefangenschaft leiden sie meistens sehr.

nach: rororo Tierlexikon Bd. 4, Rowohlt-Taschenbuch Verlag, Reinbek 1968

Lesebuch Seite 133	WENN HINTER FLIEGEN

VORSCHLÄGE ZUR UNTERRICHTSGESTALTUNG

Das Sprachspiel sollte als Rätsel behandelt werden, wobei Impulse Lösungshilfen bieten:
- Ausprobieren, den Text vorzulesen
  "Kann vielleicht eine richtige Betonung helfen, den Text zu verstehen?"
- *"Der Text beschreibt, was das Bild zeigt."*
- Wörter auf OHP anbieten und Fliegen durch gezeichnete Fliegen ersetzen:

WENN HINTER 🦟🦟 FLIEGEN, FLIEGEN 🦟🦟 NACH.

Lesen mit richtigem Betonen
- "Kann die Groß- oder Kleinschreibung helfen?"
Aufschreiben des Textes in Groß- und Kleinbuchstaben: Wenn hinter Fliegen Fliegen fliegen, fliegen Fliegen Fliegen nach.

| Lesebuch Seite 134 | **Esmeraldas erster Auftritt** von Ursel Scheffler |

HINWEISE ZUM TEXT

Überschrift und Illustration führen den Leser bewußt in die Irre. Fast bis zum Schluß des Textes, bis "Für Esmaralda?", bleibt der Leser im Glauben, es wird der atemberaubende Auftritt einer schillernden Trapez-Künstlerin beschrieben. Nach der überraschenden Wende – eine Stubenfliege führt die Akrobatik aus, die noch dazu niemand beachtet – empfiehlt es sich, den Text noch einmal zu lesen, um die gesteuerte Doppeldeutigkeit der Schilderung zu entdecken. Im Anschluß daran stellt sich die Frage: Beachtet wirklich niemand die Fliege? Wie konnte dann der Text entstehen?

In Verbindung mit der Zirkuswelt, dem Ort des Geschehens, enthält die Geschichte mehrere Ausdrücke, die den Kindern zwar beim Vorlesen verständlich sind, nicht jedoch zum allgemein verfügbaren Wortschatz gehören. Diese müssen mit Inhalt gefüllt und teilweise nachgespielt werden, um sie in ihrer Ausdruckskraft zu spüren, z.B. hereintänzeln, atemberaubend ...

Zum Vergleich bietet sich der Fliegentext "Von der Fliege, ...", Lesebuch S. 20 an.

LERNZIELE

- Kinder, die die Geschichte bereits kennen, sollen lernen sich zurückzuhalten, um anderen die Pointe nicht zu verderben. In der Klasse sollten Zeichen vereinbart werden, damit sich die Kinder wahrgenommen fühlen, jedoch nichts verraten.
- Die Schüler sollen die erste Textseite lesen, bewußt falsche Vorstellungen entwickeln und die Schilderung in einer Zirkusskizze auf dem OHP nachvollziehen.
- Beim selbständigen Fertiglesen sollen sie die Irreführung erkennen und im wiederholten Nachlesen untersuchen, wie das passieren konnte.
- Sie sollen unbekannte Begriffe kennenlernen, spielen, abgrenzen und als verfügbaren Wortschatz erwerben.
- Sie sollen erkennen, daß auch unbeachtete oder mißachtete kleine Tiere oft überraschende Leistungen vollbringen.
- Sie sollen diesen Fliegentext mit der üblichen Fliegenrolle in der Geschichte von S. 20 vergleichen.

VORSCHLÄGE ZUR UNTERRICHTSGESTALTUNG

Arbeitsmaterial: Folienzeichnung einer Zirkusarena (Vorhang, Manege, Kuppel) mit auflegbaren Bildchen: Trapez, Kapelle, Esmeralda als Artisten-Mädchen evtl. Stoffproben: Samt, schillerndes Material

Hinführung:
Bildbetrachtung S. 134, 135/Lesen der Überschrift
Einbringen von Erfahrungswissen über Zirkusbesuche
Was können die Zuschauer gerade sehen?
(Kindern, die die Pointe des Textes bereits kennen, sollte Zurückhaltung signalisiert werden.)

Textbegegnung:
1. Teil, S. 134:
- Lesen der Seite, freie Aussprache, Vergleich mit eigenen Zirkuserfahrungen
- Wiederholtes Lesen und dabei schrittweise auf dem OHP die beschriebene Manege aufbauen:
  Begriffe im Bild kennzeichnen: Samtvorhang, Manege, Kuppel
  Begriffe als Bildchen ergänzen: Trapez, Kapelle
  Begriffe spielen: hereintänzeln, abwartend umsehen, atemberaubend, blitzschnell, Applaus braust auf
- Wiederholtes Lesen und parallel dazu eine Artistin (auf Folienbildchen) in der gezeichneten Manege auftreten lassen, dabei klären: Kreisel, Sturzflug, Landemanöver
2. Teil, S. 135:
- Selbständig fertig lesen
  Arbeitsaufgabe für schnelle Leser: "Zeichne Esmeralda!" (Ein Kind soll sie auf Folie zeichnen.)

Textarbeit:
- Vergleich mit den Erwartungen
  "Wie konnten so falsche Bilder im Kopf entstehen?"
  Wiederholtes Lesen und dabei die mehrdeutigen Begriffe identifizieren.
- Wiederholtes Lesen und dabei parallel die Fliege als Folienbildchen auf dem OHP agieren lassen.
- Personales Spiel: "Was sehen die Zuschauer im Zirkus wirklich?"
  Text reduzieren: Kapelle, Scheinwerfer, Clowns
- Unterrichtsgespräch: "Wer sah dann die Fliege?"
  Ergebnis: Es sahen sie wohl mehrere, sie wurde nicht beachtet.

Besinnung:
- "Was könnte die Autorin beobachtet haben, als ihr die Idee zu dieser Geschichte kam?"
- Beobachtungsaufgabe: Erstaunliche Leistungen unauffälliger Tiere
- Den Text anderen Personen vorlesen und die Irreführung in den Vorstellungen ("Bilder im Kopf") beobachten

Textvergleich:
Lesebuch S. 20/Ergebnis: Wahrscheinlich tut die Fliege immer das gleiche. Die Wahrnehmung ist anders:
S. 20: Die Fliege ist lästig, stört.
S. 134: Toll, was so ein kleines Tier kann!

| Lesebuch Seite 136 | **Der verdrehte Schmetterling** von Mira Lobe |

HINWEISE ZUM TEXT

Über das Bild: ein Schmetterling "war einem Computer entnommen, dem war was durcheinandergekommen", wird mit Sprache gespielt. Während die Wörter im Computerrahmen in ihrer Form bleiben, werden in den Wörtern der „Schmetterlingssätze" die Konsonanten ausgetauscht bzw. auch falsch zugeordnet:

Metterschling,   flaue Blügeln.

Zum Spaß am Lesen bietet das Gedicht Motivation, selbst mit Sprache zu spielen und Buchstaben in Wörtern zu verdrehen, aber immer unter der Auflage, sie müssen aussprechbar bleiben.

Zudem ergibt sich ein guter Anlaß, genaues Lesen zu üben, da die neuen Wortbilder ja nicht gespeichert sind und somit nicht über Merkmalgruppen abgerufen werden können. Erschwerend kommt hinzu, daß die Struktur der Wörter mit ihren Gestaltgipfeln ziemlich gleich geblieben ist, also sukzessives Lesen erforderlich ist.

Weitere Texte von Mira Lobe im Lesebuch:
S. 95: „Ein Osterhase"
S. 119: „Wenn sich zwei Walrosse küssen"
Hinweise zur Autorin s. S. 110

LERNZIELE

– Die Kinder sollen sich mit dem Gedicht auseinandersetzen, den Inhalt verstehen und Zusammenhänge entdecken.
– Sie sollen die Illustration mit Textinhalt und Sprachspiel in Beziehung setzen.
– Sie sollen versuchen und üben, den Text (wie einen Zungenbrecher) möglichst fehlerfrei vorzutragen.
– Im Austausch von Konsonanten sollen sie die Verdrehung der Wörter in den „Schmetterlingssätzen" entdecken und ähnliches versuchen.
– Sie sollen den Spaß an Sprachspielereien auch im Reimkonstrukt „spätchen" erkennen.

VORSCHLÄGE ZUR UNTERRICHTSGESTALTUNG

Hinführung:
Vermutungen zur Überschrift

Textbegegnung:
– Stilles Erlesen
– Mehrmaliges lautes Lesen (Zungenbrecher)

Textarbeit:
– „Was passierte im Computer?"
  Nicht der Schmetterling wurde verdreht, sondern die Wörter.

Tafelanschrift:

– Verdrehungen Zeile für Zeile entdecken, mit Steckbuchstaben nachvollziehen, z.B.:

mit flauen Blügeln

– „Welche Sätze haben keine verdrehten Wörter?"
– Reime suchen/„Warum heißt es 'spätchen'?"
– Wettbewerb: ohne Versprechen den Text lesen

Sprachproduktion:
Mit Wörtern weiterspielen

Kopiervorlage

1. Welche Buchstaben sind hier verdreht worden?
Schreibe das richtige Wort daneben.

Kutterbuchen

Beiderklügel

Heibschreft

Taffeekasse

Beiserus

2. Diese Wörter haben eine besondere Eigenschaft. Du kannst sie vorwärts und rückwärts lesen. Schreibe die Wörter von rückwärts auf.

LAGER

NIE

LIEB

OTTO

ROT

SIE

REITTIER

NEGER

Lesebuch Seite 137	**Zwei Meisen fanden ein A** von Josef Guggenmos

HINWEISE ZUM TEXT

Das Gedicht ist ebenfalls ein Spaßgedicht, in dem mit Sprache gespielt wird. Da sich drei Ebenen vermischen – die Wortebene, der Bezug zu realen Meisen und Ameisen sowie die Personifizierung der Tiere – dürfte es für die Kinder etwas schwierig sein, das

Sprachspiel ganz zu erfassen. Die letzten beiden Zeilen sprechen mit einer moralischen Botschaft, wie bei Fabeln, den Leser an.
Zum Textvergleich bieten sich an:
Lesebuch S. 136 "Der verdrehte Schmetterling" sowie weitere Texte von Guggenmos im Lesebuch:
S. 99: "Die Tulpe", S. 122: "Gerettet", S. 167: "Das Waldhaus", S. 180: "Mein Ball".
Hinweise zum Autor s. S. 91

VORSCHLÄGE ZUR UNTERRICHTSGESTALTUNG

Arbeitsmaterial: Steckbuchstaben

Hinführung:
Es empfiehlt sich aus den o.g. Gründen, das Sprachspiel vorauszunehmen, so daß sich die Kinder auf das Gedicht konzentrieren können:

- Tafelanschrift:
- Lehrerinformation:
  "Sie fanden ein A"
- Kinder ausprobieren lassen, was passieren kann.
- Tafelanschrift:
- Konkrete Tiere zuordnen:

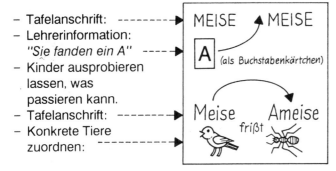

- Impuls: *"Was könnte mit der Ameise passieren?"*
  Ergebnis: Vögel fressen Ameisen.

Textarbeit:
- Erlesen des Gedichts, Bezug zum vorausgegangenen Sprachspiel
- Spielen der Handlung
  Unterrichtsgespräch: *"Wer spricht den letzten Satz?"*
  Ergebnis: Wir brauchen einen Kommentator, es ist eine Botschaft des Autors ...
- Bezug zur Illustration: *"Warum sind die Meisen anders als in Wirklichkeit?"* Es ist ein Spielgedicht.

Ähnliche Sprachspielereien:

RUDER	(B)	ROT	(B)	LANG	(K)
RABEN	(G)	REICH	(ST)	LEID	(K)
RUND	(G)	NOTEN	(K)	UND	(F)

Lesebuch	**Ameisen krabbeln**
Seite 138	von Hans Baumann

HINWEISE ZUM TEXT

Das Krabbeln der an sich nützlichen Ameisen am falschen Ort hat sicher jeder schon erlebt und als lästig empfunden. Die Illustration verstärkt dieses Gefühl.
Im Lesen des Textes können die Kinder entdecken, daß es sich nicht um eine bloße Aneinanderreihung von Krabbelstationen handelt, die mit "überall" zusammengefaßt werden können, sondern um kunstvoll gestaltete Reihen mit Reim und Rhythmus.
In der inhaltlichen Besprechung sollte deutlich werden, daß Ameisen in der Natur eine wichtige Funktion haben und auch geschützt werden müssen. Im Text werden sie auch abgeschüttelt und nicht vernichtet.

Zum Textvergleich bietet sich im Lesebuch S. 139 an.

LERNZIELE

- Die Schüler sollen sich an eigene Erfahrungen und Gefühle erinnern.
- Sie sollen verstehen, daß der Text zum Ausdruck bringt, daß die Ameisen in großer Zahl und überall krabbeln.
- Die im Aufsatzschreiben verpönten gleichförmigen Reihensätze sollen sie als Stilmittel zur Veranschaulichung der Krabbelei verstehen.
- An den Reimen sollen sie erkennen, daß der Text gestaltet und bewußt in Sprache gesetzt wurde.
- Die Kinder sollen den Text auswendig lernen und die Endreime als Gedächtnishilfen erkennen und nützen.

VORSCHLÄGE ZUR UNTERRICHTSGESTALTUNG

Hinführung:
Betrachten der Illustration
Eigene Erfahrungen und Gefühle einbringen

Textbegegnung:
Lautes Erlesen

Textarbeit:
- Wo finden sich Ameisen in der Natur?
  Wo empfinden Menschen Ameisen als lästig?
- Reimpaare vorlesen
- Vorlesen des Gedichts, Pause vor dem Reim, die Klasse ergänzt, z.B.:
  "Ameisen krabbeln auf Ameisenhaufen, Ameisen krabbeln, wo Hasen ..."
- Betrachten der vielen Krabbel-Wörter im Text Versprachlichen der Assoziationen: "Es krabbelt richtig – überall"

Sprachliche Weiterarbeit:
- Weitere Reimpaare finden (s. Kopiervorlage S. 122)
- Sachinformationen über Ameisen suchen und in der Klasse ausstellen
- Textvergleich mit Ameisenbrief, im Lesebuch S. 139

Lesebuch	**Werte Ameise**
Seite 139	von Sarah Kirsch

HINWEISE ZUM TEXT

Der Brief von Sarah Kirsch wendet sich an eine Ameise. Die an sich nützlichen Insekten werden am falschen Ort als störend empfunden und nicht geduldet. Höflich wird die Ameise gebeten ("Werte Ameise"), aus dem Schrank zu verschwinden, wobei ihr durchaus im letzten Satz mit ihrer Vernichtung ("Wir müßten Pulver streuen, ...") gedroht wird. Dieser ungewöhnliche Appell zeigt die an sich freundliche Einstellung der Autorin gegenüber den Tierchen.
Nur allzu oft und unbedacht zertreten oder vernichten Erwachsene Insekten. Es ist deshalb wichtig, Kindern auch für kleine Tiere die Augen zu öffnen (vgl. auch die Texte im Lesebuch S. 134 und 138), und sie über ihre Eigenart und Nützlichkeit aufzuklären.
Thematisch eignet sich der Brief gut (mit dem Text

---

1. Mit diesen Wörtern kannst du neue Reime bilden!

Ameisen krabbeln

in Hosenbeinen an Serviettenringen  in Wanderschuhen

auf Wäscheleinen über Messerklingen auf Eichentruhen

am Wasserschlauch auf Nilpferdrücken im Zirkuszelt

auf Opas Bauch auf Kuchenstücken auf der ganzen Welt

S. 138), als einfacherer Text im Sinne eines differenzierenden Unterrichts eingesetzt zu werden, um Beiträge zum gemeinsamen Thema Ameisen zu erlesen. Die sechs Zeilen stellen keine hohen Anforderungen. Lediglich der Zeilensprung von der zweiten auf die dritte Zeile bietet Anlaß, Satzzeichen als Orientierungspunkt für überschauendes Lesen zu wiederholen und zu üben.

LERNZIELE

– Die Kinder sollen den Inhalt des Briefes verstehen, seinen Absender und Adressaten benennen.
– Sie sollen die Absicht des Appells erkennen.
– An der Anrede und dem Schlußsatz sollen sie erkennen, daß der Brief höflich beginnt, mit einer Drohung endet und insgesamt etwas zynisch klingt.
– Die Kinder sollen das zeilenübergreifende Lesen einsetzen. aber auch die Endreime erkennen.
– Sie sollen sich Gedanken machen, wie man Ameisen ohne Gift vertreiben kann.

Sprachproduktion:
Briefe an Mäuse in der Speisekammer, an Fliegen in der Küche und dergleichen mehr

5. Kapitel   Natur

Lesebuch   Pflanzen
Seite 140–147

Kinder haben gegenüber Pflanzen meist ein distanzierteres Verhältnis als gegenüber Tieren. Diese Tatsache kann jedoch auch eine Chance beinhalten, nämlich die Kinder mit geeigneten Texten für Pflanzen zu interessieren und Verantwortung anzuregen. Die unterschiedlichen Textsorten dieses Kapitels stellen Pflanzen in den Mittelpunkt. Sie fordern auf zum Nachdenken, geben Impulse zum Naturschutz, enthalten aber auch spielerische Elemente, die einfach nur Spaß bereiten und Ideen vermitteln.

Die Kapitelleiste, eine wachsende Bohnenpflanze, bietet den passenden Rahmen, eignet sich aber auch zum Transfer bei den Texten S. 143 und S. 147.

Lesebuch	**Bruder Löwenzahn**
Seite 140	von Ute Andresen

HINWEISE ZUM TEXT

Löwenzahn ist eine den Kindern wohlbekannte Pflanze mit regional verschiedenen Namen wie Pusteblume, Kuhblume, Milchblume, Hasensalat. Die leuchtend gelben Blüten und die kugelförmigen Fruchtstände machen sie bei Kindern beliebt und verlocken zum Spiel. In manchem Gartenrasen gelten sie jedoch aufgrund ihrer raschen Vermehrung als unerwünscht, während Kenner sie als Heilpflanze schätzen. Aus allen Pflanzenteilen lassen sich wohlschmeckende Gerichte und vor allem auch wirksame Arzneien herstellen, die besonders die Tätigkeit der Leber, Galle und Niere anregen. Löwenzahn gedeiht überall auf der nördlichen Erdhalbkugel. Man findet ihn auf Wiesen und an Berghängen ebenso wie auf kargen Feldern und am Straßenrand der Großstädte. Selbst Teerdecken vermag die Pflanze aufgrund des hohen Osmosedrucks in den Zellen zu sprengen. Kaum jemand ist sich bewußt, wieviel farbloser die Natur ohne die dottergelben Blüten wäre, denn der Löwenzahn blüht einen großen Teil des Jahres, nicht nur im Frühling oder Sommer. Die beeindruckenden Löwenzahnwiesen ließen manche Gedichte, Lieder und auch Kinderspiele entstehen. Literarische Bilder und Vergleiche versuchen den Eindruck vor das innere Auge zu holen. Im vorliegenden Text – mehr in Gedichtform gesetzte Prosa – werden die Samen als winzige Nüßchen, die als Brüder zusammenhocken und mit Fallschirmen aus Seidenhaar in alle Welt gepustet werden, beschrieben. Warum diese Nüßlein sich als Brüder fühlen, die in der weiten Welt viele Kinder haben werden, kann als sprachliches Bild auch kritisch hinterfragt werden.

Es bietet sich an, vor der Textbegegnung die biologischen Fakten der Pflanze, ihre Art der Samenbildung und deren Verbreitung zu vergegenwärtigen, um die Anthropomorphisierung und die Bildhaftigkeit der Sprache zu verstehen. In den vielen Wiederholungen im Text läßt sich auch ein Symbol für die Vielzahl und die Beweglichkeit der Samen entdecken.

Zum vergleichenden Lesen bietet sich der Text „Das Samenkorn" im Lesebuch s.143 an.

LERNZIELE

– Die Kinder sollen sich Beobachtungen mit Pusteblumen vergegenwärtigen und im Text die Bildhaftigkeit der Sprache verstehen.

– Sie sollen im Nachspielen die Personifizierung entdecken.

– Im zeilenübergreifenden Lesen sollen sie ganze Sätze finden und dem Inhalt entsprechend stimmlich gestalten.

– Sie sollen ungeläufige Begriffe über das Darstellen verstehen und mit Inhalt füllen.

– Sie sollen in dem Text die unterschiedlichen Ebenen herausfinden und sich in die Situation der Autorin hineindenken.

VORSCHLÄGE ZUR UNTERRICHTSGESTALTUNG

Arbeitsmaterial: Echte Pusteblumen

Hinführung:
Vorwissen und Beobachtungen vergegenwärtigen:
– Betrachten einer Pusteblume, Wiederholen der Begriffe wie Samen mit Fallschirmchen, sie sitzen eng aneinander, Samen dienen der Vermehrung (Tafelskizze mit Begriffen "Samen" und "Vermehrung")
– Betrachten eines einzelnen Samenkornes, Klären der Funktion von Samen ("Nüßchen") und des Fallschirmchens (Tafelskizze)
– Pusten, Beobachten von Schweben und Landen der einzelnen Samen, "Wo haben sie sich niedergelassen?"

Hinführung zum Text:
– Bildbetrachtung Lesebuch S.140/1: Beobachtungen an der Pflanze auf Bildebene übertragen

Textbegegnung:
– Je nach Situation der Klasse stilles/lautes Erlesen
– Arbeitsaufgabe für schnelle Leser (stilles Erlesen): „Entdeckst du auf den Bildern Brüder? Suche aus dem Text einen Satz, der dir besonders gut gefällt!"

Textarbeit:
1. Abschnittweises Lesen, Klären des Inhalts:
   – Lesen des 1. Abschnitts: Vergleich mit den Tafelskizzen: Zu den biologischen Begriffen die verwendeten sprachlichen Bilder zuordnen (Brüder, winzige Nüßchen, dicht an dicht, Fallschirm aus Seidenhaar)
   Personifizieren der 1. Strophe, im Spielen der wörtlichen Rede „wispern" klären
   – Lesen bis Ende der S.140: Klären des sachlichen Hintergrunds „Was passiert?" Nachspielen gemäß dem Text

In Partnerarbeit im zeilenübergreifenden Lesen ganze Sätze suchen und diese in verteilten Rollen in das Spiel einbringen. Im Darstellen das enge Aneinanderstehen der Samen im Fruchtstand veranschaulichen sowie in der Stimme "vor Erwartung beben" zum Ausdruck bringen
– Lesen des 1. Abschnitts auf S. 141: Dramatisieren und dabei die Begriffe "Wirbelwind" und "zaghaft" klären
– Lesen und spielen des letzten Abschnitts, dabei stimmlich die reale Situation von dem "märchenhaften" Kontext abgrenzen

2. Gehalt:
– Impuls: "Wer spricht in unserem Spiel den letzten Satz?"
Unterrichtsgespräch über die Rolle der Autorin und eine mögliche Situation, die Einfälle für den Text in die Wege geleitet haben könnte.
– Wiederholtes Lesen und dabei Gegenüberstellen: "Was hat die Autorin wohl beobachtet, was hat sie sich ausgedacht?"
– Unterrichtsgespräch über die Wirkung des Textes bei den Lesern: "Welche Bilder entstehen in deinem Kopf?"

Anschlußstoff:

Löwenzahn und Pusteblume   Text u. Melodie: Hans Baumann

1. Lö - wen - zahn, so hei - ße ich, komm nur her, ich
beiße dich nicht — ich bei - ße kei - nen,
will als klei - ne Son - ne schei - nen.

2. Pusteblume bin ich auch,
dann trägt mich des Windes Hauch
fort, dass auf den Wiesen
wieder kleine Sonnen sprießen.

3. Löwenzahn, so heiße ich,
komm nur her, ich beiße dich
nicht – ich beiße keinen,
will als kleine Sonne scheinen.

Ergänzung:

Löwenzahn

Wunderbar
stand er da im Silberhaar.
Aber eine Dame,
Annette war ihr Name,
machte ihre Lippen spitz,
blies einmal, blies mit Macht,
blies ihm fort die ganze Pracht.
Und er blieb am Platze
zurück mit einer Glatze.

Josef Guggenmos

HINWEISE ZUM TEXT

Kinder sehen, falls sie noch ursprünglich reagieren können, die Welt mit anderen Augen. Ihre Entdecker- freude auch an winzigen Dingen verblüfft Erwachsene oft, die in ihrer Hast und in ihrer Zielstrebigkeit nur noch selektiv wahrnehmen. Ein Spaziergang mit einem Kind, bei dem man sich im Beobachten führen läßt, vermag manchmal die Augen zu öffnen und rückt Selbstverständliches oft in den Bereich des Staunens. In der Geschichte entdeckt Nina "zwischen den Be- tonplatten" ein Gänseblümchen, das sie fasziniert. Kontrastierend dazu reagiert die Erwachsenenwelt. Der Vater sagt: "Da ist doch nichts. Komm, bitte!" Auch alle anderen Menschen "gucken geradeaus". Sicher werden manche Kinder zunächst überrascht sein, welche Bedeutung die an sich häufige Wiesen- blume im Text erlangt und mit welcher Liebe sie be- schrieben wird. Es dürfte jedoch keine Schwierigkeit bereiten, daß sich die Kinder mit Nina identifizieren, zumal der Kontrast deutlich gezeichnet ist.
Neben dem Nachvollziehen der unterschiedlichen Positionen gegenüber der kleinen Pflanze sollte der Text auch Handlungsanleitung bieten, mit offenen Augen durch die Natur zu gehen und Entdeckungen zu sammeln. Naturschutz wird nur dort gelingen, wo ihn emotionale Kräfte begleiten, d.h. wo Staunen und Wertschätzung Wahrnehmungen steuern.

Der Text stammt aus dem Buch "Nina sieht alles ganz anders" von Renate Welsh. Es gelingt der Autorin hervorragend, die Perspektive eines kleinen Kindes einzunehmen und scheinbar Selbstverständliches in Frage zu stellen oder in neuem Licht erscheinen zu lassen. Die Autorin wird auf den Lesebuchseiten 190 bis 196 portraitiert.

Als weitere Texte von Renate Welsh enthält das Lesebuch:
S. 154: "Ein Geburtstag für Kitty" und
S. 162: "Die Frau Doktor kommt".

LERNZIELE

- Die Kinder sollen im Text den Kontrast zwischen Nina und den Erwachsenen verstehen.
- Sie sollen sich durch die detaillierte Beschreibung an das Aussehen eines Gänseblümchens erinnern und es in der Natur daraufhin bewußt betrachten.
- Sie sollen im Nachspielen merken, daß in der Geschichte kontrastierende Szenen nebenein- andergesetzt wurden und eine Botschaft enthal- ten.
- Sie sollen die einzelnen Szenen ausspielen und auch Alternativen finden.
- Sie sollen Anregungen übernehmen und z.B. auf dem Schulweg kleine Entdeckungen sammeln.
- Die Autorin soll den Schülern bekannt werden; sie sollen die Intention dieser Geschichte finden.

VORSCHLÄGE ZUR UNTERRICHTSGESTALTUNG

Vorbereitung in Verbindung mit dem Sachunterricht:
Namen von Wiesenblumen kennenlernen, als Quiz einander Blumenrätsel stellen

Hinführung:
Vermutungen zur Überschrift oder, falls bekannt, Bezug zum Buch (s. Hinweise zum Text)

Textbegegnung:
Lautes oder leises Erlesen/Freie Aussprache

Textarbeit:
1. Textinhalt:
   - Nachspielen der Geschichte, dazu vorher im Text wörtliche Rede suchen, damit sie eingebracht werden kann
   - Impuls: *"Die Hauptrolle in der Geschichte spielt nicht nur Nina."* Suchen der Textstelle, die das Gänseblümchen beschreibt. Vorlesen der Text- stelle und dabei die beschriebenen Pflanzenteile an der Illustration mitzeigen
   - Schriftliche Einzelarbeit:

Kopiervorlage

Lies die Geschichte. Was stimmt hier nicht? Notiere die Buchstaben. So findest du das Lösungswort.

Der Vater geht schnell.	(B)
Nina schleppt einen großen Korb.	(N)
Auf der Straße sind viele Radfahrer.	(A)
Das Gänseblümchen hat ein gelbes Herz.	(E)
Der Stängel ist hellgrün und dünn.	(T)
Er hat viele grüne Blätter.	(U)
Die Knospe ist fest zu.	(P)
Nina pflückt das Gänseblümchen.	(R)

Lösung: Natur

2. Textgehalt:
   - Der Illustration das Zitat des Vaters gegenüber- stellen: "Da ist doch nichts. Komm, bitte!" Unterrichtsgespräch/Leitfragen: Stimmt das? Warum sagt Vater das? Wie reagiert Nina? Könnten Vater und Nina auch anders handeln? Spielen des Gesprächs, wie Nina ihre Entdek- kung, ihre Freude und ihre Sorge weitergibt, und/oder wie Vater auf Nina eingeht.
   - Hinweis auf die Autorin
     Ob die Geschichte wohl wirklich passiert ist? Einbringen ähnlicher, eigener Erfahrungen, z.B. Schnecke oder Regenwurm auf der Straße ...
   - Es könnte auch sein, daß Renate Welsh die Ge- schichte erfunden hat. Bringt sie uns auf Ideen?
3. Kreative Weiterarbeit:
   - Sammeln von ähnlichen Beobachtungen, z.B. auf

dem Schulweg, anlegen eines Beobachtungshef-
tes oder gestalten eines Entdeckerplakats ...
– Aufsuchen eines Gänseblümchens in der Natur
und mit der Beschreibung im Text vergleichen
– Nach der Beschreibung ein Gänseblümchen
zeichnen und das entsprechende Textzitat abschreiben (Leseheft)

Lesebuch	**Das Samenkorn**
Seite 143	von Joachim Ringelnatz

HINWEISE ZUM GEDICHT

Vordergründig beschreibt das Gedicht den Werdegang eines Samenkorns, das, aus Mitleid von einer
Amsel nicht gefressen, sich zu einem Baum entwik-
kelt, der dann das Nest dieser Amsel tragen kann.
Ringelnatz (geb. 1883, gest. 1934) erzählt den Vorgang in fünf Zeilenpaaren mit Endreimen, die sich
inhaltlich leicht verstehen lassen. Jedes Zeilenpaar
stellt einen Satz dar. Den Rhythmus und die Melodie
des Gedichts können die Kinder über Bewegungen
oder musikalisches Nachgestalten erfahren. Der
Umgang mit dem Gedicht soll Freude bereiten.
Wird der Inhalt kritisch hinterfragt, entdecken die
Kinder sicher schnell, daß die Textaussage biologisch
wohl nicht stimmig ist. Wie lange dauert es, bis ein
Baum heranwächst? Kann dieselbe Amsel darin ihr
Nest bauen?
Im Unterrichtsgespräch können die Kinder die eigentliche Botschaft finden, z.B. daß man nicht alles gleich
haben muß, daß sich manchmal das Warten lohnt.
Zum Vergleich bieten sich z.B. auch Sonnenblumen-
kerne an. Als Winterfutter für Vögel fallen sie auf den
Boden, im Sommer wachsen daraus Pflanzen, die
–zig mal so viele Körner reifen lassen, wie die, aus
denen sie entstanden sind.
Zum inhaltlichen Vergleich mit dem Gedicht bieten
sich die Illustration auf den Kapitelleisten "Eine Bohne
wächst" sowie der Text im Lesebuch S. 140 "Bruder
Löwenzahn" an.

Lesebuch	**Der Bauer und der Teufel**
Seite 144	nach den Brüdern Grimm

HINWEISE ZUM MÄRCHEN

Die Bedeutung der Märchen für Kinder wird heute
wieder voll bestätigt. Ganz abgesehen davon, daß sie
eine wichtige literarische Gattung darstellen, für die
die Schüler Interesse und Leselust entwickeln sollen,
eröffnen die Märchen Einblick in eine magische Welt
und zuweilen auch in den Lebensalltag, in Wünsche
und Sehnsüchte einfacher Menschen in früherer Zeit.
Wilhelm Hauff bezeichnete Märchen als die "älteste
Tochter der Königin Phantasie". Zaubermärchen
gehören zu den ältesten Überlieferungen der
Menschheit, manche gehen bis zu 1000 Jahre v. Chr.
zurück und finden sich mit oft verblüffend ähnlichen
Motiven im Kulturbesitz aller Völker. Ihre Inhalte sind

phantastisch-wundersam, die Naturgesetze sind
weitgehend aufgehoben. Irreale Gestalten, wie in
diesem Märchen der Teufel, sind Handlungsträger.
Märchen erzählten sich früher Erwachsene. Erst die
Gebrüder Grimm überarbeiteten sie (1812 bis 1858)
für Kinder.
Die magische Welt der Märchen sowie ihre klare
Struktur – die Bösen werden bestraft, die Guten
siegen letztendlich – machen diese Literaturgattung
bei Kindern so beliebt, ohne daß man Sorge tragen
müßte, daß sie Kindern den Sinn für Realität trüben
oder sie wegen der implizierten Grausamkeiten
ängstigen. Die Kinder nehmen Märcheninhalte sehr
selektiv auf und können sie gut einordnen.
Das Märchen "Der Bauer und der Teufel" ist eine Art
Schwankmärchen. Durch List wird der dumme Teufel
übervorteilt und verspottet.
Es besteht die Gefahr, daß Kinder aus Familien, die
bestimmten religiösen Gruppen angehören, Schwierigkeiten mit der Figur des Teufels haben. In einem
solchen Falle sollte auf die Lektüre dieses Märchens
verzichtet werden.
Aufbau von Lesemotivation ist oberstes Ziel beim
Lesen von Märchen. Eine Analyse von bestimmenden
Kriterien ist nicht grundschulgemäß und kann sich
nur über konkrete Erfahrungen einstellen. So wird
bereits der Auftakt eines Märchens mit "Es war einmal
..." eine bestimmte Erwartungshaltung beim Kind in
Gang bringen, die die Inhalte dem Bereich des Irratio-
nalen zuordnet.
Wesentlich wichtiger ist es, daß Kinder lernen, Wirkungen wahrzunehmen, die Texte bei ihnen auslösen,
daß sie diese versprachlichen und begründen. Nur
wenn sie immer wieder üben, ihre eigene Person mit
der Lektüre in Beziehung zu setzen, ihre Meinung
einzubringen, kann Leseerziehung über die Schule
hinaus gelingen.
Schon aus seiner Tradition heraus bietet das Märchen
Impulse, die Fähigkeit, gut erzählen zu können, wieder
als Wert bewußt zu machen. In Verbindung mit dem
mündlichen Sprachgebrauch kann es mit wechselnden Schwerpunkten geübt werden. Wie z.B.:
vor Wendepunkten in der Handlung eine Pause
setzen, das Erzählen mit Mimik und Gestik begleiten
oder beim Erzählen Augenkontakt mit den Zuhörern
halten.
Das Lesebuch enthält als weitere Märchen:
S. 58: "Zwölf mit der Post"
S. 176: "Die Bremer Stadtmusikanten"

LERNZIELE

– Die Kinder sollen die Handlung des Märchens und
die List des Bäuerleins verstehen.
– Es soll ihnen bewußt werden, daß hinter der Hand-
lung Intentionen und Wünsche stehen.
– Sie sollen reale Elemente im Märchen von den
phantastischen Inhalten unterscheiden und daran
Spaß empfinden.
– An der Einleitung, an einigen Wörtern sowie an den
Bildern sollen die Schüler entdecken, daß die
Handlung vor langer Zeit irgendwo, d.h. nirgendwo
festzumachen, spielt.

Kennst du diese Märchen?

Verbinde zwei Bilder mit dem Namen des Märchens.

Der Froschkönig

Rotkäppchen

Dornröschen

Hänsel und Gretel

Aschenputtel

Schneewittchen

Der Bauer und der Teufel

aus: Eva Kieffer, Lesen macht Spaß, Prögel Praxis 155, München 1991

Märchen-Fragebogen

1. Liest du gerne Märchen?

   ja ☐   nein ☐   weiß nicht ☐

2. Wer erzählt oder liest die Märchen vor?

   Mutter ☐   Vater ☐
   Großmutter   Großvater ☐
   Schallplatte/Kassette ☐   _____

3. Wie viele Märchen kennst du? _____
   Notiere die Titel auf der Rückseite.

4. Welches Märchen möchtest du gerne wieder lesen? Gib einen Grund an. _____

   _____

   _____

   _____

5. Wie ist das Märchen, das du am liebsten liest?

   lustig ☐   ganz kurz ☐
   traurig   sehr lang
   wahr   mit vielen Bildern
   erfunden ☐   mit wenigen Bildern ☐

6. Welches Märchen magst du am wenigsten? Gib einen Grund an. _____

   _____

   _____

   _____

   _____

   _____

   _____

   _____

   _____

7. Hast du Vorschläge, was wir mit Märchen machen können? _____

   _____

   _____

   _____

aus: Eva Kieffer, Lesen macht Spaß, Prögel Praxis 155, München 1991

- Sie sollen sich an andere Märchen erinnern, Gemeinsamkeiten entdecken und Motivationen entwickeln, weitere Märchen zu hören oder zu lesen.
- Sie sollen Märchenbücher mitbringen und über Illustrationen Vergleiche anstellen.
- Vorlesen und Erzählen sollen Bestandteile des Schullebens werden.

VORSCHLÄGE ZUR UNTERRICHTSGESTALTUNG

Vorbereitend bietet sich an:
- Im Sachunterricht: Kennenlernen der eßbaren Pflanzenteile bei Gemüse ..., auf die sich ja die Pointe des Märchens bezieht
- Unterrichtsprojekt Märchen: Bestandsaufnahme über bekannte Märchen (s. Kopiervorlagen S. 126, 127), das Kennenlernen weiterer Märchen planen und dafür Dokumentationsformen (Plakat, Bücherausstellung, Bewertungsskala, Vorlese- und/oder Erzählstunden) finden

Hinführung:
Anknüpfungspunkte je nach Vorarbeit

Textbegegnung:
- Anlesen bis S. 144 unten, Vermutungen zum weiteren Verlauf, selbständig zu Ende lesen
- Arbeitsaufgabe für schnelle Leser: *"Zeichne, was der Bauer im ersten und/oder im zweiten Jahr pflanzt!"*

Textarbeit:
1. Textinhalt:
   - Wiederholtes Lesen und dabei die gezeichneten Erdfrüchte an der Tafel unter bzw. über einem Strich (Erdboden) anordnen
   - Wiederholtes Lesen unter dem Gesichtspunkt: Worauf müssen wir achten, wenn wir das Märchen spielen wollen?
   Besprechen der wörtlichen Reden, ungeläufige Begriffe klären wie "verschmitzt", "zum Narren halten"
   - Ergänzen des Tafelbildes durch "welke Blätter" und "Stoppeln"
   - Dramatisieren des Märchens nach Vorgabe
   - Wiederholtes Spielen und dabei unterscheiden: Was wird wörtlich gesprochen, was denken sich Bauer und Teufel? Letzteres evtl. als Flüstern zum Publikum darstellen
2. Textgehalt:
   - Motive und Wünsche der Handlungsträger klären
   - Unterrichtsgespräch: *"Was hat dir gefallen? Ist diese Geschichte wirklich passiert?"*
   - Ergänzen des Tafelbildes mit anderen möglichen Früchten im ersten bzw. im zweiten Jahr
   - Betrachten der alten Bilder im Lesebuch
   - Impuls: *"Auch am Text erkennt man, daß er von alter Zeit erzählt."*
   In Partnerarbeit Textstellen suchen/Ergebnis:
   Einleitung "Es war einmal ..."
   alte Sprache: S. 144, Zeile 5 "sitzest" und Zeile 13 "Ich trage Verlangen"

Vertiefung:
- Informationen über das früher übliche Erzählen von Märchen

- Unterrichtsgespräch: *"Was gefällt dir an diesem Märchen?"* (Schadenfreude, Schabernak, Überlisten eines Bösen ...)
- Welche Märchen gefallen uns in der Klasse?
- Planen, wie wir weitere Märchen kennenlernen können

Weiterarbeit: (Alternativen)
- Eintragen des Märchens (s. Kopiervorlage S. 127)
- Märchen erzählen, absichtlich einen Fehler einflechten. Wer merkt es?
- Märchen richtig erzählen oder vorlesen, mit einem bestimmten Schwerpunkt (s. Hinweise zum Märchen) gestalten
- Vorlesen, und andere, aber geeignete Früchte pflanzen lassen
- Märchenbücher ausstellen, Illustrationen zu einem Märchen vergleichen

Lesebuch	**Gemüseball**
Seite 146	von Werner Halle

HINWEISE ZUM GEDICHT

Das vergnügliche Gedicht beschreibt einen Ball geadelter Gemüsepflanzen: Herr und Frau von ..., Prinz und Prinzessin, Baron, Gräfin und Ritter tanzen miteinander, vornehm und mit unterschiedlichem Plaisier. Das Gedicht verlockt zum Mitspielen und auch zum Auswendiglernen. Im darstellenden Spiel verdeutlichen sich die prägnante Wortwahl ("Ritter Kürbis, groß und schwer, trat oft auf die Zehen.") und auch Sprachspielereien ("... Frau von Sauerkraut; ... blickte schmerzlich"). Ungeläufige Ausdrücke wie "schmerzlich" oder "schicklich" lassen sich ebenfalls gut über Pantomime zum Ausdruck bringen.

LERNZIELE

- Die Schüler sollen sich in ihrer Phantasie die beschriebenen Ballteilnehmer vorstellen und in Pantomime zum Ausdruck bringen, wie sie miteinander tanzen.
- Sie sollen das Gedicht erstmals als Gesamteindruck genießen und an der Verfremdung Spaß empfinden.
- Indem die Kinder das Gedicht vorlesen oder auswendig aufsagen, können sie durch begleitende Bewegungen den Sprachrhythmus spüren.
- Durch das Nachspielen der einzelnen Szenen können sie in der Übertreibung die feine Ironie zwischen den Zeilen spüren.
- Die Schüler sollen das Gedicht auswendig lernen und dabei Reime und Stichwörter als Merkhilfen erfahren.

VORSCHLÄGE ZUR UNTERRICHTSGESTALTUNG

Arbeitsmaterial: Kärtchen für Gemüsenamen, Tanzmusik

Hinführung:
Lehrererzählung: *"Irgendwo ... findet ein großer Ball (Begriffserklärung) für vornehme Leute statt. Die*

"Gemüseball"

T.:Werner Halle
W.u.S.Hermann Weigold

Ge-stern a - bend auf dem Ball tanz- te Herr von Zwie - bel mit der Frau von Pe - ter sil. Ach, das war nicht ü - bel.

Damen und Herren machen sich fein ... Nur ganz besondere Gäste dürfen daran teilnehmen: Prinzen und Prinzessinnen ...''

Textbegegnung:
- Vortrag des Gedichts/Freie Aussprache
- Lesen des Textes

Spielerischer Umgang mit dem Gedicht:
- Teilnehmer am Gemüseball aus dem Text suchen, Namen auf Kärtchen schreiben, Kärtchen an der Tafel sammeln
- Zu den Gemüsenamen an der Tafel die Abbildungen im Buch suchen. Mit den Kärtchen an der Tafel ihre Reihenfolge in der Illustration herstellen.
- Impuls: *"Nicht nur irgendeine Zwiebel oder irgendein Kürbis vergnügten sich auf dem Ball."* Wiederholtes Lesen, dabei nach jeder Strophe die genannten Paare an der Tafel zusammenstellen und sie mit ihren Titeln ansprechen
- Einzelne Strophen lesen und szenisch darstellen
- Partnerarbeit: Eine Strophe geheim auswählen und vorspielen. Die Zuschauer raten und suchen die Strophe im Gedicht.
- Einzelne Strophen auswendig probieren
- Bewegungsspiel: Die Gemüsekärtchen von der Tafel mischen, Kinder ziehen eines und bewegen sich damit im Zimmer. Auf ein musikalisches Zeichen hin (Ballbeginn) müssen sie sich den entsprechenden Partner suchen und dürfen miteinander tanzen.

Textproduktion:
- Eigene Strophen finden
- Eine Strophe aus dem Gedicht abschreiben und Figuren zeichnen

---

Lesebuch Seite 147	**Eine Blüte zum Verschenken**

HINWEISE ZUM TEXT

Mit der Idee, eine Blüte zu verschenken, die sich in einer überschaubaren Zeit aus einer unscheinbaren Zwiebel entwickelt hat, kann das nicht selbstverständliche Interesse eines Kindes an Pflanzen geweckt werden. Zudem erfordern Pflege und Beobachtung einer heranwachsenden Pflanze Geduld, Sorgfalt und Zuverlässigkeit, die letztlich mit wunderschönen Blüten belohnt werden.
Der Sachtext gibt Anleitung, wie aus einer Amaryllis-

Zwiebel eine blühende Pflanze gezogen werden kann. Zur Informationsentnahme ist genaues Lesen erforderlich, wobei auch Details von Bedeutung sind: z.B. "Die Zwiebel wird mit der Spitze nach oben ..." Den Illustrationen können Textteile in der vorgegebenen Reihenfolge von links nach rechts zugeordnet werden.
Eine Zwiebel wirklich zu pflanzen und zu beobachten, bringt die nötige Lesemotivation und fordert auch während der Wachstumszeit zum vergleichenden Nachlesen auf.
Als Sprachproduktion bietet sich an:
- den Text zu verändern, z.B. zu verkürzen, oder in die allgemeine Form mit "man" bringen
- eine Beobachtungstabelle anzulegen und zu führen
- die Anleitung als Frage- und Antwortspiel mit Begründungen umzuformulieren
- eine Pflegeanleitung für andere Pflanzen zu schreiben
- der Pflanze als Geschenk ein Kärtchen beizugeben

LERNZIELE

- Die Kinder sollen den Text abschnittweise erlesen und bei jedem Schritt überprüfen, ob im Kopf genaue Vorstellungen gelingen.
- Sie sollen den Illustrationen Textteile zuordnen und fehlende Darstellungen benennen.
- Sie sollen Textinformationen als Ratschläge und Fragen für einen Dialog aufbereiten.
- Sie sollen Arbeitsschritte begründen.
- Sie sollen die Handlungsanleitungen konkret ausführen.
- An der Idee, eine Blüte zu verschenken, sollen die Kinder Gefallen finden.

VORSCHLÄGE ZUR UNTERRICHTSGESTALTUNG

Arbeitsmaterial: Pro Gruppe eine Zwiebel, Erde, einen Topf, Gießkanne, Amaryllisblüte oder Abbildung

Hinführung:
Vorzeigen einer Amaryllis, Planen des Vorhabens

Textbegegnung:
- Stilles Erlesen
- Arbeitsaufgabe für schnelle Leser:
  1. Wann mußt du die Zwiebel einsetzen, wenn du sie Weihnachten ... verschenken willst?
  2. Welche Dinge siehst du in der Abbildung? Schreibe die Namen aus dem Text ab!

Kopiervorlage

> **Kreuze die richtigen Aussagen an. (3) Verbessere falsche Angaben.**
>
> ① Die Amaryllis braucht 6 bis 8 Wochen vom Eintopfen bis zur Blüte.
>
> ② Die Zwiebel wird mit der Spitze nach unten gepflanzt.
>
> ③ Die Erde muss die Zwiebel halb bedecken.
>
> ④ Die Erde muss zunächst nur ein wenig feucht gehalten werden.
>
> ⑤ Wenn die Knospe da ist, darfst du nicht mehr gießen.
>
> ⑥ Wenn die Pflanze verblüht ist, muss der Blütenschaft abgeschnitten werden.

Lösung: 3, 5, 8 sind richtig

Textarbeit:
- Klären der 1. Aufgabe (s. S. 129 unten), Antwort mit Textzitat begründen
- Abschnittweise laut lesen, Informationen mit Illustrationen vergleichen
- Anleitung in den Gruppen nachvollziehen, Gruppenberichte
- Im Text nachlesen, wie weit die Anleitung ausgeführt werden konnte (bis Zeile 14) Begriff "mäßig feucht" ausprobieren
- In Partnerarbeit "Spickzettel" für die weitere Betreuung schreiben
- Szenisches Spiel: Verkaufsgespräch und Beratung
- Stillarbeit: s. Kopiervorlage

5. Kapitel   Natur

Igel sind interessante und allseits beliebte Tiere, die man, vor allem in der Dämmerung, bei uns noch relativ häufig beobachten kann. Sie stehen unter Naturschutz. Sehr viele Igel werden jedoch auf Straßen überfahren oder vergiften sich in der Nahrungskette über die Insektenvernichtungsmittel, die in manchen Gärten zum Einsatz gelangen.
Die folgenden Lesebuchseiten stellen als Unterrichtsprojekt ein selbst gestaltetes Igelbuch mit Kindertexten vor. Wissen über den Igel wird unter dem Gesichtspunkt "Wir schützen Igel" zusammengestellt.
Die Texte vermitteln Handlungsideen im Sinne des Umweltschutzes, aber auch in Hinblick auf Textproduktion, z.B. ein Sachthema in ähnlicher Form für Leser präsentieren.
Als Buchausschnitte werden unterschiedliche Textsorten zur Thematik Igel vorgestellt. Neben der Informationsentnahme dienen sie als Anregung, selbst Bücher zur Thematik zu suchen und je nach Intention auszuwählen. Die angefangenen phantastischen Geschichten können auch nach eigenen Ideen fertig erzählt werden.
Sachinformationen über den Igel gibt es in fast allen didaktischen Materialien zum Sachunterricht der zweiten Jahrgangsstufe, in Kinderzeitschriften und auch im audio–visuellen Bereich.
Informativ und gut einsetzbar ist auch ein Faltblatt (Der Igel – ein Wildtier) des Bayer. Staatsministeriums für Landesentwicklung und Umweltfragen, das über die zuständige Naturschutzbehörde zu beziehen ist.

Zur Ergänzung:

Der Igel ist ein stachlig Tier

Es gibt viele Sinn– und Unsinn–Strophen:
- die Katze ist ein Schmusetier, den ganzen Tag. Sie schnurrt mal da, sie schnurrt mal hier ...
- das Stinktier ist ein faules Tier ... es fault mal da ...
- der Fuchs, der ist ein schlaues Tier ...
- der Mensch ist ein Gewohnheitstier, den ganzen Tag ...

aus: Meyerholz/Hering: Kinderlieder zum Einsteigen und Abfahren. Voggenreiter Verlag, Bonn 1986

HINWEISE ZU DEN TEXTEN

Texte und Bilder stammen aus einem Unterrichtsprojekt von Kindern einer zweiten Jahrgangsstufe. Im Anschluß an die Erarbeitung im Sachunterricht erfolgt eine Reorganisation des Gelernten unter dem Aspekt des Naturschutzes vor Ort: Wie machen wir aus einem Garten ein Paradies für Igel? Die Schwerpunkte der sachlichen Vorausinformationen sind als strukturierende Fragen im Lesebuch auf S. 148 dargestellt. Vor der Arbeit mit den Lesetexten empfiehlt es sich ebenfalls, sachliches Wissen über Lebensweise und -bedürfnisse des Igels zu vermitteln. Auch über den Lexikontext, Lesebuch S. 153, können biologische Voraussetzungen erarbeitet werden. Die Informationsentnahme aus diesem, textspezifisch sehr dichten und abstrakten Text gelingt jedoch auch leichter, wenn seine Inhalte mit strukturiertem Vorwissen verknüpfbar sind. Denkbar, wenn auch weniger interessant, wäre auch der deduktive Weg: Die Schüler erlesen zunächst, wie ein Igel-freundlicher Garten aussehen kann und schließen daraus auf die natürlichen Lebensbedürfnisse des Tieres.

Die einzelnen Textbeiträge eignen sich gut zum differenzierenden Lesen. Die Möglichkeit der eigenen Auswahl hilft, sich mit einem Schwerpunkt zu identifizieren. Zudem ergibt sich eine natürliche Situation, sich gegenseitig Texte vorzulesen, diese zu erläutern und Maßnahmen zu begründen. Es ist selbstverständlich, daß sich an das Lesen Handlungsmöglichkeiten im eigenen Umfeld anschließen sollen und Ideen für ähnliche Projekte entstehen können.

LERNZIELE

- Die Schüler sollen sich über die Fragen auf S. 148 ihr sachliches Wissen vergegenwärtigen.
- Sie sollen über die Frage Nr. 7 die Entstehung des Projekts in den Sachzusammenhang einordnen.
- In der Bearbeitung von ein bis zwei Textabschnitten sollen sie sich gegenseitig Inhalte vorstellen, diese auf der Basis eines sachlichen Hintergrundwissens erläutern und begründen.
- Sie sollen zu S. 150/151 Illustrationen gestalten.
- Die Kinder sollen überprüfen, ob es noch weitere Möglichkeiten gibt, das Leben der Igel über Gartengestaltungen zu schützen, z.B.:
Laubhaufen liegen lassen, auf chemische Schädlingsbekämpfung (Schnecken!) verzichten ...
- Die Schüler sollen die gemeinsame Gestaltung eines Buches als Idee aufgreifen, geeignete Themen suchen und den Adressatenkreis definieren.

VORSCHLÄGE ZUR UNTERRICHTSGESTALTUNG

Hinführung:
- Sachinformationen aktualisieren, z.B. Kurzreferate zu den einzelnen Fragen S. 148 oben
- Vorstellen des Projektes der Klasse 2b über das Bild S. 149 oben

Textbegegnung:
- Stilles Erlesen: wahlweise ein bzw. zwei Texte
- Freie Aussprache

Textarbeit:
- Vorlesen des gewählten Textes
- Erklären: Warum fühlt sich ein Igel durch die beschriebenen Maßnahmen wohl?
- Warum machen manche Gärten dem Igel das Leben schwer oder unmöglich? Z.B. S. 148: Igel wandern, haben ein großes Revier. Zäune dürfen sie nicht einsperren. S. 150/151: Werden Schnecken ... vergiftet, vergiften sich auch Igel und gehen dabei jämmerlich zugrunde. Igel müssen sich bis zum Winter ein Fettpolster anfressen können ...
- Die Texte (wie auf S. 148) illustrieren
- Ein eigenes Igelbuch gestalten: Texte abschreiben, neue Ideen einbringen

Vertiefung:
- Unterrichtsgespräch: Wer sollte die Texte lesen?
- Handlungsmöglichkeiten finden
- Gärten unter den erlesenen Aspekten besichtigen

HINWEISE ZU DEN TEXTEN

Im Zusammenhang mit dem Igelprojekt – Lesebuch S. 148 ff. – werden verschiedenartige Textausschnitte zur Thematik angeboten. Die Kinder können entdecken, daß Art (Sorte) und Intention der Texte sehr unterschiedlich sind. Neben der Informationsentnahme kann über Fragen und Bedürfnisse fiktiver Zielgruppen eine Art Klassifizierung der Textarten verständlich werden. Darüberhinaus sollen die Seiten anregen, diese oder weitere Bücher zum Thema Igel zu lesen, einen Büchertisch zu gestalten und gefundene Quellen an einer Pinnwand zusammenzustellen. Die Texte stammen aus folgenden Büchern:

Lesebuch S. 152:
- "Der Igel im Spiegel" von Dimiter Inkiow, dtv junior, München 1984 (auch als Ganzschrift im Unterricht geeignet). Neben der Titelgeschichte enthält es noch zwei weitere "lustige Nonsens-Tiergeschichten für das erste Lesealter". Der Textausschnitt für sich kann aber auch anregen, selbst eine phantasievolle Fortsetzung der Geschichte zu erfinden.
- "Igel, komm, ich nehm dich mit", ein Bilderbuch von Tilde Michels und Sara Ball, Verlag Franz Schneider, München 1987. Lena nimmt einen Igel mit nach Hause (so weit informiert auch der Textausschnitt). "Es soll ihm gutgehen." Der Igel kämpft gegen seinen Käfig. Erst ein Traum veranlaßt Lena, dem Tier seine Freiheit wiederzugeben: Sie wird selbst putzig klein, eine im Verhältnis riesengroße Igelfamilie holt das Mädchen in ihr Heim und bestaunt es in einem Käfig. Auch dieses Buch eignet sich gut als Klassenlektüre. Der Textausschnitt verrät noch nicht, ob es sich um eine Phantasieerzählung oder eine sachliche Geschichte handelt.

Wie die Igel Stacheln kriegten

In alten Zeiten trugen die Igel keine Stacheln, sondern seidenweiches Haar. Da war ein Igel, der hieß Schnauf. Er wollte Schnief gerne heiraten. Schnauf lauerte vor einem Loche, denn er wollte seiner Schnief ein fettes Mäuslein bringen.

Gerade wollte er mit seiner Beute abziehen, da hörte er das Zischen einer Kreuzotter. Alle Tiere fürchteten sie wegen ihrer giftigen Zähne, aber auch, weil sie hexen konnte.

„Du, das war meine Maus!", wispelte die Otter. „Gib sie her, die wollte ich fangen."

„Hier gilt kein Wollen, hier gilt bloß Haben!", erwiderte Schnauf und setzte sich auf seine Maus.

„Sei nicht so frech, Igel Langhaar, sonst beiß ich dich und mach dich stumm!", sagte die Schlange und sah den Igel mit eiskalten Augen an.

„Komm nur heran, du fußloser Schuppenwurm!", rief Schnauf, „so wirst du fühlen, wie meine spitzen Zähne deine Knochen besuchen."

Nun kann eine Schlange dreierlei nicht vertragen: Erstens mag sie nicht daran erinnert werden, dass sie keine Füße hat, zweitens ärgert sie sich sehr, wenn man sie den Würmern gleichstellt, drittens aber ist sie schrecklich neidisch auf alle, die weiches Haar oder Federn tragen.

Darum zischte sie voll Wut:

> „Steifes, hartes Stachelkleid
> wünsch ich dir für alle Zeit.
> Dir und allen deinesgleichen
> soll nie mehr das Fell erweichen!"

O weh! Kaum hatte die Schlange diesen Zauber gezischelt, da knackte und zog es dem Igel durch Haut und Haar. Und die weichen Locken standen steif hin.

Da weinte das arme Igelchen bitterlich und lief hin zu seiner Braut, um bei ihr Trost zu suchen. Aber ach! Die war auch so jämmerlich verwandelt. Sie sahen einander traurig an und schnauften und schniefen, dass es einen Stein hätte erbarmen können. Weil sie aber so tief in Kummer versunken waren, so merkten sie nicht, wie einer durch die Büsche geschlichen kam, der trug einen roten Pelz und hatte die Nase am Boden und den buschigen Schwanz wie eine Fahne in der Luft.

„Hier riechts nach Igel!", brummelte der Fuchs. Und ohne recht hinzuschauen patschte er mit der Pfote hin, wo sich das Gras bewegte. Dem Schnauf und der Schnief fuhr ein gewaltiger Schreck durch die Glieder und es sträubten sich ihnen die Haare. Die Haare? Ich meine die Borsten, die stachligen. Der Fuchs aber erschrak noch mehr; denn ihm war, als hätte er in ein Nadelkissen gelangt.

„Pfui Teufel!", fauchte er. „Wie Igel riecht's, wie Nadeln sticht's! – Was ist das bloß?"

Damit ging er rückwärts auf drei Beinen und schlenkerte sich die roten Tropfen von der Nase.

Igel und Igelin guckten sich an. „Warum ist der Fuchs fortgelaufen?", fragte Schnief. Da entdeckte er die Blutstropfen im Grase und merkte, warum der Fuchs den Appetit verloren hatte. „Die Schlange hat uns eine gute Waffe angezaubert; nicht um die Welt gäb ich das Stachelkleid wieder her! Jetzt brauchen wir weder Zunge noch Zahn zu fürchten", sagte er.

Auch hier können die Kinder selbst eine Fortsetzung finden. Wählen die Schüler eine sachliche Fortsetzung, kann auch der Text aus der Kinderzeitschrift, Lesebuch S. 153, Ideen vermitteln.

Lesebuch S. 153:
- Der Ausschnitt aus einer Kinderzeitschrift warnt vor der häufig falsch verstandenen Tierliebe, Igel im Winter in der Wohnung aufzunehmen. Zudem enthält der Artikel Hinweise, wie ein Igel in seiner natürlichen Umgebung Unterstützung erhalten kann.
- Der Lexikontext enthält sehr viele komprimierte Sachinformationen, die satzweise erlesen und konkretisiert werden müssen. Analog zu dem "Igelprojekt" Lesebuch S. 148, kann aus diesen Informationen ein weiteres Igelbuch entstehen.
- Das Tiermärchen "Wie die Igel Stacheln kriegten" stammt aus dem nicht mehr lieferbaren Buch von Hagdis Hollriede, Thienemann Verlag, Stuttgart 1950. Der Text, etwas verkürzt, ist auf S. 132 des Lehrerkommentars wiedergegeben. Es besteht auch die Möglichkeit, daß Kinder vor dem Kennenlernen des Märchentextes eigene Ideen entwickeln.

LERNZIELE

- Die Kinder sollen wahlweise einen Text lesen und darüber den Mitschülern berichten.
- Sie sollen überlegen, aus welchen Büchern die Texte stammen könnten und dabei unterscheiden: Sachbuch, Lexikon, Phantasie-Geschichten.
- Sie sollen prüfen, ob die Textausschnitte über die Wirklichkeit berichten oder erfundene Geschichten sind, die wahr sein könnten, oder ob Tiere wie Menschen handeln und sprechen.
- Die Kinder sollen überlegen, für welche Leser und für welche Fragen die Texte passen.
- Sie sollen die angegebenen und weitere Bücher z.B. in der Bücherei suchen, lesen und vorstellen.
- Sie sollen Ausschnitte aus Kinderzeitschriften oder Zeitungen zum Thema Igel sammeln.
- Die Schüler sollen erkennen, daß man sich zu einem Thema Inhalte und Informationen selbst suchen und sie erlesen kann.
- Sie sollen für Textanfänge Fortsetzungen erfinden.

Zur Ergänzung:
Sachtext zum Umgang des Igels mit Schlangen:

> Ganz erstaunlich ist die Jagd des Igels auf Schlangen. Er greift sogar Giftschlangen wie Kreuzottern an.
> Um die Giftzähne abzuwehren, streckt er seine Stirnstacheln weit nach vorne. Er versucht der Schlange das Rückgrat zu zerbeißen. Der Igel kann sogar etwas Kreuzotterngift vertragen. Eine volle Giftladung einer einzigen Kreuzotter überlebt jedoch auch er nicht.

6. Kapitel Gesund sein, krank sein

**Lesebuch
Seite 154 – 165**

In diesem thematischen Kapitel werden Erfahrungen der Kinder aufgegriffen. Die Texte beziehen sich inhaltlich auf folgende Schwerpunkte:
- Behinderung, d.h. mit einem Rollstuhl-Kind spielen (S. 154)
- Unbehagen bei einem Arztbesuch (S. 158, 160, 162)
- Strategien gegen die Angst entwickeln (S. 160, 162, 164)
- Sich krank fühlen (S. 159, 162, 163)
- Verantwortung für die eigene Gesundheit (S. 163)
- Sprachspielereien zur Thematik (S. 158, 164, 165)

Daraus ergeben sich auch die Möglichkeiten zu Querverbindungen. Weitere vergleichende Anlässe bieten kapitelübergreifend Textsorten und Autoren (A. Lindgren, R. Welsh, U. Wölfel).
Die Zeichnungen auf den Kapitelleisten beziehen sich eng auf den jeweiligen Textinhalt.

Lesebuch Seite 154	**Ein Geburtstag für Kitty** von Renate Welsh

HINWEISE ZUM TEXT

Die Geschichte ist trotz ihrer Länge leicht zu erlesen: Sich wiederholende Sprachmuster (als stilistische Elemente der Integration und des sich wiederholenden Spiels) erleichtern das Lesen, wobei die Inhaltsfindung auch durch gut zuordenbare Illustrationen unterstützt wird.
Lediglich die Beschreibung S. 156 – Maxi spielt mit Kitty – erfordert genaues Lesen, bei dem satzweise die sich bildenden Vorstellungen verdeutlicht werden sollen.

Einleitend (S. 154) werden den Lesern die Kinder als Handlungsträger vorgestellt, wobei ihre Spielgemeinschaft durch die gleiche Struktur ihrer Beschreibung deutlich wird. Ihre Individualität verdeutlicht sich im Namen, in der Kennzeichnung ihrer Haare, ihrer Begleitfigur und im Fahrgerät. In diesem Kontext erscheint das Kind im Rollstuhl integriert und als gleichwertiger Partner.
In lustigen Reihen wird das Umkreisen verschiedener Dinge mit den Fahrgeräten beschrieben und wie sich die Idee entwickelt, den Geburtstag der Katze zu feiern.
In einer kritischen Textsicht kann darauf eingegangen werden, daß das Spiel Kittys mit der Taschentuchmaus artspezifisch ist, sie jedoch bei der Geburtstagsfeier gegen ihren erkennbaren Willen als Spielobjekt zum Spaß der Kinder genötigt wird.
Es sollte auch nicht unkommentiert bleiben, daß die Kinder Kerzen anzünden.

Die eigentliche Intention des Textes, die Integration behinderter Kinder, können die Schüler selbst finden, indem sie auf den Kontext aufmerksam werden: Der Text steht in dem Kapitel "Gesund sein, krank sein". Einen weiteren Impuls vermitteln die Darstellungen der Kapitelleiste, die diesen Schwerpunkt herausgreifen.

Die Integration sollte in der Besprechung so selbstverständlich bleiben, wie in der Geschichte. Kinder begegnen Behinderten meist spontan. Eine Ausgrenzung, wie sie ältere Kinder oder Erwachsene praktizieren, sollte nur bei konkretem Anlaß thematisiert werden.

Die vier Seiten der Geschichte können im Unterricht gut als Abschnitte gelesen und besprochen werden, es ergibt sich auch jeweils eine interessante Möglichkeit zur Antizipation.

Die Autorin wird auf den Lesebuchseiten 190 bis 196 vorgestellt. Als weitere Texte von Renate Welsh enthält das Lesebuch:
S. 102: "So sehen heute die Pferde aus"
S. 142: "Nina und das Gänseblümchen"
S. 162: "Die Frau Doktor kommt"
Im Anschluß an diesen Text kann auch die Ganzschrift: "Wer fängt Kitty?" von Renate Welsh (dtv Junior Nr. 75021) gelesen werden.

LERNZIELE

- Die Kinder sollen erkennen, daß es zu Beginn einer Geschichte wichtig ist, die Personen vorzustellen.
- Sie sollen in der Beschreibung der Kinder das Gemeinsame (auch sprachlich) und das Unterscheidende (evtl. durch Austauschproben) finden.
- Sie sollen Textabschnitte und Illustrationen miteinander in Beziehung setzen und in ihrer Aussage vergleichen.
- Im Dialog der Kinder (S. 155 unten) sollen die Leser die gute Laune spüren und selbst Gegensätze finden.
- Die Beschreibung, wie Maxi mit Kitty spielt (S. 156) sollen die Schüler satzweise szenisch umsetzen und die Geburtstagsfeier (S. 157) nachspielen.
- Im Unterrichtsgespräch sollen sie die Reaktionen der Katze erklären und werten.
- In Zusammenhang mit dem Kontext der Geschichte und der Illustration an der Kapitelleiste sollen die Kinder die Botschaft des Textes finden und auf ihre Lebenssituation übertragen.

VORSCHLÄGE ZUR UNTERRICHTSGESTALTUNG

Arbeitsmaterial: Bild Lesebuch S. 155, Maus aus Taschentuch bzw. Tuch, um sie zu knoten

Motivation:
- Bildbetrachtung S. 155, freie Aussprache
- Textantizipation

Textbegegnung/Textarbeit:
1. Lesebuch S. 154:
   - Stilles Erlesen
   - Den Kindern im Tafel- bzw. Folienbild Namen zuordnen

- Unterrichtsgespräch: "Wem gehören die Spielzeuggegenstände?" (links im Bild)
  Vorlesen der Kinderbeschreibung, Spielzeug betonen
- Unterrichtsgespräch über Haare, rote Wuschelhaare, blonde Strubbelhaare .../Vergleiche suchen
  Begriffsklärung: Sommersprossen/17? Sommersprossen
- Zusammenfassung: Jedes Kind unterscheidet sich von dem anderen. (Nicht der Rollstuhl charakterisiert Maxi!)
- Antizipation: Was spielen die Kinder?
2. Lesebuch S. 155:
   - Stilles Erlesen
     Arbeitsaufgabe für schnelle Leser: "Suche die zwei Zeilen, die das Bild beschreiben!"
   - Lesen des Gesprächs (S. 155 unten) mit verteilten Rollen
   - Unterrichtsgespräch: "Warum wollen die Kinder Geburtstag feiern?"
     Ergebnis: Kreisfahren wird wohl langweilig.
     Eigene Erfahrungen über Langeweile einbringen.
   - Spielidee fortsetzen: Torte mit Würstchen
                           Eiscreme und Essiggurken
   - Antizipation: "Kommt eine Geburtstagsfeier zustande?"
     Impuls: Hinweis auf die Überschrift
3. Lesebuch S. 156:
   - Lautes Lesen
   - Maus aus Taschentuch knoten (evtl. demonstrieren, da etwas schwierig); (s. Kopiervorlage S. 135)
   - Nachspielen der Szene: Die Maus wird auf das Handgelenk gelegt und mit den verdeckten Fingern bewegt
   - Antizipation: "Wie wird die Geburtstagsfeier weitergehen?"
4. Lesebuch S. 157:
   - Stilles Erlesen
   - Arbeitsaufgabe für schnelle Leser: "Überlege, was die Katze sprechen würde, wenn sie könnte!"
   - Wiederholtes Lesen; in das Tafel- bzw. Folienbild auf den Brunnenrand die Geschenke einzeichnen, Hinweis auf das Anzünden von Kerzen
   - Szene nach Textanleitung nachspielen
   - Gedanken der Katze in das Spiel einbringen (s. Arbeitsaufgabe)
     Unterrichtsgespräch/Impuls: "Kitty kann nicht sprechen, trotzdem könnte man sie verstehen."
     Textstellen suchen/Ergebnis: Kitty faucht, strampelt, streckt Krallen aus.
   - Impuls: "Welche Geburtstagsfeier gefällt der Katze?" Vergleich mit dem Spiel mit der Tuchmaus

Vertiefung:
- Unterrichtsgespräch: "Warum steht diese Geschichte in diesem Kapitel?" Ergebnis: z.B.:
  Maxi kann nicht laufen, mögliche Ursachen überlegen/Maxi spielt in der Geschichte mit, sie ist wie andere Kinder, nur daß sie im Rollstuhl sitzt.
- "Was kann Maxi nicht so gut?" Impulse zur Hilfe s. Kapitelleiste
- Hinweise auf Renate Welsh

So kannst du eine Taschentuchmaus knoten.

1. Du brauchst ein Herrentaschentuch. Falte es zu einem Dreieck zusammen.

2. Dann schlägst du den linken und den rechten Zipfel zur Mitte, sodass sie etwas übereinander liegen.

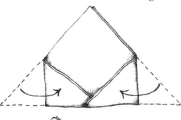

3.

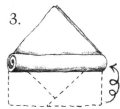

Die untere Kante rollst du locker zusammen, sodass ein Wulst entsteht. Du rollst, bis du an das obere Dreieck kommst.

4.

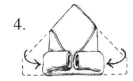

Drehe das Tuch um, sodass der Wulst auf dem Tisch liegt. Danach biegst du die Enden um, dass sie sich über dem Wulst berühren.

5.

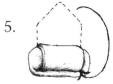

Die beiden dreieckigen Zipfel steckst du in den Schlitz zwischen Wulstmitte und Wulstenden.

6.

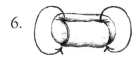

Du steckst die Zipfel nicht nur lose hinein, sondern krempelst in der gleichen Richtung immer weiter…

7.

…bis plötzlich links und rechts je ein Zipfel erscheint.

8.

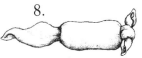

Der eine ist der Mauseschwanz. Den anderen rollst du von außen quer zum Wulst auf. Die kleine Rolle verknotest du und erhältst den Mausekopf mit zwei Öhrchen.

Lesebuch	**fünfter sein**
Seite 158	von Ernst Jandl

HINWEISE ZUM TEXT

Wie bei vielen Texten von Ernst Jandl, ist auch in diesem die Struktur für die Wirkung verantwortlich. Die allgemeine Aussage „fünfter sein" wird mechanisch weitergeführt – „vierter sein…" – und in einer überraschenden Schlußaussage „tagherrdoktor" erhellt.
Die Illustration an der Kapittelleiste unterstützt die Assoziation: Situation Wartezimmer.
Die durchgängige Kleinschreibung aller Wörter kann als Privileg des Autors dargestellt werden, wobei die Kinder bei „tür" und „tagherrdoktor" eine Korrektur leisten können.
Als weiterer Text von Jandl enthält das Lesebuch auf S. 186: „Lichtung".

LERNZIELE

– Schüler sollen Spaß am Gedicht empfinden und es als Spiel mit Sprache verstehen.
– Sie sollen über die Schlußpointe die Situation des Gedichts verstehen und sich an ähnliche Erlebnisse erinnern.
– Sie sollen die Monotonie der ersten vier Strophen als Charakteristik des Wartens lautlich gestalten und verstehen.
– Sie sollen ähnliche Sprachspiele mit Zahlen versuchen.

VORSCHLÄGE ZUR UNTERRICHTSGESTALTUNG

<u>Textbegegnung</u>:
– Vortrag der ersten vier Strophen
– Vermutungen
– Selbständiges Lesen der letzten Strophe

<u>Textarbeit</u>:
– Mehrmaliges lautes Lesen und dabei die Monotonie zur Wirkung bringen
– Klären der letzten Zeile/Anschreiben in gewohnter Form
  Impuls: Letzte Zeile kontrastierend vorsprechen:
      als gut artikulierte Einzelwörter
      als zusammenhängender Automatismus
  Unterrichtsgespräch: Welche Art zu sprechen paßt in welche Situation?
– Bezug zur Kapittelleiste
  Einbringen eigener Erfahrungen in Wartezimmern
– Spielen der Situation, wobei das strophenweise Aufrücken zum Ausdruck kommen sollte

<u>Textproduktion</u>:
– Erfinden einer neuen letzten Zeile
– Spieltexte mit Zahlen, z.B.:

Das Kla	oder	*Finger und Zehen*
1 Kla		1 Finger
2 Kla		2 Finger
3 Kla		3 Finger
4 Kla		4 Finger
Kla 4		5 Finger
		6 Finger
		7 Finger
		8 Finger
		9 Finger
		10 Finger und 10

aus: Lehrerinformationen zu „Lesebuch für die Grundschule 3".
R. Oldenbourg Verlag, München 1977

<table>
<tr><td>

Lesebuch
Seite 159

</td><td>

Ich habe Schnupfen
von Ursula Wölfel

</td></tr>
</table>

HINWEISE ZUM TEXT

Ursula Wölfel schildert in einem Gedicht, das sich nicht reimt, die Beschwerden eines Schnupfens, verknüpft mit Privilegien, die ein krankes Kind manchmal genießen darf.
Die Kinder können eigene Erfahrungen mit Schnupfen oder anderen Erkrankungen einbringen und die Aufzählungen im Gedicht damit vergleichen. Die Verspottung "Rotznase" kann wohl nicht unwidersprochen bleiben.
Hinweise zur Autorin s. Lehrerkommentar S. 24.
Weitere Texte von Ursula Wölfel im Lesebuch:
S. 18: "Die Geschichte vom Vater, der die Wand hoch ging"
S. 30: "Angst und Mut"
S. 98: "Liebe Mutter"

LERNZIELE

- Die Kinder sollen sich über den Textinhalt an eigene Beschwerden und Gefühle bei einem Schnupfen erinnern.
- Sie sollen die Gliederung des Gedichts erkennen.
- Sie sollen zwischen den Zeilen die Gefühle des kranken Kindes "herauslesen" und benennen.
- Im Vortrag sollen die Schüler erkennen, daß Wörter und Sätze bewußt gesetzt sind und sich flüssig sprechen lassen.
- Sie sollen die Reaktion "Rotznase" kritisch beurteilen und Alternativen finden.
- Die Kinder sollen in der Textproduktion eigene Krankheitserlebnisse in ähnlicher Gliederung beschreibend aufzählen.

VORSCHLÄGE ZUR UNTERRICHTSGESTALTUNG

Hinführung:
Assoziationen zur Überschrift

Textbegegnung:
Gedichtvortrag

Textarbeit:
- Lautes Lesen, Vergleich mit eigenen Erfahrungen: Beschwerden/Zuwendung in der Pflege
- Wiederholtes Lesen, Sätze suchen
- Bild- und Textvergleich
- *"Worüber spricht das Kind in den einzelnen Strophen?"*
  Hinweis auf Ich-Erzähler
- *"Stimmt der Satz: '... gar nichts mag ich.'?"*
  Vergleich mit der zweiten Strophe
- Alternativen suchen zur Reaktion "Rotznase"
- Gedicht so vortragen, daß die Gefühle "mitschwingen": Leiden, stille Freude und wieder Kontaktaufnahme mit "draußen"

Textproduktion:
- Eigene Krankheitserfahrungen in ähnlicher Gliederung aufschreiben:

Beschwerden, Privilegien, Botschaft an Freunde
- Textvergleich mit Lesebuch S. 162: "Die Frau Doktor kommt"

<table>
<tr><td>

Lesebuch
Seite 160

</td><td>

Lotta beim Zahnarzt
von Astrid Lindgren

</td></tr>
</table>

HINWEISE ZUM TEXT

Der bekannte Text stammt aus dem Buch von Astrid Lindgren: "Die Kinder aus der Krachmacherstraße", Friedrich Oetinger Verlag, Hamburg 1962.
Hinweise zur Autorin finden sich im Lehrerkommentar auf S. 29.
Als weitere Texte von ihr finden sich im Lesebuch:
S. 22: "Lisa erzählt eine Spukgeschichte"
S. 96: "April, April".
In allen Texten stehen Erlebnisse mit Geschwistern im Mittelpunkt, deshalb eignen sich die Geschichten auch gut zum Vergleich.

Der Besuch beim Zahnarzt löst bei Kindern meist Angst oder zumindest Unbehagen aus. Eigene Erfahrungen in dieser Situation und den damit verbundenen Umständen (Warten, Belohnung, Erwartungshaltung ...) erleichtern die Identifikation der Schüler mit den Handlungsträgern. Ein Ich-Erzähler schildert, wie er/sie mit Mama und zwei Geschwistern, Jonas und Lotta, einen Zahnarzt aufsucht.
Lotta ist wohl das kleinste oder ängstlichste Kind, es bekommt einen Groschen als Belohnung in Aussicht gestellt, wenn es unterläßt zu schreien.
Die Pointe der Geschichte ergibt sich aus den wörtlichen Reden: Auf Fragen gibt Lotta zwar wahrhaftige Antworten, Mißverständnisse entstehen durch Aussparen von Angaben.
Die Diskussion im Unterricht: "Hat Lotta gelogen?" eröffnet gute Möglichkeiten, den Schülern verständlich zu machen, wie unterschiedliche Erwartungshaltungen das Inhaltsverständnis beeinflussen können.

Lesetechnisch bereitet der Text keine großen Schwierigkeiten, allerdings muß auf die wörtlichen Reden ausführlich eingegangen werden. Die Länge der Geschichte läßt sich durch Anlesen oder durch abschnittweises Erlesen gut auffangen, ohne daß darunter die Spannung leidet.

LERNZIELE

- Die Kinder sollen sich eigene Erfahrungen und Gefühle bei einem Zahnarztbesuch vergegenwärtigen und mit dem Inhalt verknüpfen.
- Sie sollen die Pointe verstehen und motiviert sein, die Entstehung des Mißverständnisses sprachlich zu untersuchen.
- Sie sollen die Handlungsträger an den Kapitelzeichnungen festmachen und über die Person des Ich-Erzählers Vermutungen anstellen.
- Zu der Illustration S. 161 sollen sie die im Text nur angedeutete Szene spielen.
- Sie sollen die Geschichte in verteilten Rollen lesen und selbst einen Schluß finden.

Hinführung:
Vermutungen zur Überschrift, Einbringen eigener
Erfahrung

Textbegegnung:
– Vorlesen oder lautes Lesen bis S.160, Zeile 24:
  „...und macht ein zufriedenes Gesicht."
– Selbständig fertig lesen; Arbeitsaufgabe für
  schnelle Leser: Den auf der Kapitelleiste S.162
  gezeichneten Personen Namen zuordnen

1. Arbeit am Textinhalt:
– Zur Besprechung der Arbeitsaufgabe wieder-
  holtes Lesen
  Ergebnis: Zu identifizieren sind Mama, Jonas,
  Lotta und „ich"
– Impuls: Hinweis auf die Zeichnung S.161 oben:
  Ergebnis: Erkennbar ist Mama, das Kind muß
  die Ich-Person sein.

Unterrichtsgespräch: Wer kann „ich" sein?
Erzählt die Autorin in der Geschwisterrolle?
Ist es ein erfundenes Kind? Ein Junge oder ein
Mädchen? (Die Antwort kann offen bleiben! Im
Buch „Die Kinder aus der Krachmacherstraße"
zeigt sich, es ist Maria, die ältere Schwester.)
– Partnerarbeit: „Welche Personen sprechen im
  Text?"
  Lesen mit verteilten Rollen
– Impuls: „Welche Textstelle paßt zu der Illustration
  S. 161?"
  Ergebnis: Keine, die Szene ist nur angedeutet.
  Ausspielen der Szene
– Überprüfung des Inhaltsverständnisses:
  s. Kopiervorlage, Aufgabe 1

2. Arbeit am Textgehalt:
– Tafelskizze: Groschen
  Klären des Begriffs Groschen. Textstellen suchen

Kopiervorlage

Lotta beim Zahnarzt

1. Finde heraus, wer hier jedesmal spricht.
   Verbinde die Sprechblase mit der richtigen Person.
2. Schreibe in die Zeilen, was Mutter am Schluss der Geschichte zu Lotta sagen könnte.

„Wenn du beim Zahnarzt ganz tapfer bist,
dann kriegst du einen Groschen."

„Nicht zu glauben, dass Lotta gar nicht schreit!"

„Er hat einen Zahn gezogen."

„Kann ich mal sehen, ob es blutet?"

„Bei diesem kleinen Fräulein konnte ich
nichts machen."

Wiederholtes Vorlesen der Textstellen und andere Belohnungen einsetzen

Tafelbild:

ein Groschen

wird versprochen ⟶ Lotta bekommt ihn ⟶ ???

– Unterrichtsgespräch: *"Muß Lotta den Groschen wieder hergeben?"*
  Meinungen quantitativ festhalten
– Unterrichtsgespräch: *"Hat Lotta gelogen?"*
  Isolieren des Dialogs zwischen Mutter und Lotta: Antworten auf Stimmigkeit überprüfen
– Den Dialog wiederholen und dabei die Mutter genau fragen lassen, z.B.: "Was hat der Zahnarzt bei dir gemacht?"
– Den Dialog wiederholen und dabei Lotta alle erwarteten Informationen geben lassen, z.B.: "Er hat bei Jonas einen Zahn gezogen."
3. Kreative Textarbeit (alternativ):
  – Die Geschichte spielen
  – Einen Schluß für die Geschichte finden (dazu auch Kopiervorlage, Aufgabe 2)
  – Die Geschichte verkürzen/Wie einen Witz erzählen
  – Textvergleich mit Lesebuch S. 158: "fünfter sein"

Lesebuch Seite 162	Die Frau Doktor kommt von Renate Welsh

HINWEISE ZUM TEXT

Mit der Erzählung greift Renate Welsh Erfahrungen und Ängste von Kindern auf, die eine Spritze bekommen.
Petra "hat ein bißchen Angst", der Stich vollzieht sich dann aber sehr schnell. Stellvertretend für Petra reagiert aber der Teddy: "Der schreit und heult. Der strampelt mit den Beinen" und wird von Petra nach überstandener Angst kommentiert: "Du bist wirklich noch zu blöd zum Kranksein."
Die Geschichte ist für Kinder leicht selbst zu erlesen und in ihrer Pointe zu verstehen. Im Unterricht sollte sie Anstoß geben:
– Erfahrungen zu konkretisieren: Was bedeutet "Überallweh"?
– Informationen zu ergänzen:
  Wie verläuft das Puls–Fühlen? Welche Informationen erhält die Ärztin dadurch?
  Warum bekommen Kinder Spritzen? Was geschieht dabei?
– Gefühle aufzugreifen:
  Was macht bei Spritzen Angst? Wie kann man Angst vermindern? (Informieren wie im Text, ablenken)
Warum Petra mit dem Teddy die Situation nachspielt, werden die Kinder sicher kommentieren können, z.B.:
Das Spritzen ist aufregend und interessant, der Teddy

darf so ängstlich reagieren wie Petra vielleicht selbst möchte, im Rollentausch wird die Situation vertrauter.
Es ist sehr wichtig, daß die Kinder beim Lesen immer wieder Gelegenheit erhalten, sich selbst einzubringen, und die Inhalte mit ihren Erlebnissen und Gefühlen verknüpfen dürfen. Nur so, indem sie die Wirkung des Textes spüren, können sie auch Lust zum Selber-Lesen entwickeln. Dazu eignet sich diese Geschichte besonders gut.
Hinweise zu Renate Welsh s. Lesebuch S. 190 – 196. Als weitere Texte der Autorin enthält das Lesebuch:
    S. 102: "So sehen heute die Pferde aus"
    S. 142: "Nina und das Gänseblümchen"
    S. 154: "Ein Geburtstag für Kitty"
Zum vergleichenden Lesen bieten sich im Lesebuch an: S. 159: "Ich habe Schnupfen" ("Überallweh")
    S. 160: "Lotta beim Zahnarzt" (Reaktion bei Angst)
    S. 164: "Wirrle–knirrle–knarrlelat" (Ablenkung bei Angst)

Lesebuch Seite 163	Erfolg von Jürgen Spohn

HINWEISE ZUM TEXT

Der Autor beschreibt in dem Gedicht den Widerstreit zwischen Kopf und Bauch: "... noch ein Sahnetörtchen", wobei sich der Bauch zu seinem Nachteil durchsetzt: "Oh." und "Ist dir nicht gut?"
Der Dialog ist im Gedicht nur inhaltlich identifizierbar, was beim Erlesen etwas Schwierigkeit bereiten kann. Es empfiehlt sich deshalb, den Kerngedanken bereits bei der Hinführung deutlich zu machen, damit sich das Leseverständnis nicht erst über Mißerfolg einstellen muß.
Den Kindern ist die Thematik, der Widerstreit der Gefühle oder der Konflikt zwischen Wissen und Wünschen sicher vertraut, deshalb kann das Gedicht auch leicht Transfer finden.

LERNZIELE

– Die Kinder sollen nach der Einführung in die Konfliktsituation das Zwiegespräch verstehen.
– Sie sollen die wechselnden Rollen finden und vortragen.
– Sie sollen für den angedeuteten Schluß Inhalte finden.
– Aus dem Dialog sollen die Kinder die Handlung verstehen und an der Anzahl der Sahnetörtchen festmachen.
– Sie sollen die Überschrift erklären können.
– Über Ersatzproben und gestaltetes Vortragen sollen sie spüren, daß es sich um ein Gedicht handelt, wenn auch ohne Reime.
– Sie sollen sich aus ihrem Erfahrungsbereich ähnlicher Situationen bewußt werden.

VORSCHLÄGE ZUR UNTERRICHTSGESTALTUNG
Hinführung:
Vorzeigen z.B. eines Tellers mit Mohrenköpfen

Der Lehrer sagt: „Die möchte ich jetzt alle essen."
Unterrichtsgespräch: Was könnte passieren?
Zielangabe: Eine ähnliche Geschichte steht als
Gedicht im Lesebuch.

Textbegegnung:
Vortrag des Gedichts
Freie Aussprache/Bezug zur Hinführung

Textarbeit:
1. Teil:
– Lesen des Gedichts
  Formulieren der Schwierigkeit: „Man merkt im
  Text nicht gleich, wer spricht."
  Tafelanschrift der Sprechpartner: Bauch – Kopf
– Leises Lesen, arbeitsteilig Sprechrollen von
  Bauch und Kopf suchen
– Vorlesen mit verteilten Rollen
  Gestalten der letzten vier Zeilen
– Einbringen eigener Erfahrungen zum Thema
– Schriftliche Einzelarbeit s. Kopiervorlage,
  Aufgabe 1
2. Teil:
– Aufgreifen eigener Erfahrungen, das Gedicht
  wiederholt vorlesen und dabei „Sahnetörtchen"
  ersetzen
  Mit Klangstäben ausprobieren. ob man die
  eigenen Wörter so verändern kann, daß der
  Rhythmus von „Sahnetörtchen" paßt,
  z.B. Pudding   ...   Schokopudding
       Eis   Vanilleeis

– Unterrichtsgespräch: Ähnlich überlegt setzt der
  Autor in einem Gedicht die Wörter.
– Gedicht lesen und einen Schluß pantomimisch
  spielen (Statt Erbrechen sollte Übelkeit darge-
  stellt werden.)
  Betrachten der Darstellung auf der Kapitelleiste
– Impuls: „Zu welcher Textstelle paßt die Illustration
  unten?"
  Ergebnis: Zeilen 1 mit 2 (Zeile 6)
– Unterrichtsgespräch: Wie würde das Bild ab
  Zeile 7 aussehen? (ein Törtchen)
  Ab Zeile 10? (kein Törtchen)
– Erklären der Überschrift, dazu auch Kopier-
  vorlage, Aufgabe 2
  Ergebnis: Der Bauch hatte Erfolg, da er sich
  durchsetzte;
  der Kopf hatte Erfolg, da die vermuteten Folgen
  eintraten.

Vertiefung:
– Hinweis auf die an der Tafel festgehaltenen Partner
  Impuls: „Können Kopf und Bauch sprechen?"
  Unterrichtsgespräch/Ergebnis: Der Autor läßt Kopf
  und Bauch sprechen. Er will auf etwas aufmerksam
  machen.
– Impuls: „Manchmal streiten nicht nur Kopf und
  Bauch."
  Mögliche Erfahrungen: Kopf und Herz; Gewissen
  und Wünsche; Bequemlichkeit und Pflichtgefühl
  Einbringen konkreter Beispiele

Kopiervorlage

1. Wer spricht in dem Gedicht?
   Verbinde die Zeilen mit Kopf oder Bauch.

Erfolg

Bauch und Kopf waren uneins.
Ach bitte, noch ein Sahnetörtchen.
Nein.
Bitte.
Nicht schon wieder.
Bitte, bitte.
Also gut, noch eins.

Bitte noch ein Sahnetörtchen.
Was denn, schon wieder?
Das ist aber jetzt das letzte.
Oh.
Was denn?
Was ist denn?
Ist dir nicht gut?

Jürgen Spohn

2. Wer hat Erfolg?

HINWEISE ZUM TEXT

Zaubersprüche, Heile-Lieder oder andere Riten sind einigen Schülern sicher aus ihrer Kleinkinderzeit vertraut.

In diesem Sprachspiel – Zaubersprüche für Bauchweh, Zahnschmerzen, Husten usw. sowie phantasievolle Anleitungen für Heilmaßnahmen – findet das magische Denken lustbetonte Fortsetzung.

In den Spieltexten mischen sich Zungenbrecher, gereimte, rhythmische Zweizeiler und geheimnisvolle Aufzählungen, die das Gedächtnis fordern.

LERNZIELE

- Die Kinder sollen die Heilempfehlungen lesen und die dahinterstehende Spielidee finden.
- Sie sollen die Ideen aufgreifen und beim Gestalten Spaß empfinden.
- Sie sollen sich im Lesen langer Wörter üben und im Wiederholen der Zutaten ihr Gedächtnis trainieren.
- Sie sollen sich auf deutliches Artikulieren konzentrieren und stimmliche Gestaltungsmöglichkeiten ausprobieren.
- Sie sollen selbst Fortsetzungen finden.

VORSCHLÄGE ZUR UNTERRICHTSGESTALTUNG

Hinführung:
Lehrervortrag: wirrle – knirrle – knarrleknee
fertig ist der Hexentee!
Freie Aussprache: ''Wofür könnte Hexentee gut sein? Woraus besteht er?''

Textbegegnung:
- Stilles Erlesen
- Arbeitsaufgabe für schnelle Leser: ''Zeichne auf ein Blatt die Zutaten zu einem Heilmittel!''

Textarbeit:
- Zeichnungen an der Tafel sammeln, Zutaten identifizieren, Text entsprechend vorlesen
- Spielidee durchführen: reihum werden die Zutaten wiederholt
Wer schafft das ganze Rezept?
- Mit der Stimme die Zweizeiler gestalten, dann Zutaten und Zweizeiler vortragen, dabei die stimmlichen Möglichkeiten ausprobieren, z.B.:
laut und leise, anschwellende und abklingende Lautstärke, hell oder dunkel sprechen, Pausen setzen, Bewegungen begleitend einbauen ...
- Bezug zur Zeichnung auf der Kapitelleiste: Welche Zaubereien passen zu den einzelnen Kindern?
- Beschwerden in Pantomime vorspielen, Heile-Sprüche vortragen

Textproduktion:
- Ergänzen: Wenn die Hexe Kopfweh hat ...
- Weitere Sprüche finden

Witze sind eine allseits beliebte Textform, die auch von Kindern gerne erzählt, gehört und gelesen werden. Deshalb sollten sie auch im Unterricht ihren Platz finden. Ein Witz ist meist ein geistreicher Spaß, in kurzer, prägnanter Sprachform. Ein überraschender Einfall, eine Situationskomik, ein Wortspiel werden als Pointe auf den Punkt gebracht und wirken lustig.

Bei den Beispielen im Lesebuch beruht der scherzhafte Einfall auf der Vieldeutigkeit der Wörter und ihrer unüblichen Auslegung, z.B.:

Erholung in Höhenluft: Sitzen auf dem Schrank; Schütteln der Medizin in einer Flasche: Schütteln im Magen durch Purzelbäume. Somit kann ein Witz auch für Sprache sensibilisieren.

Der Bilderwitz (s.u.) wirkt ebenfalls nach diesem Prinzip.

Wegen seiner Beliebtheit und seiner oft bedenkenlosen Verbreitung ist es auch erziehlich wichtig, im Unterricht Kriterien anzubieten sowie gute bzw. schlechte Witze zu kennzeichnen.

Unter Führung des Lehrers können Witze gesammelt werden, Erzählrunden stattfinden und auch Witzbücher entstehen. Letzteres ist zugleich sicher eine motivierte Schreibübung.

Léon van Roy, Belgien. © Frick Friedrich

aus: Schnedderengpeng, sabe AG, Verlagsinstitut für Lehrmittel, Zürich 1988

HINWEISE ZUM TEXT

Ähnlich wie bei dem Text im Lesebuch auf S. 137 ''Zwei Meisen fanden ein A'' handelt es sich hier um

ein Sprachspiel, das seine Pointe durch Austausch und Verschiebung von Buchstaben (hier: Selbstlauten) erhält. Im Unterricht muß dies konkret nachvollzogen werden, damit es allen Kindern deutlich wird. Der Unterschied zwischen „Boote" und „Bote" sollte zeichnerisch veranschaulicht werden.
Das kurze Gedicht eignet sich auch zum Auswendiglernen.

LERNZIELE

– Die Kinder sollen über die Illustration die Schlüsselwörter (Hase, Boote) finden und daran das Sprachspiel nachvollziehen.
– Sie sollen Spaß daran empfinden, daß die Inhalts- und Buchstabenebenen vermischt sind.
– Sie sollen ein Bild malen, das zum Ende des Gedichts paßt:
Auf der Bank sitzt eine Hose, ein Bote trägt ein a.

VORSCHLÄGE ZUR UNTERRICHTSGESTALTUNG

Arbeitsmaterial: Tafelzeichnung, bewegliche Buchstaben

Kopiervorlage

Hinführung:
Tafelbild wie in der Illustration: Hase sitzt am See und sieht Boote.
Mit beweglichen Buchstaben die Wörter <u>Hase</u> und <u>Boote</u> setzen
Hinweis auf oo in Boote

Zielangabe:
Zu dem Bild paßt ein seltsames Gedicht

Textbegegnung/Textarbeit:
– Stilles Erlesen, freie Aussprache
– Text laut lesen, bei den ersten vier Zeilen im Bild mitzeigen
– Sprachspiel Zeile für Zeile durch Austauschen der Buchstaben nachvollziehen

– Tafelanschrift: Bote Hose a

Impuls: *„Nun paßt das Bild nicht mehr"*
– Zeichnen eines passenden Bildes, z.B.: Auf der Bank sitzt eine Hose. Ein Bote trägt ein a.
– Gedicht lernen
Partnerarbeit: jeweils zwei Zeilen vortragen

Weiterarbeit:
s. Kopiervorlage

Wortzauberei

1. Tausche einen Mitlaut aus.

Baum	wird	ein Zimmer.
Moor	wird	eine weiche Pflanze.
Rind	wird	ein Schmuckstück.
Band	wird	ein Sitzmöbel.
Wiese	wird	ein großer Mensch.

2. Tausche einen Selbstlaut aus.

Hund	wird zum	Körperteil.
Ohr	wird zum	Zeitmesser.
Schloss	wird zum	Ende.
Berg	wird zum	großen Bauwerk.
Zunge	wird zum	Werkzeug.

aus: H. Müller, Sprache-Spiel-Spaß, Persen Verlag, Horneburg 1988

7. Kapitel   Spielen

Lesebuch
Seite 166 – 189

Das Spielekapitel erfüllt seine Intention in doppeltem Sinne: Es enthält vielfältige Textsorten zu Spielbereichen, es verlockt aber auch, mit den Texten mitzuspielen:
Spielanleitungen (S. 181), Ideen zum Spiel mit Handpuppen (S. 174) sowie Gedichte und Märchen aus einer Phantasiewelt (S. 170, 172, 173, 176) fordern dazu auf, Spielideen aufzugreifen und fortzuführen.

Den größten Raum nehmen jedoch die Sprachspielereien ein. Spiele mit Buchstaben, Silben, Wortsegmenten, Bedeutungen und Wortschöpfungen sensibilisieren über den Spaß, den sie beim Leser auslösen, für Sprache und ihre Möglichkeiten.

Bei manchen Themen bietet es sich auch an, sie in kleine Projekte einzubinden, z.B.:
Märchen erzählen ...
Mit Handpuppen spielen/Theater spielen/Zaubern
Sprachspielereien wie Witze, Rätsel, Abzählverse, Zaubersprüche, Zungenbrecher sammeln und daraus Bücher entstehen lassen

---

Lesebuch   **Wer trifft sich da ...**
Seite 166   von Hans Gärtner

HINWEISE ZUR LESEBUCHSEITE

Sprachspiele, vor allem mit Rätselcharakter bereiten den Kindern Spaß. Dieser sollte auch im Mittelpunkt des Unterrichts stehen. Die Sensibilisierung für Sprache sowie eine Leseübung durch Segmentieren von Wörtern ergeben sich als Lernziele auch im spielerischen Umgang.

- Die Kinder sollen zunächst die Namen über akustisches Ausprobieren finden.
- Damit das Prinzip des Sprachspiels deutlich wird, müssen die Namen auch in ihrer üblichen Form geschrieben werden. Das Wort im Wort kann farbig hervorgehoben werden.
  Um rechtschriftlichen Schwierigkeiten vorzubeugen, empfiehlt sich dabei eine Vorgabe wie bei Aufgabe 2 der Kopiervorlage S. 143.
  – Das Sprachspiel beruht auf der gleichen Idee, wie sie sich im Text des Lesebuchs auf S. 7 darstellt (vgl. Lehrerkommentar S. 9).
    Ein Vergleich bietet sich an.
  – Zur kreativen Weiterarbeit s. Aufgaben 5 und 6 der Kopiervorlage S. 143!

Lösung der Aufgaben:
Aufgabe 3: Klaus
Aufgabe 4: Wal, Wald, Wolf, Ast, Oma, Mann,
            Frau, Helen, Rad

Ergänzung:
Rätselgedicht

Paul Maar

aus: Der Bunte Hund, Nr. 12/1986, Beltz & Gelberg, Verlag, Weinheim, © Paul Maar, Bamberg

---

Lesebuch   **Das Waldhaus**
Seite 167   von Josef Guggenmos

HINWEISE ZUM TEXT

Das Gedicht schildert, wie Wölfe, die sich in tiefer Nacht einem Waldhaus nähern, durch Löwengeheul der Bewohner ("Wir") vertrieben werden und sich die Stille wieder einstellt.
Zwischen seinen Strophen enthält das Gedicht Aufforderungen, die Szenen akustisch zu gestalten. Diese Anleitungen heben sich im Druck von den Textzeilen ab. Indem die Kinder mit ihren stimmlichen Möglichkeiten nach Anleitung spielen, können sie auch beim Sprechen des Zwischentextes entdecken, daß sich einige Wörter, ihrem Kontext ensprechend, lautmalerisch gestalten lassen, z.B.:

Trappeln: Schritte werden in Konsonanten und Silben hörbar
Wölfe, zwölfe/dazu, hu: Geheul in den Umlauten und Vokalen
Zittern, bibbern/still, leis/schrill: Wortinhalt im Sprechen darstellen

Es ist sicher reizvoll, den Text als Hörspiel auf eine Kassette zu sprechen.

Es können auch andere Besucher gefunden werden, die mit Lautstärke in die Flucht geschlagen werden.
In der eigenen Textproduktion wird den Kindern schnell deutlich, wie kunstvoll Guggenmos den Zwischentext gestaltete.
Die bestimmenden Elemente des Unterrichts sollen Spiel und Spaß sein. Die Lernziele lassen sich im Ausprobieren (s.o.) und in eigener Sprachproduktion erfahren.

Hinweise zu Josef Guggenmos s. Lehrerkommentar S. 91.
Das Lesebuch enthält noch folgende Texte des Autors:
S. 99: "Die Tulpe"
S. 122: "Gerettet"
S. 137: "Zwei Meisen fanden ein A"
S. 180: "Mein Ball".

Wer trifft sich da?

1. Nummeriere die Namen mit den Bildchen von oben nach unten.

2. Findest du die Namen auf der rechten Seite? Schreibe die Nummer daneben.

3. Ein Kind war beim Treffen im Lesebuch nicht dabei.
   Schreibe den Namen in die Zeile.

4. Fahre die gezeichneten Wörter in den Namen farbig nach.

☐ EDMUND

☐ BETTINA

☐ WALTER

☐ CARMEN

☐ KLAUS

☐ ROSEMARIE

☐ BÄRBEL

☐ MARKUS

☐ ANGELIKA

☐ LIESEL

☐ SEBASTIAN

Hans Gärtner

5. Suche in diesen Namen Wörter, die man zeichnen kann.
   Fahre sie farbig nach.

WALTRAUD   EWALD   WOLFGANG   ASTRID

THOMAS   HERMANN   HELMUT   KONRAD   FRAUKE

6. Zeichne Namenrätsel wie im Lesebuch.

Querverbindungen bieten sich auch zu dem Märchen "Die Bremer Stadtmusikanten", im Lesebuch S. 176, an. Die Szene, wie die Räuber vertrieben werden, läßt sich nach dieser Idee gestalten.

Lesebuch	Abzähler auf ...
Seite 168	von Hans Gärtner

HINWEISE ZUM TEXT

Alle Kinder kennen Abzählverse und benützen sie u.a. bei Versteck- und Fangspielen. Die Reime leben von Klang und Rhythmus, bei starker Betonung der Schlußsilben. Die Wörter müssen nicht unbedingt Sinn ergeben. Damit sind die Abzählreime auch mit den Unsinnsversen verwandt.

In der Geschichte von Hans Gärtner bringt ein Kind, neu in der Hollergasse, die Idee ins Spiel, Abzählreime selbst zu erfinden. Mit einigen Vorgaben "Noch einen Abzähler! Einen auf schri!" sowie bestimmten Reimmustern reizt das Reimen zur Nachahmung.

Im Mittelpunkt des Unterrichts steht lustbetontes Spielen mit Sprache, mit Klang und Rhythmus, die über das Ausprobieren ihre Form findet.

Sind den Schülern aus der Sprachbetrachtung Begriffe wie Selbst- bzw. Mitlaute vertraut, unterstützt dieses Wissen die Reim-Strategien. Falls nicht, gelingen die kleinen Verse sicher auch über intuitives Nachahmen.

LERNZIELE

- Die Kinder sollen sich mit der Geschichte identifizieren und an der Reimidee Gefallen finden.
- Sie sollen die angebotenen Auszählreime ausprobieren und beurteilen.
- Sie sollen entdecken, daß sie alle nach dem gleichen Schema entstanden sind.
- Wiederholungen und das Suchen von Reimwörtern sollen als Strategie erkannt werden und Hilfe für eigene Sprachproduktionen geben.

VORSCHLÄGE ZUR UNTERRICHTSGESTALTUNG

Hinführung:
- Unterrichtsgespräch über Situationen, in denen abgezählt wird
- Sammeln von gebräuchlichen Abzählreimen

Zielangabe:
"Im Lesebuch steht zu Abzählreimen eine eigene Geschichte."

Textbegegnung:
- Anlesen bis "Und Emmi fängt an:"
  Antizipation und selbständiges Weiterlesen oder
- Stilles Erlesen
- Arbeitsaufgabe für schnelle Leser: "Schreibe den Abzählreim ab, der dir am besten gefällt!"

Textarbeit:
1. Inhaltliche Textarbeit:
   - Abzählreime lesen und ausprobieren
   - Bezug zur Arbeitsaufgabe (s.o.): Die Wahl der Kinder quantitativ festhalten (Begründungen sind wohl zu schwierig), dazu die ersten Zeilen der Reime an der Tafel fixieren
   - Wiederholtes Lesen der Geschichte, die Reime werden von den Kindern gelesen, die sie ausgewählt haben
2. Spracharbeit:
   - Textzitat: "Emmi ist ... 'ja toll im Dichten!' Können wir das auch?"
   - Tafelanschrift: Unter die ersten Zeilen (mit Zwischenraum für die Reimwörter) die dritte Zeile anschreiben, Vokale farbig kennzeichnen,
   - den jeweiligen Endsilben die Reimwörter zuordnen, Reime farbig hervorheben
3. Sprachproduktion:
   - Nach dem Schema eigene Reime entwerfen Als Anfangsbuchstaben, falls das System genau übernommen wird (2. Konsonant = r), eignen sich B, D, G, P, S, T, Z.
   - Statt der Vokale können auch Doppel- oder Umlaute verwendet werden.
   - Abzählverse sammeln und anwenden

Lesebuch	Ein unerforschter
Seite 170	Zauberspruch
	von Michael Ende

HINWEISE ZUM TEXT

Im Gegensatz zu anderen Zaubersprüchen warnt Michael Ende die Leser eindringlich davor, diesen zu gebrauchen bzw. laut zu sprechen.

Dieser Appell: "Achtung! Vorsicht! Gefährlich!" springt in der Überschrift ins Auge und wird in dem Gedicht auf S. 170 begründet: "Der Zauberspruch ... ist unerforscht bis heute!" und "Oft wirkt ein Zauberspruch grandios ..."

Nach dem Zauberspruch fragt der Autor noch einmal zurück "Hast du auch meinem Rat vertraut? ..." und fordert den Leser auf "... dann schreib mir, was passierte!"

Im Unterricht sollte der Rat des Autors zunächst befolgt, und der Zauberspruch sehr geheimnisvoll behandelt und natürlich nicht laut gelesen werden. Selbstverständlich werden die Kinder die Warnung unterlaufen und Wirkungen ausprobieren wollen. Je nach persönlicher Art kann der Lehrer eine eindrucksvolle Wirkung vorbereiten (z.B. seine Person wird verändert, der Lehrer reagiert durch den Zauberspruch ungewöhnlich oder ein Tonband bringt überraschende Geräusche ein ...). Es kann aber auch von Anfang an z.B. Aufgabe einer Gruppe sein, den Zauberspruch doch laut vorzutragen und eine Verzauberung zu spielen.

Es bietet sich an, den vorgeschlagenen Kontakt zum Autor zu suchen und ihm die fehlenden oder die gespielten Wirkungen zu schreiben. Mit den Einfällen kann auch ein Zauberbuch für die Klasse gestaltet werden.

Sprachlich helfen die schräg gedruckten Wörter im Gedicht auf S. 170 beim Betonen, aber auch den Text auf Stichwörter zu reduzieren. Zum besseren Textverständnis sollte das einleitende Gedicht vorgelesen werden.

Selbstverständlich umfaßt der spielerische Umgang mit dem Text auch den Zauberspruch.

Ergänzend muß im Unterricht natürlich auch gezaubert werden: Andere, bekannte Zaubersprüche kommen in ihrer ursprünglichen Funktion zum Einsatz. Sie schaffen Atmosphäre und lenken den Zuschauer ab. Vorschläge für Zaubertricks finden sich auch in den Karteikarten für die Freiarbeit zu „Überall ist Lesezeit 2".

LERNZIELE
– Die Kinder sollen sich in geheimnisvolle Stimmung führen lassen.
– Sie sollen das Gedicht auf S. 170 als Warnung verstehen, das Spiel aufgreifen und den Zauberspruch ganz vorsichtig behandeln.

– Sie sollen verbalisieren, was „in Gedanken lesen" bedeutet.
– Durch die Gedichtzeilen (S. 171) soll ihnen die Person des Autors präsent werden. Sie sollen die Spielidee verstehen und realisieren.
– Sie sollen Spaß daran empfinden, die Warnung zu mißachten und nach Wirkungen des Zauberspruchs zu suchen.
– Sie sollen eine Form vereinbaren, wie der Appell der letzten Zeile „...dann schreib mir, was passierte!" aufgegriffen werden kann.
– Die Kinder sollen auch andere Zaubersprüche sammeln, in ihrer Funktion kennenlernen, Zaubertricks einüben und vorführen.

VORSCHLÄGE ZUR UNTERRICHTSGESTALTUNG

Hinführung:
Durch Lehrererzählung eine geheimnisvolle Atmosphäre schaffen.
Zielangabe: *„Heute lesen wir etwas Spannendes, vielleicht sogar etwas, das gefährlich werden kann."*

Kopiervorlage

1. Dieser Zauberspruch ist so geschrieben, dass ihn nur Zauberer sofort lesen können. Schreibe den Spruch richtig auf.

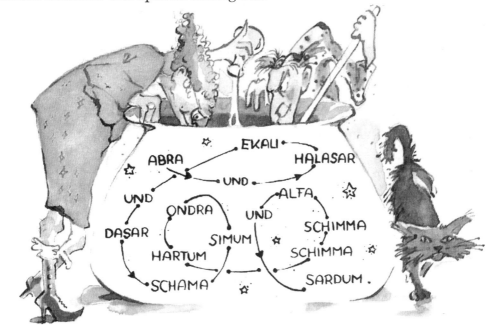

2. Sammle weitere Zaubersprüche.

Usambarum
terefinum,
Abrahambra
berentinum.
Hokuspokus
Talaschokus
Kracho Bimbo
Ala Krokus!

Schneckenschleim und Hexenkropf
fertig ist der Drachenkopf
mach mit Mücken
einen Rücken
hexe einen Drachenschwanz
mit Krötenfett und Knoblauchkranz
Hokus Schmokus weiße Maus
Erde spuck den Drachen aus

Eveline Hasler

Textbegegnung:
- Betrachten der Überschrift
  Begriffsklärung: unerforscht
- Vortragen des Gedichts S. 170, Kinder lesen leise mit.
  Freie Aussprache: *"... was ist zu tun?"*
- Stilles Erlesen der Textseite 171
- Gedicht nach dem Zauberspruch laut vorlesen, Symbol für die Sprechpause "––––" beachten und ausprobieren

Textarbeit:
1. Gedicht:
  - Unterrichtsgespräch: *"Warum ist der Zauberspruch gefährlich?"*
    Wiederholtes Lesen der S. 170
    Klären der letzten drei Zeilen: *"Wie könnte ein Zauberspruch wirken?"*
    In Partnerarbeit Möglichkeiten suchen für *"... schlimm, oft gleich, oft später"*
  - Gedichtvortrag, dabei die schräg gedruckten Wörter betonen
    "Sind diese Wörter besonders wichtig?"
  - Was bedeutet "in Gedanken lesen?"/Ausführen, Zeichen für fertige Leser vereinbaren
2. Rolle des Autors:
  - *"Wem soll man schreiben?"*
    Kurzinformation über Michael Ende: Ein berühmter Dichter (geb. 12.11.1929), der sehr schöne Kinderbücher geschrieben hat, die meisten allerdings für etwas ältere Kinder: "Jim Knopf und Lukas der Lokomotivführer", "Momo", "Die unendliche Geschichte".
  - *"Meint der Autor diese Aufforderung ernst?"*
    Unterrichtsgespräch/Ergebnis: Autoren kann man sehr wohl schreiben.
    Dieser Zauberspruch ist ein Scherz, Michael Ende weiß sicher selbst, was passiert.
3. Zauberspruch:
  - *"Weiß er es wirklich? Probieren wir es aus!"*
    Nach etwas Zieren sollte das Wagnis realisiert werden. Je nach Begabung des Lehrers kann er selbst eine Wirkung spielen,
    z.B.: einen Kopfstand machen, unter einen Tisch kriechen, wie eine Ente quaken ...
  - Gruppenarbeit: Sprechen der Zauberformel üben: geheimnisvoll, schrecklich, vorsichtig ...; "+" wird als "und" gesprochen
    Sich eine Reaktion ausdenken, die beim Vortrag anderer Gruppen gespielt wird
  - Zauberspruch auswendig lernen

Textproduktion: (alternativ)
- Zauberspruch abschreiben und dabei mit Schrift gestalten
- Einen Brief an den Autor schreiben
- *"Wirkungen des Zauberspruchs, die sich im Klassenzimmer nicht spielen lassen, kann man sich im Kopf ausdenken und aufschreiben."*
  Z.B. Heftdoppelseite:
  links: Zauberspruch schreiben,
  rechts: Fortsetzung erfinden mit dem ersten Satz: "NN las den Zauberspruch laut."

Ergänzende Vorschläge:
Zaubertricks einüben und vorführen:
Tricks siehe auch Karteikarten für die Freiarbeit zu "Überall ist Lesezeit 2"

Lesebuch Seite 172	**Im Lande der Zwerge**
Lesebuch Seite 173	**Im Lande der Riesen**

HINWEISE ZU DEN TEXTEN

Zwerge und Riesen sind den Kindern aus Märchen bekannt. Beide Gedichte erfordern vom Leser, daß er sich mit der Körpergröße eines Zwerges bzw. eines Riesen identifiziert und aus dieser Position Dinge der vertrauten Umgebung völlig anders betrachtet: "das Sandkorn ist ein Felsenstück" und "da nähen die Schneider mit Spießen" usw.
Daß durch Lesen Bilder im Kopf entstehen, läßt sich bei diesen Texten gut verfolgen. Zeile für Zeile können die Kinder die Vergleiche in Vorstellungen umsetzen und dies versprachlichen.
Aus diesem Grund empfiehlt es sich auch, beide Gedichte im vergleichenden Lesen zu behandeln.
Der Zusammenhang zwischen Textinhalt und Schriftgröße springt den Kindern ins Auge, kann begründet werden. Somit wird auch Verständnis für graphische Symbolik vorbereitet.

LERNZIELE

- Die Kinder sollen sich in die Position eines Zwerges und eines Riesen hineindenken.
- Sie sollen in den Gedichten Zeile für Zeile in Vorstellungen umsetzen und ihre inneren Bilder bewußt wahrnehmen lernen.
- Konkrete Gegenstände, die im Gedicht zitiert werden, sollen den Schülern als Vorstellungshilfen dienen.
- Sie sollen zu einem Vergleich in den Gedichten ein Bild malen und den entsprechenden Satz dazuschreiben.
- Sie sollen ihre gemalten Bilder analog zum Textverlauf ordnen und Fehlendes feststellen.
- Sie sollen die Gedichte auswendig lernen.
- Die Kinder sollen in ihrer Umwelt andere Vergleichsmöglichkeiten für die Welt der Zwerge bzw. Riesen finden.
- Sie sollen in Märchenbildern Zwerge und Riesen suchen und den Mitschülern vorstellen.

VORSCHLÄGE ZUR UNTERRICHTSGESTALTUNG

Arbeitsmaterial: (Konkrete Dinge, für die Zwerge innerhalb eines Sitzkreises, für die Riesen "zufällig" im Klassenzimmer:)

Zwerge: Fingerhut, Nadel, Seide, Sandkorn, Wasserglas, Haar
Riesen: Spieß, Geldmünze, Seil, Stange, Besen Märchenbücher

Hinführung:
Sitzkreis mit Lesebüchern (unter den Stühlen)
Bewegungsspiel: So groß wie Riesen (strecken), so klein wie Zwerge (zusammenkauern).
Unterrichtsgespräch: *"So Zwerge haben es nicht immer leicht!"* Betrachten des Türgriffs ...
Zielangabe: *"Ein Gedicht im Lesebuch erzählt uns noch mehr aus der Welt der Zwerge."*

Textarbeit:
1. Im Lande der Zwerge:
   – Gedicht laut lesen, freie Aussprache in Bezug zur Hinführung
   – Wiederholtes Lesen und dabei bei jeder Zeile ein Bild "im Kopf malen": Ein Zwerg und der benannte Gegenstand in ihrer Größenrelation
   – Betrachten der konkreten Dinge in der Kreismitte; Benennen, entsprechende Gedichtzeile suchen und vorlesen
2. Im Lande der Riesen:
   – Gedicht laut lesen s.o.
   – Wiederholtes Lesen, Vorstellungen überprüfen s.o.
   – Dinge, die im Gedicht zum Vergleich herange-

zogen wurden, im Klassenzimmer suchen und über ihre neue Funktion sprechen
Begriffsklärung: Taler (Geldstück)
3. Vorstellungen umsetzen:
   – Zu einer Textzeile ein Bild malen, den entsprechenden Satz dazuschreiben (Schriftgröße gestalten)
   – Bilder an der Tafel sammeln und ordnen: Eine Tafelfläche für Zwerge, eine für Riesen
   – Bilder innerhalb der Gruppen dem Gedichtverlauf entsprechend untereinanderhängen, fehlende Vergleiche durch Stichwörter in der richtigen Position zwischen die Bilder schreiben.

Transfer:
– Dinge im Klassenzimmer betrachten und aus Sicht der Riesen oder Zwerge einem neuen Verwendungszweck zuführen, Vergleiche aufschreiben
– In Märchenbüchern Abbildungen von Zwergen und Riesen suchen und den Mitschülern vorstellen

Lesebuch Seite 174	**Kasper spielt nicht mehr mit** von Gudrun Mebs

HINWEISE ZUM TEXT

Handpuppen-Theater gibt es in Europa schon seit mehr als 500 Jahren. In Deutschland entstand es aus den Puppenspielen der Wanderkomödianten, sank dann aber ab zur Jahrmarktsbelustigung, auf die sich diese Geschichte bezieht. Heute kennen Kinder Puppentheater wahrscheinlich in anspruchsvollerer Form mit modernen Inhalten und differenzierteren Rollengestaltungen. Damit die Kinder den Kerngedanken dieses Textes verstehen (Kasper verweigert sich, er will nicht mehr hauen. "Wozu soll das gut sein? ... mir macht das Prügeln keinen Spaß mehr. Schluß!"), sollte vor der Lektüre Kasperltheater in traditioneller Prägung vorgestellt werden. Das heißt:
– Vorstellen der wichtigsten Figuren wie Kasper, Gretel, Großmutter, Krokodil, Polizist, Räuber, Prinzessin, König usw. mit ihren Eigenschaften und festgelegten Beziehungen untereinander.
– Die im Text zitierte Patsche (Pritsche) des Kaspers, sie war früher eine wichtige Ausstattung, macht einen Schlag akustisch eindrucksvoll, ohne zu verletzen.
Alte Kasperlfiguren aus Papiermaché oder Holz zeigen diese Schlagspuren. Die Patsche läßt sich aus festem Papier leicht selbst falten und wird am Griff zusammengeklebt:

– Vorausgehend sollten auch aus den Erfahrungen der Kinder Dialoge zwischen Kasper und den Zuschauern als Elemente eines Handpuppentheaters vergegenwärtigt werden, z.B. "Seid ihr alle da?" sowie Anfeuerungsrufe oder Kommentare des Publikums.

Kasperletheater

Aus dem bunten Kasperhaus
schaut es lustig keck heraus:
Erst die Zipfelmütze –
ob ihr wisst,
wer das ist? –
Ja, der Kasper!

Langsam und mit Würde
schreitet er voller Bürde,
auf dem Kopf die Krone,
hin zu seinem Throne –
ob ihr wisst,
wer das ist? –
Ja, der König!

Zierlich, mit Geschmeide
rauscht sie an in Seide.
Manchmal ist sie traurig
und dann weint sie schaurig –
ob ihr wisst,
wer das ist? –
Die Prinzessin!

Wackelzahn, so heißt sie,
manchmal kratzt und beißt sie,
schimpft und kichert heiser,
oft auch kommt sie leiser –
ob ihr wisst,
wer das ist? –
Ja, die Hexe!

„Hokus, pokus!", sagt er,
„Fidibus!", so klagt er,
will es nicht gelingen
mit ganz rechten Dingen –
ob ihr wisst,
wer das ist? –
Ja, der Zauberer!

Dunklen Hut mit Feder,
kennt ihn wohl ein jeder.
Selten wir ihn trafen,
kommt, wenn wir schon schlafen –
ob ihr wisst,
wer das ist? –
Ja, der Räuber!

Kinder, keine Bange!
Unrecht währt nicht lange.
Einer kommt und holt ihn,
muss es sein, versohlt ihn –
ob ihr wisst,
wer das ist? –
Ja, der Polizist!

Den könnt ihr nicht sehen,
hinterm Vorhang stehen
muss er. Trägt die Köpfe,
Kasperlegeschöpfe –
ob ihr wisst,
wer das ist? –
Ja, der Puppenspieler!

Heinrich Maria Denneborg

aus: Bunter Kinderreigen, Arena Verlag, Würzburg 1966

Motiviert durch den Streik des Kaspers in der Geschichte, soll im Unterricht als kleines Projekt ein Kasperlstück mit alternativen Rollengestaltungen entstehen und gespielt werden.

Der originale Schluß der Geschichte findet sich im Lehrerkommentar S. 149 und kann auch vorgelesen werden.

Die Autorin Gudrun Mebs wird im Lesebuch "Überall ist Lesezeit" für die 4. Jahrgangsstufe vorgestellt. Der Band für die 2. Jahrgangsstufe enthält als weiteren Text auf S. 114: "Fünf Finger im Schnee".

LERNZIELE

- Die Kinder sollen den Inhalt der Geschichte verstehen und anhand der Illustrationen strukturieren.
- Sie sollen mit aktualisiertem Vorwissen den Kerngedanken, den Wunsch des Handlungsträgers Kasper, verstehen.
- Beim Betrachten von Handpuppen soll ihnen bewußt werden, daß Rollen weitgehend festgelegt sind.
- Sie sollen die Geschichte als Rollenspiel nachgestalten und eine Lösung finden.
- Sie sollen ihre Lösungen mit dem Textende der Autorin vergleichen.

Die Kinder schauen sich an, ratlos.

Dann greift ein Junge zögernd
nach der Gretel und streicht ihr
vorsichtig über den Kopf.

Ein Mädchen packt den Polizisten
und tanzt mit ihm ein Ringelreihen.

Eine andere greift nach dem Krokodil
und singt ihm ein Lied
ins aufgesperrte Maul.

Schließlich singen und tanzen alle.

Jeder mit jedem!

Der Kasper sitzt und strahlt.
Das ist doch was!
Was Neues! Was Schönes!

Plötzlich kriegt er große Lust
wieder mitzutun.
Er saust auf die Bühne und hopst
und lacht und singt und tanzt
und die Patsche wirft er in hohem Bogen
von der Bühne runter.

„Und jetzt die Bratwurst!",
ruft er laut und klatscht in die Hände.

Da ist sie auch schon:
Riesenlang und superdick!

Diesmal isst der Kasper
die Bratwurst nicht alleine.

Diesmal essen alle, und wie:
Kinder, Kasper, Gretel und der Polizist.

Am meisten mampft das Krokodil
und freut sich laut
mit aufgesperrtem Maul.

Weil's heute Bratwurst gibt statt Prügel!

aus: Gudrun Mebs, Kasper spielt nicht mehr mit, Diesterweg/
Sauerländer Verlag, Frankfurt/M./Aarau 1985

VORSCHLÄGE ZUR UNTERRICHTSGESTALTUNG

Arbeitsmaterial: (evtl. alte) Kasperlfiguren (mit
Schlagspuren an den Köpfen), Patsche,
Figuren, um das Theater selbst zu spielen,
Folie und Stifte zum Auflegen auf die Lesebuchseite,
Stifte

Sequenz:
– Einführung in das Spiel mit Handpuppen
– Textlektüre
– Spielen eines Figurentheaters

1. Das Spiel mit Handpuppen:
– Präsentation von Kasperlfiguren:
   Benennen, Zuordnen von Eigenschaften (gut,
   böse ...)
   Kasper als Hauptfigur, als Held, der siegt ...
   Literarische Ergänzung: Denneborg, H.: Kasperle-
   theater (s. S. 148)
– Beziehungen der Figuren:
   Kasper mit Frau Gretel und Großmutter
   Krokodil, Räuber, Zauberer in negativen Rollen, sie
   werden verhauen
   König und Prinzessin als Opfer
   Polizist ... als Helfer
– Vorstellen der Patsche:
   Wem gehört sie? Wer braucht sie?
– Spielen von kleinen Szenen mit etwa drei Figuren
   (und Patsche), z.B.:
   Kasperl, Krokodil, Prinzessin
   Kasperl, Großmutter, Räuber

2. Lesen des Textes:

Hinführung:
Vermutungen zur Überschrift

Textbegegnung:
– Anlesen bis S. 174, Zeile 19: "... und überlegt."
– Selbständig fertig lesen
   Arbeitsaufgabe zum Ausgleich des Lesetempos:
   *"Kasper und das Krokodil weinen auf den Bildern.
   Suche im Text die Erklärung dafür!"*

Inhaltliche Textarbeit:
– Wiederholtes Lesen, Bild- und Textbezug herstellen
   Evtl. Stichwörter und/oder kurze Sätze zu den Bil-
   dern suchen und an der Tafel festhalten
– Besprechen der Arbeitsaufgabe (s.o.)
– Zu den Figuren auf den jeweiligen Bildern die
   Sprechrollen suchen
– Rollen im Text suchen, dazu Folie auf die Buch-
   seiten legen und arbeitsteilig Sprechrollen unter-
   streichen (Krokodil, Kasper, Kinder)
– Lesen mit verteilten Rollen

Arbeit am Textgehalt:
– Werten der Reaktionen von Krokodil, Kasper und
   den Kindern
– Impuls: *"Kasper ändert in der Geschichte seine
   Meinung."*
   Textstelle: S. 174 ab Zeile 15
– Wiederholtes Lesen, Abschnitte bewußtmachen:
   herkömmliches Handeln der Figuren/Wende/Miß-
   verständnis der Kinder/???
– Diesen drei Abschnitten die inhaltlichen Schritte
   (s.o.) zuordnen

Vertiefung:
Unterrichtsgespräch: *"Warum verwundert uns die Reaktion des Kasper?"* Bezug zu eigenen Erfahrungen mit Kasperlgeschichten

Textproduktion:
– Geschichte als Rollenspiel gestalten
– Einen Schluß, eine Spielidee ohne Hauen finden
– Kasperlgeschichten sammeln und unter dem Gesichtspunkt "Da wird ja auch bloß geprügelt!" untersuchen

3. Projekt: Spielen eines Figurentheaters
– als Puppenspiel oder
– mit Fingerpuppen oder als
– personales Spiel

Lesebuch	**Die Bremer Stadtmusikanten**
Seite 176	nach den Brüdern Grimm

HINWEISE ZUM MÄRCHEN

Das seit dem 12. Jahrhundert verbreitete Märchen erzählt von vier Haustieren, die sich zusammen auf Wanderschaft begeben, Räuber erschrecken und in deren Behausung bleiben.

An diesem Märchen läßt sich gut nachempfinden, wer sich früher solche Geschichten erzählte und welche Bedürfnisse dahinterstanden. Gleichwohl galt dieses Märchen damals als "revolutionär". Fordert es doch implizit auf, sich gegen schlechte Behandlung zu wehren, sich zusammenzuschließen, und dann stellen sich in der Erzählung auch noch Erfolg und Lohn ein.

Das Märchen sollte ebenfalls wie "Der Bauer und der Teufel", im Lesebuch S. 144, in ein übergreifendes Projekt eingegliedert werden, d.h.:
– Bekannte Märchen sollen bewußt werden (s. Fragebogen im Lehrerkommentar S. 127).
– Neue Märchen können in einer Übersicht (s. Lehrerkommentar S. 126) gesammelt werden.
– In Märchenbüchern der Kinder können Illustrationen zu den Bremer Stadtmusikanten betrachtet und verglichen werden.
– Feste Erzähl- und Vorlesezeiten sollen eingerichtet werden.

Märchen sollten, ihrer ursprünglichen Intention gemäß, wirken dürfen, d.h. sie sollten im Unterricht nicht zerredet werden. Bei diesem langen Text bietet es sich auch an, die Kinder zu fragen: *"Wollt ihr das Märchen lieber selber lesen, oder soll ich es euch vorlesen?"*
In natürlichen Erzählsituationen kann mit je ausgewähltem Lernziel (vgl. Lehrerkommentar S. 125) das Erzählen geübt werden.
Gutes Vorlesen, bei dem die Wirkung auf Zuhörer beachtet wird, kann z.B. so geübt werden:

Wir üben lautes Lesen
Es ist für alle sehr anstrengend und unerfreulich, wenn ein Kind sehr leise vorliest. Zwei Karten können helfen: Auf der einen steht "Zu leise!", auf der anderen "Gut!". Diese beiden Karten bekommt ein Kind,

das von dem vorlesenden Kind weit entfernt sitzt. Es hält, wenn der Leser geendet hat, sein Urteil in die Höhe. Danach bekommt das Kind, das gelesen hat, die Karten. Und so weiter.

aus: FLOH's Ideenkiste Nr. 4/1994, Dominoverlag München

Märchen mit ihrer irrealen Welt sprechen die Phantasie in besonderem Maße an und lassen ganz unterschiedliche Bilder im Kopf entstehen. Daraus ergeben sich vielfältige Möglichkeiten, sich kreativ damit auseinanderzusetzen:
– Erzählen oder Vorlesen von Märchen in Situationen, die ein vorbereitendes Üben motivieren
– Märchen als Theater spielen: als Kindertheater oder Schattenspiel oder mit Schattenfiguren (auch auf OHP)
– Dieses Märchen eignet sich auch besonders gut dazu, als Bilderbuch gestaltet zu werden: Kinder teilen die Bildszenen untereinander auf, einigen sich auf ein Papierformat und malen ihr Bild. Aus dem Lesebuch wird der passende Text ("So kurz wie möglich") auf Zeilen abgeschrieben. Diese werden an passender Stelle ins Bild geklebt.
So können in der Klasse zwei bis drei Bilderbücher entstehen.

Lesebuch	**Mein Ball**
Seite 180	von Josef Guggenmos
	Der Ball
	von Ludwig Jerzy Kern

HINWEISE ZU DEN GEDICHTEN

Beide Gedichte geben in ihrer sprachrhythmischen Gestaltung und auch über ihr Druckbild den Bewegungsrhythmus eines springenden Balles wieder.
Sie eignen sich gut zum vergleichenden Lesen und als Kontrast zu den Gebrauchstexten im Lesebuch S. 181.
Die Gedichte vermitteln Assoziationen: Der Ball springt wiederholt, das Springen verliert an Höhe, dazwischen entstehen Klangpausen, das Tempo des Aufspringens wird schneller, bis der Ball zur Ruhe kommt, oder wie bei Kern weiterspringt, wegrollt oder dergleichen.
Im Vergleich mit konkreten Hörerfahrungen kann das Kind diese Klangvariationen mit den Texten nachgestalten. Lautstärke und Sprechtempo werden Sinnbild für die Bewegungen des Balles.
Die Texte können, ihrem Inhalt entsprechend, auch graphisch gestaltet werden. Als Variationen bieten sich an: abnehmende Schriftgröße oder Schrift als Bewegungsspur.

LERNZIELE

– Die Kinder sollen Geräusche eines springenden Balles bewußt wahrnehmen und eigene Erfahrungen einbringen.

– Sie sollen die gehörten Geräusche klanglich nachgestalten.
– Sie sollen in das klangliche Gestalten die Sprechrhythmen der Gedichte einbinden.
– Sie sollen mit den Gedichten spielerisch umgehen, z.B. klangliche Variationen bei unterschiedlichen Bällen gestalten, für die sprachliche Form eine adäquate graphische Darstellung finden.
– Sie sollen die beiden Gedichte miteinander vergleichen.

VORSCHLÄGE ZUR UNTERRICHTSGESTALTUNG

Arbeitsmaterial: Verschiedene Bälle: Medizinball, Spielball, Tischtennisball ... Klanginstrumente

Hinführung:
– Bei geschlossenen Augen lauschen die Kinder auf das Springen eines (normalen Spiel-) Balles.
– Verbalisieren des Höreindrucks
– Das Springen des Balles nachgestalten: mit Stimme, Körperinstrumenten (Klatschen, Patschen, Stampfen ...) und mit Klanginstrumenten

Zielangabe:
"Im Lesebuch stehen Gedichte, bei denen man das Springen auch hören kann."

Textbegegnung:
– Stilles Erlesen
– Freie Aussprache im Sinne der Zielangabe

Textarbeit (Gedicht von Guggenmos):
– Gedicht vortragen
– Mit Stimme das Springen darstellen: Lautstärke, Tempo, Pausen bei "dann"
– Erfahrungen sammeln, d.h. dem Ball noch einmal lauschen, Gedichtvortrag nachempfinden
– Gedichtvortrag, mit Gesten den Inhalt begleiten, die letzte Zeile in Ruhe ausklingen lassen

Textarbeit (Gedicht von Kern):
– Selbständig Gestaltungsmöglichkeiten suchen wie oben
– Mit geschlossenen Augen verschiedenen Bällen lauschen und das Gedicht nachgestalten: Medizinball (springt fest auf, wenige, kurze Hüpfbewegungen), Ball aus Vollgummi (springt sehr oft, sehr hoch, sehr lange), Tischtennisball (klingt beim Springen)
– Bei jedem Ball die letzte Zeile inhaltlich besprechen

Textvergleich:
– Für beide Gedichte Bewegungsspuren pantomimisch darstellen
– Bewegungsspuren zeichnen
– Wie enden die "Ballgeschichten?"

Textproduktion:
– Andere Vergleiche einsetzen (Guggenmos)
– Pantomime vorgeben, wie der (Medizin-, Tennis-, ...) Ball hüpft, Gedicht nachgestalten
– Gedichte in anderer graphischer Form schreiben s.o.

Lesebuch Seite 181	**Ballspiele**

Die Anleitungen für Ballspiele müssen nachvollzogen werden. Ergänzend dazu können die Kinder weitere Ballspiele sammeln und zur Verwendung aufschreiben.
Als Textvergleich bieten sich die Gedichte auf der Lesebuchseite 180 an:
Was erfährt der Leser? Wer sucht welchen Text?
Aus welcher Absicht werden die Texte geschrieben?

Ergänzender Vorschlag:

Ein zweiter Ball dazu,
und wirf sie ganz schön weit,
wenn sie dann auf den Boden fall'n,
dann nimm dir noch mehr Zeit.

> Refrain: Ei, der Ball, der fliegt.
> Nun fang ihn wieder auf!
> Wenn du 'ne Weile übst,
> kannst du das auch.

Doch langsam wird es schwer,
ein neuer Ball muß her,
mit dreien um die Wette werfen,
eins, zwei, drei!

aus: Mücke, Juli/August 1989, Universum Verlag, Wiesbaden

Lesebuch Seite 182	**Als Fußgänger unterwegs**

HINWEISE ZU DEN TEXTEN

Mit witzigen Pointen beziehen sich die Textangebote auf einen wichtigen Bereich der Verkehrserziehung: das sichere Überqueren einer Straße.

Die Lesebuchseite 182 enthält verschiedenartige Witze, die ihre Pointe dadurch erhalten, daß gewohnte Situationen verfremdet werden, bildliche Darstellungen auf Gebotsschildern (Zebrastreifen) sowie Ermahnungen außerhalb jeden Kontextes allzu wörtlich genommen werden.

Gedicht und Zeitungstext auf der Lesebuchseite 183 bieten zunächst inhaltliche Vergleichsmöglichkeiten, lassen sich aber auch gut hinsichtlich Intention, Zielgruppe und Sprachform gegenüberstellen.

Mögliche Sequenz:
– Textarbeit mit der Lesebuchseite 182
– Schriftlicher Sprachgebrauch: Für bekannte Verkehrszeichen richtige und verfremdete Interpretationen suchen
– Sammeln von Witzen zum Thema Verkehr
– Lesen des Gedichts Seite 183
– Textvergleich: Gedicht und Zeitungstext

LERNZIELE

– Die Kinder sollen sich schrittweise mit den Witzen beschäftigen und Spaß empfinden.
– Sie sollen die Wirkung versprachlichen, die die Texte bei ihnen auslösen und die Pointe finden.
– Sie sollen zu gebräuchlichen Verkehrsschildern ähnliche Interpretationen finden.
– Sie sollen den Witze–Text und den Bilderwitz verstehen.
– Sie sollen entdecken, warum gewohnte Vorgänge (die Straße überqueren bzw. an einem Zebrastreifen stehen) zu einem Witz werden.
– Sie sollen zum Thema ''Auf der Straße'' Einfälle und Witze sammeln

VORSCHLÄGE ZUR UNTERRICHTSGESTALTUNG

Hinführung: (zur Lesebuchseite 182)
Unterrichtsgespräch: *''Ist man als Fußgänger unterwegs, kann man viel erleben.''*

Textbegegnung:
– Selbständiges Erlesen der Lesebuchseite 182
– Freie Aussprache in bezug auf die Hinführung

Textarbeit:
1. Gebotsschild:
– Lösen des Rätsels
– Unterrichtsgespräch: Ist das Rätsel schwer? Ergebnis: Es ist kein Rätsel, sondern Spaß.
– Überprüfen jeder Aussage im Vergleich zum Bild auf dem Schild, ob sie stimmig sein könnte.
– Unterrichtsgespräch: Jemand, der keine Ahnung von unserer Straßenordnung hat, z.B. außerirdische Besucher o.ä., könnte die Zeichnung auch anders verstehen.

Sprachproduktion:
Ähnliche Deutungen versuchen (s. Kopiervorlage S.153)
Regel: Eine Lösung muß richtig sein,
        bei den lustigen Lösungen muß irgendein Bezug zum Bild bestehen.
2. Sprachwitz:
– Lesen, Wirkung versprachlichen

– Unterrichtsgespräch: Warum ist das lustig? Ergebnis: Niemand denkt daran, daß die Anweisung so total wörtlich genommen wird.
– Witz spielen, wörtliche Reden einbringen
– Witz erzählen
  Hinweis: Die Überraschung (Pointe) kommt am Schluß, darf vorher nicht verraten werden.
– Witze zum Thema ''Auf der Straße'' sammeln und erzählen.
3. Bilderwitz:
– Unterrichtsgespräch: Was macht den Witz so lustig? Worin besteht die Überraschung?
– Betrachten des 1. Bildes: Was erwarten die Personen? Gegenüberstellen des Kontrastes: Was passiert dann?
– Ergänzung s. Kopiervorlage S. 153

LERNZIELE

– Die Kinder sollen den Inhalt des Gedichts verstehen: Die Handlung beginnt mit der Überschrift.
– Sie sollen die Verbindung zwischen Zebra und Zebrastreifen am Tier bzw. auf der Straße finden.
– Sie sollen überprüfen, ob die Geschichte passieren könnte.
– Die Schüler sollen überlegen, welche Absicht der Autor hatte.
– Sie sollen den Inhalt der Zeitungsnachricht verstehen und mit dem Inhalt des Gedichts vergleichen.
– Sie sollen sich überlegen, warum die verschiedenen Texte geschrieben wurden und welche Wirkungen beide auf die Leser ausüben.

VORSCHLÄGE ZUR UNTERRICHTSGESTALTUNG

Hinführung: (zur Lesebuchseite 183)
Vermutungen zu den Überschriften sind wahrscheinlich nicht mehr spontan, da die Texte sicher schon vor der Schullektüre das Interesse der Kinder gefunden haben.
Zielangabe: *''Wir lesen zwei Geschichten von einem Zebra.''*

Textarbeit:
– Stilles Erlesen, freie Aussprache
  Zur Differenzierung kann auch nur ein Text gewählt werden
– Lautes Lesen des ersten Textes
  Unterrichtsgespräch: *''Manche Wörter muß man selbst finden. Was passierte in der Stadt?''*
– *''Passierte das wirklich?''*
  ''Könnte es passieren?'' Ergebnis: Die Autos würden sicher stoppen, wenn sie auf den Straßen das Tier sähen. – Das meint aber der Autor nicht. Er spielt mit den Wörtern: Zebra, das Tier mit Streifen, und Zebrastreifen als Verkehrszeichen, die ihren Namen von der Tierzeichnung ableiten.
– Lesen der Zeitungsmeldung
– *''Was passierte in Trier?''*
– *''Warum steht diese Meldung in der Zeitung?''*
– *''Gehören Zebras auf die Straße?''*
– *''Gehören Zebras in einen Zirkus?''*, *''Ist die Meldung eine lustige Geschichte?''*

Kopiervorlage

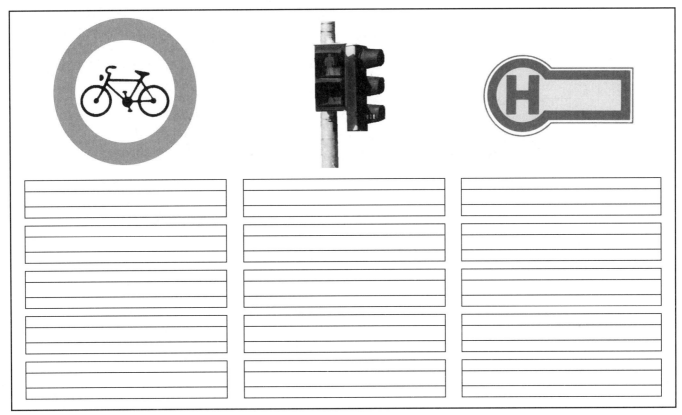

Anschlußstoff:

aus: Quino, Chez soi, Editions Glénat/Quipos, 1988
gefunden in: Spürnase, Interkantonales Lesebuch für das fünfte
Schuljahr, Lehrmittelverlag des Kantons Zürich, 1990

Lesebuch Seite 184	**Eine schrecklich aufregende Bärengeschichte** von Margret Rettich

HINWEISE ZUR BILDERGESCHICHTE

Ein Rechtschreibfehler – „Brummbären" statt Brombeeren – sorgt für Aufregung und Polizeieinsatz.
In witzigen Bildern stellt die Autorin das Mißverständnis vor. Losgelöst von der grafischen Darstellung erzählt auch der Text die vollständige Geschichte. Lediglich die Erklärung für die Pointe muß der Leser im Vergleich der Wörter finden, während das Bild durch den Topf mit Beeren hilft.

LERNZIELE

– Die Kinder sollen über die Überschrift eine bestimmte Leseerwartung aufbauen.
– Sie sollen sich in das Mißverständnis hineindenken und die Ursache verstehen.
– Sie sollen den Text in der ungewohnten Schrift lesen und mit den Bildinhalten vergleichen.
– Sie sollen die Situationen auf den Bildern 3, 4 und 5 mit wörtlichen Reden spielen.
– Sie sollen eine Geschichte nach ähnlichem Prinzip erfinden.

VORSCHLÄGE ZUR UNTERRICHTSGESTALTUNG

Hinführung:
Vermutungen zur Überschrift

Textbegegnung:
– Betrachten der Bilder, Lesen des Textes

– Lautes Erzählen der "Bärengeschichte"
– Lautes Lesen des Textes in den Bildern
– Dramatisieren der Geschichte, dabei vor allem das letzte Bild ausspielen
– Gegenüberstellen:
BRUMMBÄREN – BROMBEEREN

Sprachproduktion:
– Abschreiben des Textes, im letzten Bild zwischen die beiden Sätze eine Erklärung einfügen, die das Bild gibt.
– Eine ähnliche Verwechslungsgeschichte erfinden Als Hilfen evtl. Anfänge vorgeben, z.B.:
Anfang wie im Buch, auf dem Brief steht "... in der Küche sind Berliner (Pfannkuchen), Wiener (Würstchen) ...", oder: "Herr ... treibt auf seiner Luftmatratze im Meer und döst. Olaf trifft am Strand seinen Feund und ruft ihm zu: 'Hei!'" Was hört Herr ... ?

Lesebuch	**lichtung**
Seite 186	von Ernst Jandl

HINWEISE ZUM TEXT

Auf den ersten Blick erscheint dieser Jandl-Text als Wortsalat mit klangvollen Wortschöpfungen.
Mit kleinen Denkanstößen gelingt es den Kindern jedoch sicher, seinen Sinn und seine Botschaft zu ergründen.
Die Schwierigkeit, rechts und links zu verwechseln ist Kindern dieser Altersstufe nicht unbekannt, für manche beinhaltet dieses jedoch ein Problem, das immer noch Sekundärstörungen auslösen kann. Noch viel zu oft sind Kinder mit Dominanzproblemen alleingelassen. Wesentlich konfliktreicher waren Praxis und Einstellung in den Schulen in früheren Jahren. Jandl schrieb dieses Gedicht vor mehr als zwanzig Jahren.

Das Lesebuch enthält von Ernst Jandl noch den Text auf S. 158: "fünfter sein".

LERNZIELE

– Die Kinder sollen den Text selbständig lesen und versuchen, einen Sinn zu finden.
– Sie sollen den Inhalt und das Prinzip des Verwechselns verstehen.
– Sie sollen versuchen, den Text ohne Versprecher auswendig vorzutragen.
– Die Kinder sollen den Text in eine gewohnte Form bringen und im Vergleich zu Jandls Text unterscheiden, mit welcher Form mehr Aufmerksamkeit geweckt werden kann.
– Sie sollen die Intention des Autors verstehen.

VORSCHLÄGE ZUR UNTERRICHTSGESTALTUNG

Hinführung:
Bewegungsspiel, in dessen Mittelpunkt "links" und "rechts" stehen; z.B. auf dem rechten Bein hüpfen, mit der linken Hand winken, linke Hand faßt an das linke Ohr ...
Unterrichtsgespräch: *"Was ist schwierig?"*
Tafelanschrift: rechts und links

Textarbeit:
– Leises Erlesen/Freie Aussprache
– Lautes Lesen "ohne Versprecher"
– Versuch der Sinnfindung, Impuls: *"Hängt das Gedicht mit unserem Spiel zusammen?"*
Betrachten der Tafelanschrift (s.o.)/"links" und "rechts" im Text suchen
– Tafelanschrift: lechts und rinks,
Buchstabentausch farbig kennzeichnen,
Tafelanschrift: r —→ l

Weitere Wörter suchen, in denen l und r vertauscht wurden
– Das Gedicht mit den richtigen Buchstaben vorlesen Unterrichtsgespräch: *"Warum schreibt der Dichter über die Richtung ein Gedicht?"*
– *"Was kann passieren, wenn man links und rechts verwechselt?"*
Beim Wandern? Beim Lesen? Beim Schreiben? ...
Lehrerinformation über Schwierigkeiten, die linkshändige Kinder früher oft hatten
Unterrichtsgespräch über die Intention des Autors
– Gedicht "berichtigt" und in der Form Jandls vortragen: *"Womit erreicht der Autor mehr Aufmerksamkeit?"*

Sprachproduktion:
– Gedicht abschreiben und die verdrehten Buchstaben farbig kennzeichnen
Hinweis: Jandl schreibt alle Wörter klein.
– Ähnliches Verwechselspiel mündlich,
evtl. Hinweis: Chinesen sprechen statt r oft l.
– Hinweis auf Illustration:
Im Spiegelbild erscheint alles verdreht, Text in Spiegelschrift zu lesen versuchen.

Lesebuch	**Freundschaft verbindet**
Seite 187	von Jürgen Spohn

HINWEISE ZUM TEXT

Im Textverlauf zeigt sich, daß Spohn die Ankündigung in der Überschrift im wahrsten Sinn der Wörter versteht: Ein Bonbon will mit anderen Dingen, die sich in einer Hosentasche befinden, zusammenbleiben. Vor Aufregung wird es ganz klebrig und schafft dadurch die Verbindung der Freunde.
Der Inhalt ist für Kinder leicht nachvollziehbar, zumal sie mit der Personifizierung von Dingen keine Schwierigkeiten haben. Neben dem Spaß, den die Idee des Textes bietet, sollten sie aber auch entdekken, wie gekonnt Spohn mit Sprache und ihren Bedeutungen spielt. Die Wortschöpfung "Zerlutschung" kann wie ein Bonbon im Mund umhergeschoben werden.
Etwas Schwierigkeit könnte die wörtliche Rede bereiten, da sie im Text nicht gekennzeichnet ist. Im Nachspielen wird die Zuordnung aber deutlich.
Das Lesebuch enthält noch folgende Texte von Jürgen Spohn:
S. 60: "Alltag" und
S. 163: "Erfolg".

LERNZIELE

- Die Kinder sollen den Inhalt des Textes verstehen und erkennen, daß Dinge als Personen sprechen und handeln.
- Sie sollen die wörtliche Rede spielen und die Fürwörter mit dem Ansprechpartner in Beziehung bringen.
- Sie sollen an der Wortschöpfung "Zerlutschung" Spaß empfinden.
- Sie sollen das Spiel mit Bedeutungen verstehen: Vor Aufregung (feucht und daher) klebrig werden, dicht zusammenrücken und verbunden bleiben.
- Sie sollen zum Textvergleich "Kinderkram", im Lesebuch auf S. 11, lesen.

VORSCHLÄGE ZUR UNTERRICHTSGESTALTUNG

Hinführung:
Unterrichtsgespräch, Antizipationen zur Überschrift "Freundschaft verbindet"

Textarbeit:
- Stilles Erlesen, freie Aussprache
- Lautes Lesen
  Arbeitsaufgabe: *"Zeichne, wer in der Hosentasche liegt!"* An der Tafel die Dinge nebeneinander zeichnen, Begriffe darunterschreiben
- Impuls: *"Die Dinge sprechen miteinander."* Zeilen 8 mit 13 lesen und dabei die angesprochenen Dinge an der Tafel mitzeigen
- Impuls: *"Der Bonbon hat besondere Angst."*
  Ergebnis: *"Er fürchtete sich vor der Zerlutschung"*
  Wort klären, beim Sprechen im Mund hin und herrollen
  Unterrichtsgespräch/Ergebnis: Das Wort steht in keinem Wörterbuch. Der Dichter hat es erfunden. Warum verstehen wir es dennoch?
- *"Was passiert, wenn man Angst hat oder aufgeregt ist?"* Man schwitzt ...
  "Was passiert mit einem feuchten Bonbon?"
  Vorlesen des Satzes in Zeilen 14 und 15
- Erklären der Überschrift im erarbeiteten Sinne

Vertiefung:
Vorzeigen von zwei Bonbons, mit und ohne Papier
"Welches Bonbon könnte in der Hosentasche gewesen sein?"
"War dieses Bonbon in der Tasche?" Ergebnis: Das Hosentaschenbonbon ist ja jetzt in Freundschaft verbunden mit ...

Textvergleich:
Mit "Kinderkram", im Lesebuch S. 11

Lesebuch Seite 188	**Klein Rotraut** von Susanne Kilian

Das Gedicht über die kleine Rotraut ist ein Zungenbrecher. Das Rotkraut ist als Vorstellungshilfe in der Illustration enthalten. Im Unterricht sollen die Kinder Spaß am Spiel mit Sprache haben und sich motiviert fühlen, Zungenbrecher ohne Versprecher vorzutragen.

Eine Analyse weiterer gelungener Sprachspielereien in diesem Gedicht könnte in dieser Altersstufe die Spontaneität im Umgang mit dem Text stören.
Das Gedicht kann Anlaß sein, weitere Zungenbrecher zu sammeln und sich gegenseitig als Aufgaben anzubieten.

Lesebuch	Das spaßige Echo
Seite 189	

In der Situation der Berge, die das Echo erfahrbar machen, sind Fragesätze angeboten, die im Echo die Antwort erhalten. Im Unterricht können die Kinder Rufe und Echos spielen. Sie können das jeweilige Echo auch aufschreiben, z.B.:
Was essen die Studenten? Enten!

Das abgebildete Schild existiert in Wirklichkeit und wird von manchen Wanderern auch ernst genommen. Der "Wilde Kaiser" ist ein Gebirgsmassiv in Österreich. Im Ausprobieren und auf Grund der Erfahrungen mit den Fragesätzen können die Kinder entdekken, daß es sich hier um einen Spaß handelt und das Echo sicher anders zurückhallt.
Im Unterricht kann über die Intention dieses Streiches nachgedacht werden.
Die Überschrift erhält durch das Schild seine doppelte Bedeutung.

8. Kapitel   Renate Welsh schreibt Bücher

Lesebuch
Seite 190 – 196

Renate Welsh wird exemplarisch als Autorin für viele Kinderbücher und –geschichten vorgestellt.
Sie schreibt "oft über Kinder, die Schwierigkeiten haben. Sie zeigt aber auch, wie man fröhlich sein kann und wie man sich durchsetzen lernt."
Die Kinder können diese Aussage in diesem Kapitel, aber auch in weiteren Texten von Renate Welsh verfolgen:
S. 102: "So sehen heute die Pferde aus"
S. 142: "Nina und das Gänseblümchen"
S. 154: "Ein Geburtstag für Kitty"
S. 162: "Frau Doktor kommt"

Im Interview und in den Texten, die Renate Welsh über sich selbst schreibt, wird an Ortsangaben, aber auch am Gebrauch einiger Wörter (rotschädlerte Hex, Nußkipferl) deutlich, daß sie eine österreichische Autorin ist.
Eindrucksvoll für Kinder ist sicher die Geschichte, wie sie zu schreiben begann. Deutlich werden auch die Bezüge zwischen eigenen Lebenserfahrungen und ihren Schreibintentionen, z.B.:

"Ich schaffe es einfach nicht, einen bösen Großvater für meine Geschichten zu erfinden" sowie ihr Hinweis auf ihre Übung im Zuhören-Können, die ihr Sensibilität und Ideen vermittelt.
Bedeutsam zu erfahren ist auch das Gewicht, das sie Kinderbriefen und Reaktionen auf ihre Bücher zuschreibt. "Kinderbriefe, die ich kriege, sind mein Kostbarstes. Die hebe ich gut auf." Vielleicht kann diese Aussage Kinder ermutigen, selbst mit Autoren Kontakt aufzunehmen. Die Adressen sind über die entsprechenden Verlage zu erfahren. Viele Autoren schreiben heute auch zurück.

Zur Klassenlektüre eignen sich für die 2. Jahrgangsstufe folgende Bücher von Renate Welsh:
Leicht zu lesen:
   "Schnirkel das Schneckenkind" (Einzelgeschichten)
   "Nina sieht alles ganz anders" (s. Lesebuch S. 142)
   "Kitty hat Geburtstag" (s. Lesebuch S. 154)
   "Wer fängt Kitty?"
Am Ende der 2. Jahrgangsstufe empfehlenswert:
   "Das Vamperl" (s.a. Hinweis auf der Lesebuchseite 194)

Folgende Autoren werden in den weiteren Lesebuch-Bänden exemplarisch vorgestellt:
Überall ist Lesezeit Bd. 3: KNISTER
Überall ist Lesezeit Bd. 4: Gudrun Mebs

VORSCHLÄGE ZUM UMGANG MIT DEN TEXTEN

Die Texte dieses Kapitels sollten in einer Sequenz gelesen werden. Aus der Lektüre können sich, wie bei allen Unterrichtsprojekten, Ideen entwickeln, wie man anschließend selbst aktiv werden kann.
Als Möglichkeiten bieten sich u.a. an:
– Ein Informationsblatt über die Autorin entwerfen: Persönliche Angaben, Buchtitel evtl. aus Prospekten, Buchempfehlungen ...
– Lektüre eines Buches von Renate Welsh; während des Lesens kann ein ganz persönliches Buchbegleitheft entstehen.
– Es können Anlässe gesucht werden, der Autorin zu schreiben: Rückmeldungen über die Wirkung von Geschichten, eigene Erfahrungen und Wünsche zu Inhalten berichten, Fragen stellen, Ergebnisse der Unterrichtsarbeit schicken ...
– Besuch einer Bücherei, einer Buchhandlung
– Weitere Bücher und Texte suchen, Buch- bzw. Textempfehlungen schreiben
– Autorenlesungen besuchen

Lesebuch	Renate Welsh schreibt
Seite 190	Bücher

Dieser Text enthält in etwas komprimierter Form die wichtigsten Angaben zur Person und zur Autorin Renate Welsh.
– Die Kinder können wichtige Informationen isolieren und als Stichworte z.B. für ein Informationsblatt (s.o.) festhalten.

- Die Altersangaben müssen im Vergleich veranschaulicht werden, da Kinder in dieser Altersstufe mit Zeitangaben oft noch wenig verbinden:
  Sie ist so alt wie ...
  Sie schreibt schon so lange Bücher wie ...
  Sie war so alt wie ... als sie ihr erstes Buch schrieb.
- Mit folgenden Angaben sollen sich die Kinder identifizieren und eigene Meinungen einbringen:
  Mit vier Jahren verliert sie die Mutter ...
  Es gibt Probleme mit der Stiefmutter (auf beiden Seiten) ...
  Der Großvater ist eine wichtige Bezugsperson ...
- Zum Stichwort "wichtige Preise für Bücher" muß der Lehrer informieren:
  Was sind Preise?
  Wie kommen Preise zustande?
  Warum sind Preise für Schriftsteller wichtig?
  Warum wird in Buchkatalogen auf Preise verwiesen?

Lesebuch	**Ich über mich**
Seite 191	

In dieser Geschichte erzählt Renate Welsh, wie sie mit dem Schreiben begann. Sie erzählt es heiter, obwohl es keine lustige Geschichte ist.
Im Unterricht lassen sich weitere Informationen, die sie über sich in die Geschichte einbindet, aufgreifen. Es ist wichtig, daß die Kinder dabei auch ihre eigenen Erfahrungen, Erinnerungen und Gefühle zur Sprache bringen:
- Erinnerungen an den Schulbeginn
- "Randvoll mit Fragen sein". Welche Fragen beschäftigen uns?
  Gibt es Antworten?
- Außenseiter-Rolle aufgrund des Aussehens und des Lernvorsprungs, als Stadtkind in einem Dorf
- Der Wunsch, tot zu sein
- Unterschiedliche Wünsche an Geschichten:
  Die Geschwister: Feen und Prinzessinnen
  Der Junge: Abenteuer
  Welche Wünsche haben wir?
- Rechenblock einer Gaststätte als erstes Schreibpapier (Kriegszeit)

Lesebuch	**Ein Gespräch mit**
Seite 192	**Renate Welsh**

Hier kann den Kindern auch der Begriff "Interview" deutlich werden. Die Rollen sollten im Frage- und Antwort-Spiel gelesen werden. Schwerpunkte im Unterrichtsgespräch können sein:
- Wie sieht der Arbeitsplatz einer Schriftstellerin aus? Was erzählt sie darüber?
  Hast du auch einen Lieblingsplatz?
- Warum bekommt sie von Kindern Briefe?
  Könnten wir die Idee aufgreifen?
- Sie liest aus eigenen Texten vor.
- Sie beschreibt ein Spiel, das sie bei Autorenlesun-

gen anregt. Spielidee aufgreifen und ausprobieren. S. 196 stellt sie sich selbst mit assoziierten Wörtern vor. Kinder können aus dem Angebot bei den Buchstaben je ein Wort herausgreifen und damit eine Geschichte für Renate Welsh erfinden.

Lesebuch	**Wie buchstabiere**
Seite 196	**ich mich heute?**

Die im vorausgehenden Text beschriebene Spielidee führt sie hier mit ihrem Namen vor. Renate Welsh bleibt aber auf der Wortebene.
- Die Kinder erhalten Informationen über die Autorin heute.
  Unterrichtsgespräch: Was mag sie? Was mag sie nicht?
- In den Kapitelleisten wird diese Idee illustriert: Der Name Renate umschließt die Einheit.
  Im Anschlußverfahren können die Kinder die dargestellten Begriffe finden:
  R (Rosmarin), E (Enzian), N (Nußkipferl),
  A (Akelei), T (Trompete), E (Elefant)
- Die Kinder können Wörter für Renate finden, als sie noch ein Kind war (Text S. 191), z.B.:
  R (rotschädlert, Rechnungsblock)
  E (einsam)
  N (Nach-Hause-Weg)
  A (Angst, allein-sein, Außenseiter, Auslachen)
  T (Text, tot sein)
  E (Ende mit Kreuzworträtsel)
- Die Kinder können ihren Namen verwenden und ähnliche Dinge finden. Auch als Geschenk mit anderen Namen läßt sich diese Idee nützen.

Inhaltsverzeichnis

Bildquellenverzeichnis

S. 4: Isolde Ohlbaum, München; S. 10: Alexa Gelberg, Weinheim; S. 17: Hans Gärtner, Polling; S. 24: K. Thienemanns Verlag, Stuttgart-Wien; S. 29: Das Foto von Astrid Lindgren stellte uns freundlicherweise der Oetinger Verlag, Hamburg zur Verfügung. Foto: Lutfi Özkök; S. 31: Isolde Ohlbaum, München; S. 33: Renate von Mangoldt, Berlin; S. 82: Foto-Trux, Rosenheim; S. 91: Alexa Gelberg, Weinheim; S. 153: IVB-Report, Kappelrodeck.